U0444631

国家自然科学基金项目资助(编号:41171139、41401127、40571052、40410204130、40201018)
中央高校基本科研业务费专项资金项目资助(编号:GK201303006)
陕西省百人计划特聘教授项目资助(编号:999705、993743)

交通地理与空间规划研究丛书

特大城市公共交通可达性与小汽车出行决策

曹小曙　主编
黄晓燕　著

商务印书馆
创于1897　The Commercial Press
2015年·北京

图书在版编目(CIP)数据

特大城市公共交通可达性与小汽车出行决策/曹小曙主编；黄晓燕著. —北京：商务印书馆，2015
（交通地理与空间规划研究丛书）
ISBN 978-7-100-11194-2

Ⅰ.①特… Ⅱ.①曹…②黄… Ⅲ.①城市交通－交通分析 Ⅳ.①U491.1

中国版本图书馆 CIP 数据核字（2015）第 065034 号

所有权利保留。
未经许可，不得以任何方式使用。

交通地理与空间规划研究丛书
特大城市公共交通可达性与小汽车出行决策
曹小曙　主编
黄晓燕　著

商　务　印　书　馆　出　版
（北京王府井大街36号　邮政编码100710）
商　务　印　书　馆　发　行
北京市艺辉印刷有限公司印刷
ISBN 978-7-100-11194-2

2015年7月第1版　　开本 880×1230　1/32
2015年7月北京第1次印刷　印张 9
定价：40.00元

出 版 说 明

"交通地理与空间规划研究丛书"由商务印书馆和陕西省西北城镇化与国土环境空间模拟重点实验室、陕西师范大学交通地理与空间规划研究所、陕西师范大学西北国土资源研究中心、陕西师范大学旅游与环境学院、中山大学城市与区域研究中心合作出版。

交通运输的本质是克服时空障碍。作为塑造空间的主要动力，交通网络一方面占据实际的地理空间，另一方面又是影响人类活动空间的主要载体。交通运输发展的格局、过程、机理、趋势以及效率与效益是交通地理长期关注的研究领域。

陕西省百人计划特聘教授曹小曙为本丛书的主编。本丛书聚焦交通地理的前沿基础研究，并将基础研究与空间规划应用研究紧密结合，出版有关交通地理与空间规划方面的系列著作，希望海内外学术同仁给予批评、建议，并欢迎来稿（yantingzhen@cp.com.cn）。

商务印书馆编辑部
2013 年 10 月

前　言

　　机动化是一种复杂的社会现象，是人类社会进步的综合反映。从全球范围来看，机动化和汽车化的发展在很大程度上扩大了人们的活动范围，加强了地区间的联系，促进了地域分工，使世界进入城市化时代。然而，随着世界范围内小汽车拥有和使用的迅速增加也带来诸如拥挤、噪声、空气污染和能源消耗等环境问题和社会成本的增加，直接威胁着城市的未来和命运（Goodwin，1996；Greene，1997）。如何有效应对城市快速增长带来的顽疾已成为全球城市发展所面临的巨大挑战。

　　改革开放 30 年来，中国以难以置信的规模和速度经历了经济、社会和空间转型。城市化进程的两个重要表征——城市人口增长和机动化水平提高——在中国均出现了"井喷式"的发展。随着以小汽车迅速发展为代表的快速机动化成为中国城市交通发展最显著的变化，交通拥堵问题也成为制约中国城市交通可持续发展的瓶颈。

　　由于公共交通方式符合可持续发展在社会公平、低能源消耗、低大气污染、运输效率等方面要求（潘海啸等，2008），在发展理念上已经成为世界各国政府倡导努力发展的交通方式。在中国随着"公交优先"概念的普及和推广，许多城市不断加大公共交通投资，实施公交优先措施，希望通过公共交通的发展，吸引更多居民选择公交出行，从而在一定程度上抑制私人小汽车的发展，缓解交通拥堵，但效果并不明显。随着交通规划的重点由原先大规模交通基础设施建设,转变为对交通需求的有效管理,诱导乃至强制个人交通工具的选择取向和减少小汽车产生的外部效应成为城市交通可持续发展的新路径之一。因此,在此背景下,急需从居民出行方式选择行为方面入手,全面分析公共交通对城市小汽车出行决策的影响,为交通需求管理提供有力依据。

本书抓住当前中国城市化与城市发展中的主要矛盾,选择中国快速城市化进程中的核心问题之一交通问题,对公共交通可达性对小汽车拥有与使用的影响进行研究,以期为中国新型城镇化发展中的交通政策制定、交通规划及管理提供重要支撑,也为解决城市问题提供选择路径。

本书的写作基础源于作者于2013年完成的博士学位论文"广州市城市公共交通可达性及其对小汽车拥有及使用的影响研究",论文是参与曹小曙教授主持的国家自然科学基金"城市公共交通可达性对小汽车拥有及使用决策的影响研究",并在曹小曙教授的指导下完成的。

本书以广州市为例,对城市公共交通可达性特征及其对小汽车拥有及使用的影响进行研究,从广州市公共交通与小汽车交通的发展演化入手,形成了"背景—特征—影响机理"的研究脉络。全书共由五大部分、八章组成。

第一部分包括前两章,为研究综述和研究设计介绍。在对背景分析、重点概念辨析和研究综述基础上,提出研究问题,阐明研究意义、研究区域、主要内容、数据来源和所采用的主要方法和技术路线。

第二部分为第三章,对广州市公共交通及小汽车交通发展演化进行分析,从宏观层面分析公共交通与小汽车拥有及使用的关联特征。本章不仅是研究主题的背景分析,也是第四章抽样样本选取的重要依据及第六章、第七章城市公共交通可达性对小汽车拥有及使用影响研究的重要铺垫。

　　第三部分为特征研究,包括第四和第五章,是对广州市公共交通可达性特征和基于问卷数据的社区居民小汽车使用和拥有特征的分析。

　　第四部分为机理研究,包括第六章、第七章。其中,第六章探讨了公共交通可达性对小汽车拥有的影响,第七章将小汽车拥有作为中间变量,分析了公共交通可达性对小汽车使用的影响。

　　第五部分为结论与讨论。进行总结,提出主要创新点和今后需进一步进行的工作。

目 录

前言

第一章 导论 ... 1
- 第一节 研究背景 ... 1
- 第二节 问题的提出与研究意义 ... 9
- 第三节 相关概念界定 ... 13
- 第四节 研究设计 ... 14

第二章 国内外研究进展 ... 33
- 第一节 可达性的研究 ... 33
- 第二节 小汽车拥有和使用的研究 ... 38
- 第三节 公共交通可达性对小汽车拥有和使用的影响研究 ... 61

第三章 广州市公共交通和小汽车交通演化 ... 67
- 第一节 公共交通演化 ... 67
- 第二节 小汽车拥有量的演化 ... 95
- 第三节 公共交通与小汽车交通出行分担率 ... 96
- 第四节 公共交通与小汽车交通发展的关联特征 ... 98
- 第五节 小结 ... 105

第四章 公共交通可达性特征 ... 107
- 第一节 城市公共交通数据库的建立 ... 107
- 第二节 公共交通可达性的测度指标 ... 112

第三节　公共交通可达性的测度方法·················· 114
　　第四节　城市公共交通可达性特征···················· 128
　　第五节　个体样本的公共交通可达性特征·············· 135
　　第六节　小结···································· 143

第五章　基于社区的小汽车拥有和使用特征················ 144
　　第一节　样本总体特征···························· 144
　　第二节　小汽车拥有特征·························· 158
　　第三节　小汽车使用特征·························· 167
　　第四节　小结···································· 174

第六章　公共交通可达性对小汽车拥有的影响·············· 176
　　第一节　变量选择································ 177
　　第二节　方法和模型······························ 184
　　第三节　对是否拥有小汽车的影响···················· 188
　　第四节　对拥有小汽车数量的影响···················· 206
　　第五节　不同类型社区的分析······················ 220
　　第六节　小结···································· 230

第七章　公共交通可达性对小汽车使用的影响·············· 232
　　第一节　概念框架和变量·························· 232
　　第二节　方法和模型······························ 239
　　第三节　结果分析································ 246
　　第四节　不同类型社区的分析······················ 254
　　第五节　小结···································· 259

第八章　结论与讨论·································· 261
　　第一节　主要研究结论···························· 261
　　第二节　主要创新点······························ 263

第三节　政策建议 …………………………………………… 264
第四节　不足与展望 …………………………………………… 265
参考文献 ……………………………………………………… 266

第一章 导 论

第一节 研究背景

一、中国机动化与城市化同步快速增长,机动化需求迅速增加

新世纪之交的近 30 年,是全球经济增长和结构重组最剧烈的时期,是制度转型与城市空间重构最猛烈的时期,也是伴随着个体财富和机动性非同寻常增加的大尺度城市化时期(OECD,2000)。未来的城市化将使更多的人居住在规模更大、密度更高的城市中,现在的"城市"将扩展为"巨型城市"和"巨型城市地区"(Aprodicio,2001)。机动化是一种复杂的社会现象,是人类社会进步的综合反映。从全球范围来看,机动化和汽车化的发展在很大程度上扩大了人们的活动范围,加强了地区间的联系,促进了地域分工,使世界进入城市化时代。然而,随着世界范围内小汽车拥有和使用的迅速增加也带来诸如拥挤、噪声、空气污染、能源消耗等环境问题和社会成本的增加,直接威胁着城市的未来和命运(Goodwin,1996;Greene,1997)。如何有效应对城市快速增长随之带来的交通拥挤、环境污染、资源短缺等城市顽疾已成为全球城市发展所面临的巨大挑战。

自 1908 年美国福特汽车大规模生产后,世界范围内开始出现小汽车进入家庭的浪潮。特别是 50 年代以来,随着城市交通的加速发展,发达国家的小汽车已普及到千家万户成为普遍应用的交通工具。在发展中国家,由于大城市具有强大的资本和人口集聚功能,机动化的发展表现得更加明显。2002年世界银行研究报告《畅通的城市:世界银行城市交通战略评估报告》表明,发展中国家机动车拥有率和使用率每年将以15%~20%的速度上升(世界银行,2006)。

尤其是中国,改革开放30年来,以难以置信的规模和速度经历了经济、社会和空间转型,其城市化进程被认为是21世纪发展最重要的事件之一。城市化进程的两个重要表征——城市人口增长和机动化水平提高——在中国均出现了"井喷式"的发展。迅速推进的城市化,资源配置自由度、流动性的不断增加使得城市人口、用地规模与结构发生巨大变化,城市居民出行需求迅猛增加,出行方式越来越多样化、高效化和舒适化。快速机动化已成为中国城市交通发展最显著的变化,这尤其体现在小汽车的迅速发展上。根据《中国统计年鉴》数据,1990~2012年,全国人均GDP增加了23倍,城镇居民人均可支配收入增加约16倍,而民用私人汽车拥有量更是增加了近108倍,私人汽车的增速远快于经济和收入的增速。截至2012年年底,我国私人汽车已达8 838.60万辆,合算全国千人汽车拥有量为065辆(图1-1)。

对1990~2009年中国235个地级及以上城市的私人汽车发展进行分析,可以发现中国城市私人汽车自2000年以来处于快速增长阶段。1990~1999年中国235个样本城市的私人汽车拥有量的平均增长率为18.9%,而2000~2009年则达到26.3%,是前者的1.4倍(黄晓燕等,2012)。

北京、上海、广州等大城市的机动车年均增长速度更是远高于全国平均水平,1990~2012年私人汽车拥有量前七位排名均在北京、天津、上海、广州、深圳、成都、杭州等城市中变动(图1-2),这些城市

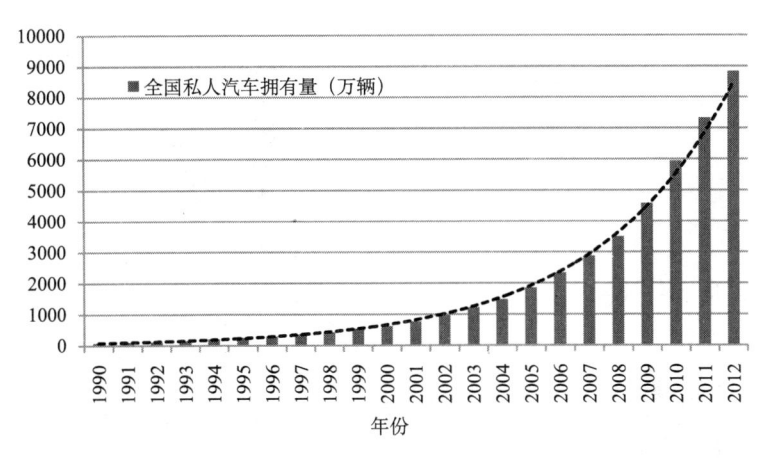

图 1-1　1990~2012 年中国城市私人汽车的演进趋势

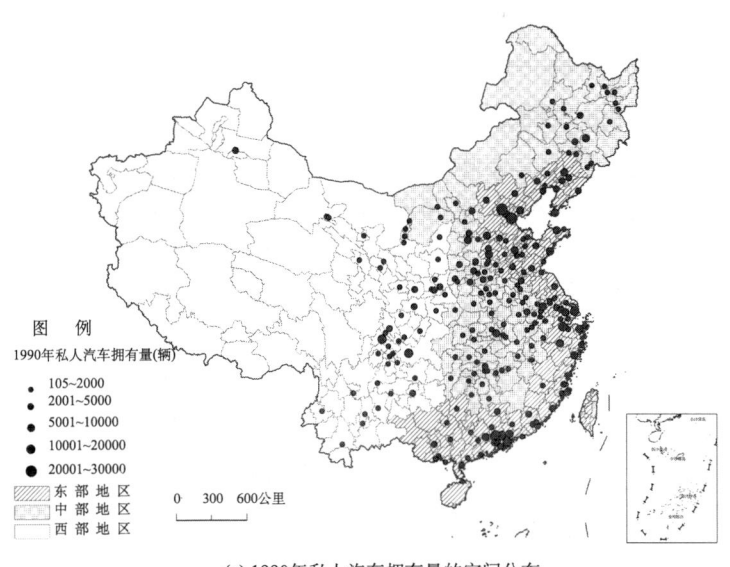

(a) 1990 年私人汽车拥有量的空间分布

4　特大城市公共交通可达性与小汽车出行决策

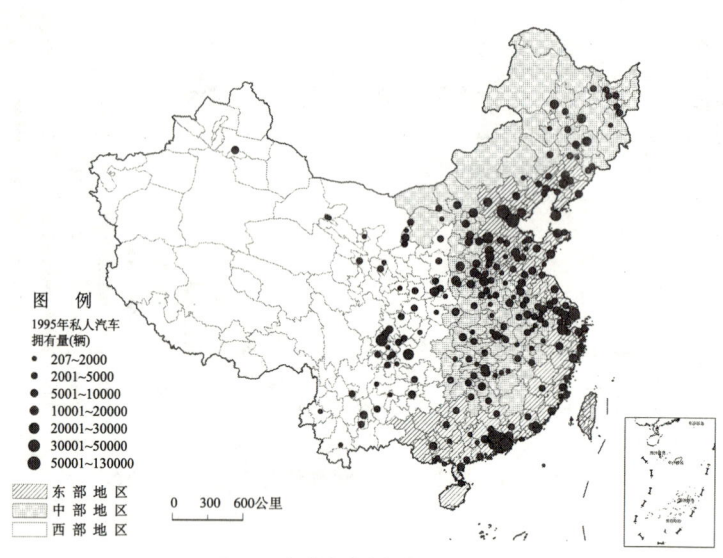

(b) 1995年私人汽车拥有量的空间分布

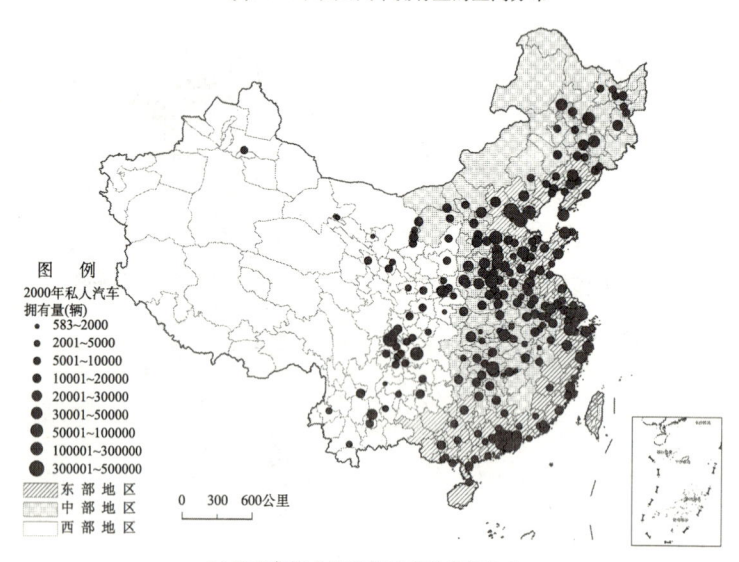

(c) 2000年私人汽车拥有量的空间分布

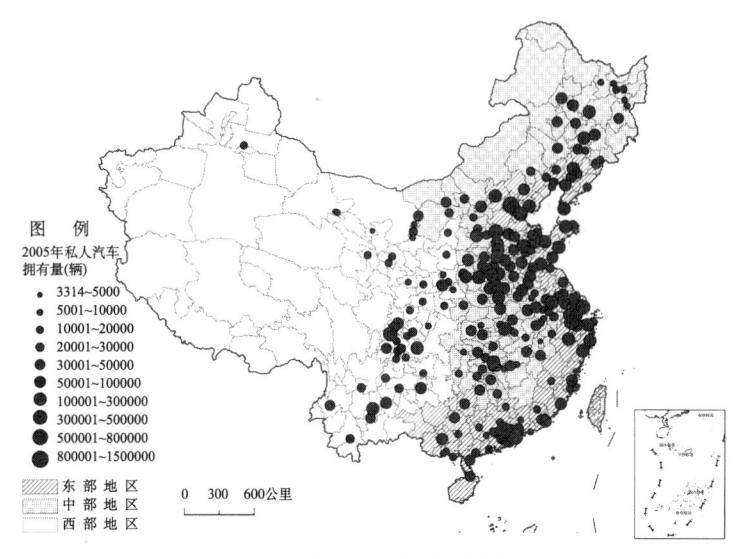

(d) 2005年私人汽车拥有量的空间分布

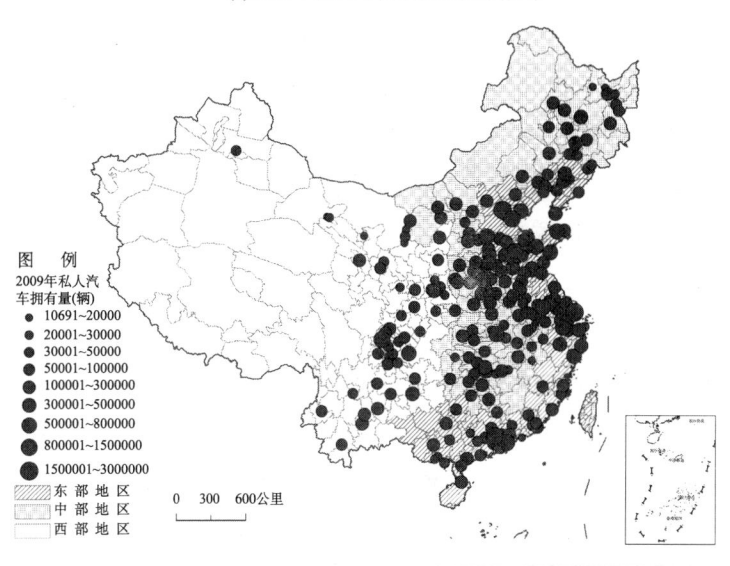

(e) 2009年私人汽车拥有量的空间分布

图 1-2　全国城市私人汽车拥有量的空间分布

资料来源:历年《中国城市统计年鉴》、《中国区域统计年鉴》及各市统计年鉴。

也是机动化需求最大的城市。以广州为例,2010年广州全市机动化需求总量约2 053万人次/人,市区机动化出行总量1 870万人次/日,比2009年增加13.9%(广州市交通规划研究所,2010)。随着机动化水平的进一步提高,机动化需求还将迅速增加。因此,以广州为案例城市,研究城市公共交通可达性对于小汽车拥有和使用具有重要的现实意义。

二、小汽车迅速发展所引发的一系列负面效应正成为制约城市可持续发展的瓶颈

在中国城市交通领域影响最大的莫过于汽车产业的快速发展和汽车大规模进入家庭。小汽车的迅速发展对中国城市正产生着深远影响,改变了城市面貌,也改变着中国人的生活方式。在过去的20年,我国城市机动性的改善主要是通过超常规和高强度的投入,侧重于物质环境的建设(潘海啸,2005)。改革开放以来,我国进行了大规模交通基础设施建设,从2000年至2012年,城市道路桥梁建设支出占中国城市基础设施建设总支出的比例一直保持在40%以上。根据《中国城市建设统计年鉴2012》数据,至2011年年底,我国城市道路总长度达32.71万公里,比1978年(2.70万公里)增加了12倍,1978~2011年年平均增长率达9.09%。仅依靠增加投资、大规模建设交通基础设施建设来解决城市交通问题难以适应现代城市交通需求的迅速发展。由于以小汽车为代表的机动化快速发展、城市空间扩展和城市功能聚集,交通需求迅速增加带来的交通拥挤、环境污染、交通事故频繁、停车设施严重不足、静态交通矛盾突出等一系列城市交通问题仍然日益突出,成为制约城市可持续发展的瓶颈。

交通拥堵已成为北京、上海、广州等特大城市交通运行的常态。以广州为例,2010年高峰期核心区域干道平均车速22.7公里/小时,高快速路平均车速也仅为 49 公里/小时和 39 公里/小时。若把车速低于 20 公里/小时定义为"非常拥挤",车速在 20～30 公里/小时定义为"较拥挤",车速超过 30 公里/小时定义为"基本顺畅及以上",2008～2010 年广州市核心区域达到基本顺畅的干道网络不超过 35%(图 1-3)。

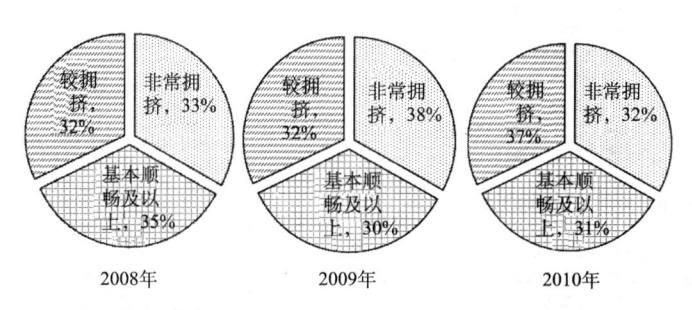

图 1-3 广州市近年核心区域拥挤路段分布情况

资料来源:广州市交通规划研究所《2010 年广州市城市交通运行报告》。

城市交通已成为城市温室气体的主要排放源,城市交通特别是小汽车带来的环境污染成为城市可持续发展面临的主要问题之一。使用 IPCC 指南提供的能耗折算方法,测算北京、上海、成都、广州、长沙、天津、杭州、西安 8 个典型城市不同交通方式的二氧化碳排放量,可以发现小汽车是城市交通碳排放的主要来源,私人小汽车的二氧化碳排放量在大部分城市的城市客运交通碳排放量中均占一半左右,平均增长率均在 50% 以上。其中,北京、上海、广州、成都等城市 2009 年的私人小汽车碳排放量更是达到私人小汽车、公交、出租车 3 种交通方式碳排放总量的 80% 以上(图 1-4)。

目前交通规划的重点已由原先大规模交通基础设施建设,转变为对交通需求的有效管理。诱导乃至强制个人交通工具选择取向,减少小汽车产生的外部效应成为城市交通可持续发展的新路径之

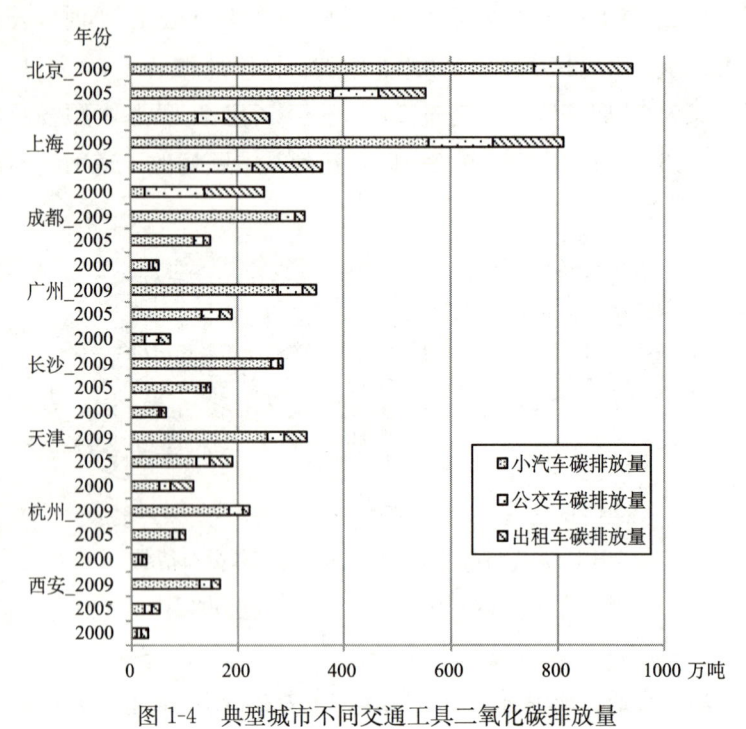

图 1-4 典型城市不同交通工具二氧化碳排放量

一。在此背景下,小汽车拥有和使用决策的研究作为城市交通规划、投资及政策制定的基础,成为政策制定者、交通规划人员和学术界关注的重要话题。

三、"公交优先"实施效果不显著

随着公交优先概念的普及和推广,中国许多城市不断加大公共交通投资,实施公交优先措施,希望通过公共交通的发展,吸引更多居民选择公交出行,从而在一定程度上抑制私人小汽车的发展。建设部等部门发布了"关于优先发展城市公共交通的意见",明确"要充分发挥公共交通运量大、价格低廉的优势,引导群众选择公共交通作为主要出行方式"。在缓解城市交通拥堵与公共交通优先发展间似乎存在简单明了的互为因果的逻辑关系。通过限制机动车与提高公共交通服务能力来调整居民出行方式结构,已成为各城市治理交通拥堵的共同思路和一致目标(杨励雅等,2011)。

虽然,公共交通仍然是我国大城市的机动化出行方式的主体,但随着居民收入的增加,公共交通客源存在流失现象。在"公交优先"政策的支持下,我国城市公共交通服务线路、数量及长度不断增长,公共交通车辆不断增多,近年来快速轨道交通发展迅速。然而,相比之下,我国大多数城市的公共交通运量增长趋势缓慢,客流量主要向个体交通方式转移,投入巨资增加的交通设施容量很快趋于饱和,公共交通运营效率明显降低。

城市居民出行方式选择行为是一个综合决策的过程,影响因素繁多。居民出行作为个体行为,在出行方式选择上,受到个体理性化驱使(刘贤腾,2012)。随着社会经济的发展,居民出行交通方式更加多元的,居民出行方式选择的影响因素也更加复杂。因此,在此背景下,急需从居民出行方式选择行为方面入手,全面分析城市小汽车拥有及使用的影响因素,为交通需求管理提供有力的依据。

第二节 问题的提出与研究意义

一、研究问题

由于公共交通方式符合可持续发展在社会公平、低能源消耗、低大气污染、运输效率等方面要求(潘海啸等,2008),在发展理念上已经成为世界各国政府倡导努力发展的交通方式。在中国,随着公交优先概念的普及和推广,许多城市不断加大公共交通投资,实施公交优先措施,希望通过公共交通的发展,吸引更多居民选择公交出行,从而在一定程度上抑制私人小汽车的发展。虽然关于西方发达国家的研究文献已经表明在发达国家改善公共交通的服务质量能在一定程度上能有效减少家庭小汽车拥有量(Cullinane,2002;Bhat,Guo,2007;Gao et al.,2008;Matas et al.,2009)。然而,在中国小汽车短期内迅速增长的特殊背景下,公共交通发展和家庭小汽车拥有及使用情况均与发达国家有显著的差异。此外,目前在中国城市中,虽然小汽车出行比例快速增长,但与西方发达国家相比,出行承担率仍然较低,公共交通出行方式仍然是居民出行的主要方式,这与西方发达国家城市居民的出行结构有很大差异。

因此,在中国城市发展的背景下,公共交通可达性是否会对居民小汽车拥有及使用产生影响?能否通过公交可达性的提高诱导个人交通工具选择取向的变化?这些问题难以从已有的理论及实证研究中得到明晰的回答。

基于此,从地理学的视角出发,在城市建成环境及交通需求格局变化等外部环境和个人及家庭等内部因素综合框架下,对城市居民小汽车拥有和使用的影响因素进行考察,并重点讨论城市公共交通可达性对小汽车拥有和使用的影响。

二、研究假设

在中国经济社会快速发展的背景下,城市各方面建设如火如荼,公共交通的服务能力也有了很大提升,但与小汽车交通相比,其客运量的增长明显滞后。公共交通方式与小汽车交通存在着竞争关系,背后的深层次因素影响着居民交通方式的选择。基于此,本研究做出以下研究假设:①公共交通可达性的提高可以抑制居民小汽车的拥有,即公共交通可达性越好,居民拥有小汽车的概率越低,拥有的数量也越少;②公共交通可达性的差异会影响居民小汽车使用率,公交可达性越好,小汽车使用概率越低;③不同区位和建成环境的社区,公共交通可达性对居民小汽车拥有和使用的影响存在差异。

三、研究意义

1. 现实意义

交通拥堵已成为我国城市面临的严峻现实问题,究其根源,一是因为城市私人汽车的"爆炸式"增长,道路交通设施无法满足快速增长的交通需求;二是"公交优先"发展政策对于引导居民出行方式的变化收效甚微。通过改善公共交通服务能力和水平来影响个体和家庭交通行为,减少小汽车出行从而缓解城市交通拥堵的意图似乎没有达到预期效果。

本研究从公共交通可达性对小汽车拥有和使用的视角切入,探讨小汽车拥有和使用影响因素的作用机理,为政府制定切实可行的公交优先政策,引导城市居民选择低碳出行方式提供了重要依据。这是制定需求管理措施的前提和保证交通规划工作顺利进行的关键。

2. 理论意义

本研究的理论意义主要体现在以下三个方面。

第一,城市公共交通可达性对小汽车拥有和使用的影响研究是城市交通需求管理研究的重要理论补充。

虽然对交通方式发展和交通结构演变的研究由来已久,著述颇多。但已有论述更多的是从城市交通系统对城市空间结构的形成与发展,对城市形态分布和居民生活方式的影响展开研究,或关注居民交通方式选择及影响因素。关于小汽车拥有和使用的研究也集中于关注城市形态、建成环境对其的影响，聚焦于公共交通与小汽车交通相互作用和竞争的研究相对较少，且主要是关于西方国家的实证研究。由于西方国家的城市交通发展模式与中国的实际情况有较大区别，因此研究在中国特殊的制度、城市环境及交通发展背景下，公共交通可达性对小汽车交通的影响，是对城市地理、交通地理中交通需求管理研究领域的重要拓展，对于深化已有理论，开拓新的研究领域具有重要意义。

第二，结合多学科理论，关注微观个体交通行为是对传统机械唯物质的城市空间建构模式交通需求研究的突破。

研究中将微观层面的家庭和个体交通行为作为观察对象，揭示家庭小汽车拥有和使用的内在影响机制。这将避免传统区位论中将只追求利润最大化和费用最小化的理想化的"经济人"作为研究主体的局限，而对行为地理学中的"满意人"的行为进行数理诠释。因此，其研究结论将对城市地理、交通地理、城市规划领域相关理论的形成有益补充，为诱导个人交通工具选择取向的变化，优化城市交通结构提供理论依据。

第三，有利于促进城市交通研究范式由机动性向可达性的转型。

机动性和可达性是交通地理、交通规划研究领域的两种范式。机动性研究范式注重对交通工具流动效率的研究，而可达性研究范式注重城市道路交通系统与土地利用之间的匹配协调，关注的是交通工具的顺利通行、人和物的快速流动，反映的是实现交通目的的难易程度（刘贤腾，2012）。本研究对于交通方式和建成环境的关注，以及探讨公共交通可达性对不同环境下的人的影响体现了可达性的研究范式和思路，有利于促进城市交通研究范式由机动性向可达性的转型。

第三节 相关概念界定

一、城市公共交通

城市公共交通是城市中供公众使用的经济便捷的各种客运交通方式的总称,狭义的公共交通是指在规定的线路上,按照固定的时刻表,以公开的费率为城市公众提供短途客运服务的系统(Wolfgang,1982)。广义的公共交通是指所有供公众使用的交通运输方式,包括客运和货运、市内和区域间运输的总体。

本研究主要针对狭义的城市公共交通进行讨论。同时,考虑到出租车是一种个体化的公共交通,兼有私人交通和公共交通的特点,而轮渡则是在水域中运行,且广州市的轮渡承担的公共交通运输功能较小,故本研究中所指的城市公共交通主要包括的是公共汽(电)车和轨道交通。

二、城市公共交通可达性

按照研究对象,可达性可以分为个体可达性和地方可达性(Kwan et al.,2003)。个体可达性着眼于乘客为达到自身出行目的,在可达范围内从出发地通过一定的交通方式到达目的地的交通便利程度,由于对便利的理解因人而异,每个单独个体对于出行方向、范围的可能性也存在显著差异(Kwan,1999)。地方可达性主要表示某一区域通过一定的交通方式到达其他区域和被到达的便捷程度。

类似地,城市公共交通可达性也包含地方公交可达性和个体公交可达性两层含义。地方公交可达性指的是特定区域的人口利用公交到达其他区域的容易程度,以及该区域通过公共交通"被到达"的便捷性；个体公交可达性以个体的"人"为基本研究对象，反映的是城市居民个体使用公共交通出行的便捷性。

本研究中，对公共交通可达性的研究既涉及区域尺度，也涉及人的尺度，涵盖了地方公交可达性和个人公交可达性的分析。其中，在宏观分析广州市公共交通可达性时，使用了地方公交可达性的概念，着重于区域，侧重研究城市公共交通系统和人口空间布局对公共交通可达性的影响；在微观层面，结合问卷样本分析公交可达性及其对小汽车拥有及使用的影响时，着重于人，使用的是个人公交可达性的概念。

三、小汽车拥有和使用

本研究中的小汽车拥有主要指的是家庭小汽车的拥有量。本研究中的小汽车使用是狭义的概念，主要指在城市客运交通系统中使用小汽车交通方式进行交通出行。

第四节 研究设计

一、研究区域

本研究包含了从城市到社区，从中观到微观的两个尺度研究。首先，从中观层面分析广州市公共交通和小汽车交通的演化以及广州市城市公共交通可达性的总体特征。这一层面的研究是以广州市辖区（不包括增城、从化）为主要研究区域（图1-5），研究区域土地面积为3 843.34平方公里，人口为671.32万人。

其次，以案例社区的家庭和个人为研究对象，分析城市公共交通可达性对小汽车拥有和使用的影响。这一层面的研究是通过对广州

图 1-5　研究区域

市辖区的街道进行抽样,选取案例社区来进行,主要步骤如下。

1. 案例社区的选取

考虑到传统分层抽样方法在信息处理时难以合理划分抽样样本内部诸多模糊、复杂因素,易丢失部分有用的统计信息,使调查结果缺乏科学性与可靠性。本研究中,将定性与定量抽样分析结合起来,采用模糊(Fuzzy)动态聚类分析的方法进行抽样。具体抽样的方法及步骤如下。

(1) 选取抽样指标

模糊动态聚类分析进行抽样，关键在于合理优选抽样指标。抽样指标既要有明确的实际意义，还要有较强的分辨力、代表性。本研究中选取公交线路网密度、公交站点覆盖率、到中心区的距离、人口与就业岗位数密度四个抽样指标。

公交线路网密度、公交站点覆盖率表征公共交通的可达情况；选取到中心区的距离反映街道的区位情况；考虑到人口和就业岗位数均会对人们交通方式的选择产生影响，选取人口与就业岗位数密度来反映人口的空间分布情况。

其中，公交线路网密度、公交站点覆盖率的计算公式见后文中式3-1和式3-3，人口与就业岗位数密度的计算公式为：（常住人口数＋就业岗位数）/街道面积，计算到中心区的距离时，将广州市人民政府驻地默认为广州市中心点，计算各街道中心到中心区的距离代表各镇街到中心区的距离。

(2) 抽取街道

初级抽样单元为街道（镇），至2012年广州市共有131个街道和34个镇，其中市辖区有125个街道和23个镇。结合前文对广州市公共交通的分析结果，可知南沙、花都区均处于广州市外围区域，在公共交通可达性上与白云区北部、番禺区南部处于同一等级，且考虑到调研的人力情况，未将南沙、花都区所属街道（镇）纳入抽样总体。也就是说，在对街道（镇）抽样时，抽样总体为广州市市辖区中荔湾、越秀、天河、海珠、黄埔、白云、番禺、萝岗8个区的129个街道（镇）。将135个镇街的4个抽样指标数据进行标准化处理后，使用SPSS16.0软件，进行模糊动态聚类分析，分析结果见图1-6。由图1-6可知，抽样总体街道（镇）可以明显分为三层，将聚类分析结果空

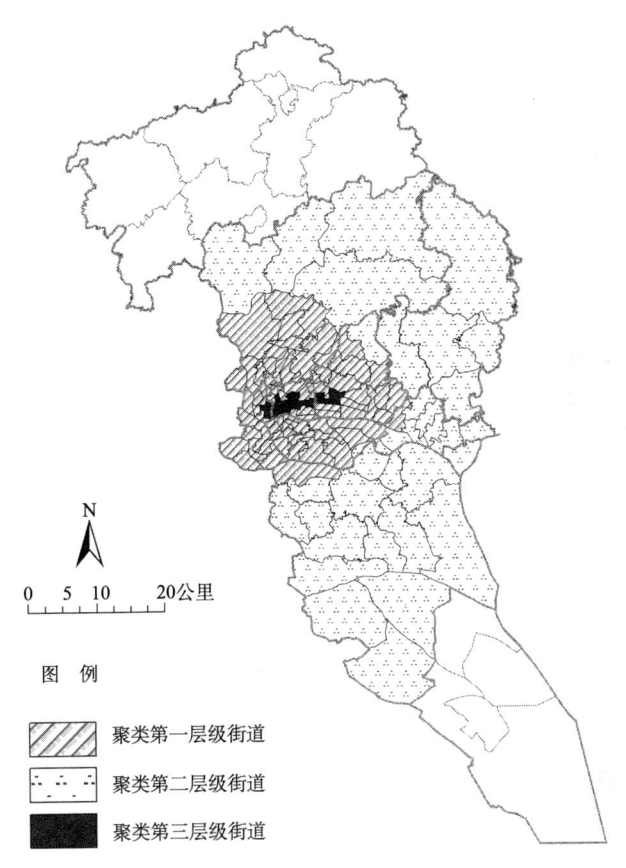

图 1-6 聚类分析结果

间化。可以发现,三大类在空间上呈明显的圈层式集聚分布特征,这和前文分析的广州市公交线路网密度、公交站点覆盖率、人口和就业岗位的分布都呈现由中心向外围的圈层式递减相吻合。

为了进一步判断分类的合理性,我们采用判别分析进行检验。从判别分析的结果看,三层的街道区隔效果好,说明该分层结果较合理(图 1-7)。

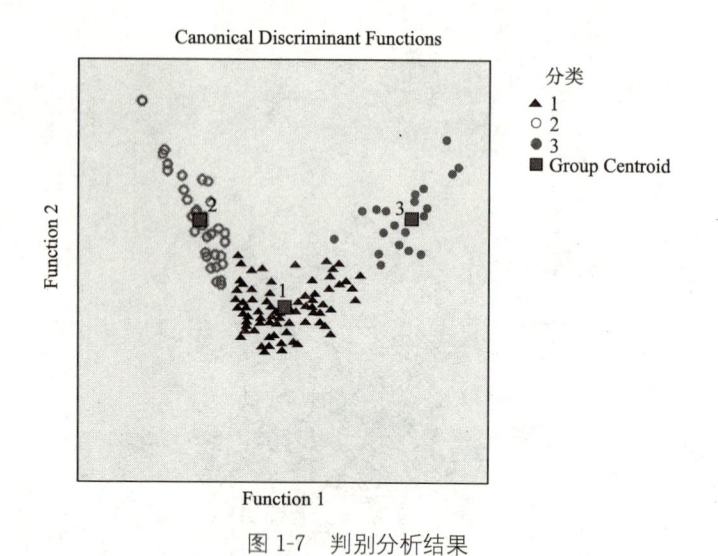

Canonical Discriminant Functions

图 1-7　判别分析结果

根据聚类结果，第二层和第三层聚类分别包括 32 个和 21 个街道（镇）。但从人口数来看，第二层聚类街道有户籍人口 121.77 万人，第三层聚类街道有户籍人口 173.55 万人。因此，主要依据街道人口数，在第二层聚类街道中随机选取 2 个街道：东区街道和大石街道；在第三层聚类街道中随机选取 3 个街道：大东街道、天河南街道和广卫街道。

由于有 76 个街道（镇）属于第一层，占抽样总体的 57%，且考虑到第一层的街道（镇）主要位于广州市中心城区，社区类型丰富，因此对第一层的 76 个街道（镇）再进行分层聚类。根据聚类树形图 1-8，可知第一层级的 76 个街道（镇）可以分为 4 类，它们在空间上的分布情况见图 1-9。

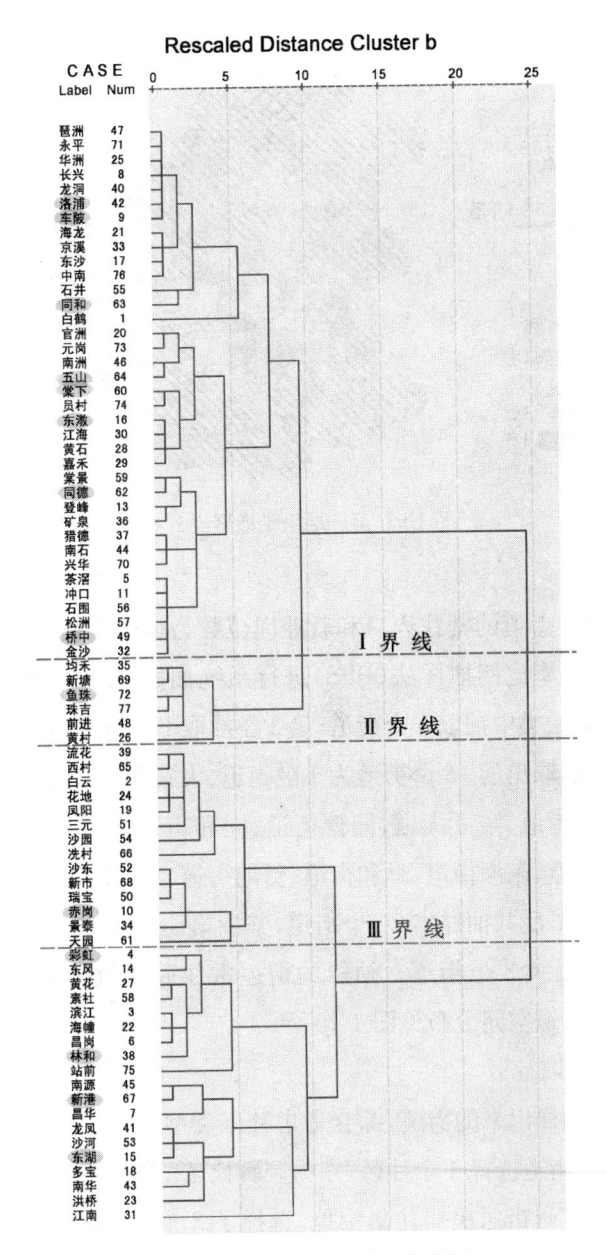

图 1-8 第一层级街道聚类分析

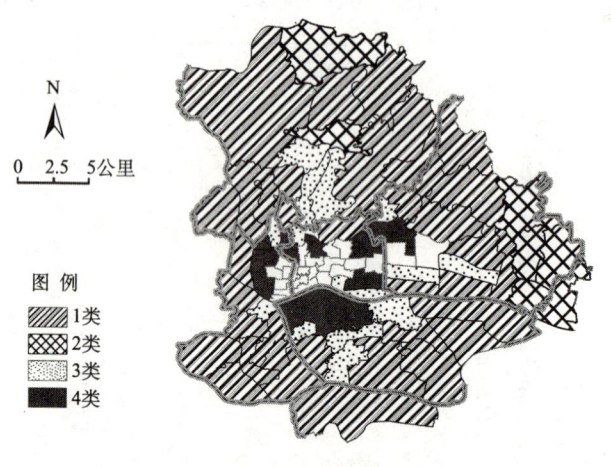

图 1-9 第一层级街道聚类分布

以四类街道的常住人口和就业岗位数为辅助信息,对第一层级街道采用概率比例抽样法(PPS)进行系统抽样,在第一类中抽取 8 个街道,第二类中抽取 1 个街道,第 3 类抽取 1 个街道,第 4 类抽取 5 个街道。抽取出的 15 个街道为车陂街道、大石街道、东漖街道、洛浦街道、桥中街道、棠下街道、同德街道、同和街道、五山街道、鱼珠街道、赤岗街道、东湖街道、林和街道、新港街道、黄花岗街道。

因此,最后共抽样出 20 个街道,其中第一层级 15 个,第二层级 2 个,第三层级 3 个街道。抽样的街道常住人口数达 14.12 万人。抽样出的街道空间分布见图 1-10。

(3) 抽取社区

根据抽样出来的街道,综合考虑社区类型、人口规模、密度等情况,在每个街道选择 1 个社区,作为调研社区。同时考虑到番禺区洛浦街道是广州市居民居住集中地,选择了 2 个社区,因此共选择 21 个社区进行问卷调查。

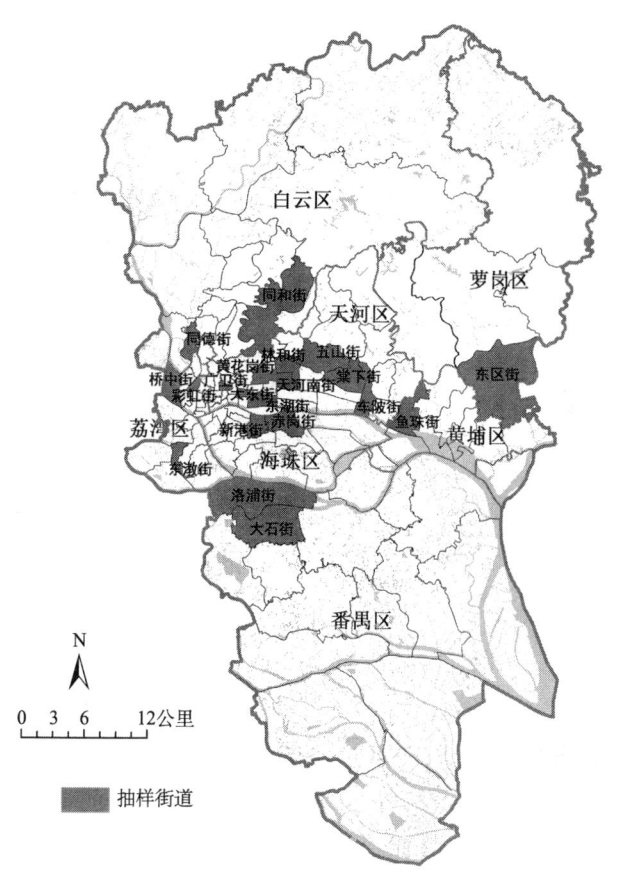

图 1-10 抽样街道空间分布

21个案例社区在区位上涵盖了中心老城区和边缘区郊区社区,在类型上包括了老城区旧居住区、单位居住区、新建商品房居住区和政策性住房居住区,在公共交通条件方面也涉及从差到优的主要等级。能较好地反映出不同时期的城市组织布局思路和城市空间扩张与重构背景下城市内部空间的分化过程。案例社区的基本情况见表1-1。

表 1-1 抽样街道和案例社区的基本情况

区	街道	案例社区	区位特点	户数	常住人口	建设年代	建筑层数	房屋类型
白云区	同和街道	富和社区	边缘区	1 820	4 706	1998 年建成	7~10 层为主	商品房和农民楼
	同德街道	泽德社区		3 134	9 202	90 年代	9 层左右	拆迁安置房、单位房改房、经济适用房
天河区	五山街道	茶山社区	中心城区	2 220	7 211	2000 年后	8~10 层为主	商品房和单位房改房
	林和街道	侨庭社区		2 105	5 143	1991 年后	8~23 层	商品房
	棠下街道	棠德北社区		4 300	12 900	90 年代中后期	9~10 层为主	商品房和经济适用房
	天河南街道	南雅苑社区		2 993	5 278	90 年代	9~10 层为主	商品房和单位房改房
	车陂街道	美好社区		2 181	5 387	2000 年后	9~15 层为主	商品房和单位房部分单位集资房
海珠区	赤岗街道	珠江帝景社区	中心城区	2 205	6 617	2005 年后	小高层	商品房
	新港街道	中大社区		1 970	4 983	90 年代	低层和多层	单位房改房
番禺区	洛浦街道	丽江社区	边缘区	5 009	9 928	2000 年后	多层和小高层	商品房
	大石街道	洛溪新城社区		7 260	20 665	90 年代	多层和小高层	商品房
		星河湾社区		1 918	6 863	2000 年后	小高层	商品房
越秀区	大东街道	东华市场社区	中心城区	1 795	5 569	80~90 年代	9 层为主	单位房改房为主
	东湖街道	五羊北社区		1 688	4 161	70 年代末	多为 8~9 层	单位房改房为主
	黄花岗街道	执信社区		1 140	3 743	2000 年后	小高层和高层	商品房和单位房改房
	广卫街道	都府社区		2 404	6 059	1993 年	9 层为主	商品房和公务员社区

续表

区	街道	案例社区	区位特点	户数	常住人口	建设年代	建筑层数	房屋类型
萝岗区	东区街道	东区社区	边缘区	1 241	4 173	2000年后	小高层和高层	商品房
黄埔区	鱼珠街道	鱼珠社区	边缘区	975	4 292	80~90年代	多层	商品房和农民楼
荔湾区	彩虹街道	周门社区	中心城区	1 102	3 332	80~90年代	8~9层建筑为主	商品房、单位房改房和拆迁安置房
	东漖街道	芳村花园社区		3 476	8 399	2003年后	高层住宅为主	商品房和公务员社区
	桥中街道	东海社区		4 016	1 567	90年代	小高层和高层住宅	商品房

资料来源：社区户数和常住人口数来源于广州市统计局提供的2011年数据。

抽样出的案例社区空间分布见图 1-11。

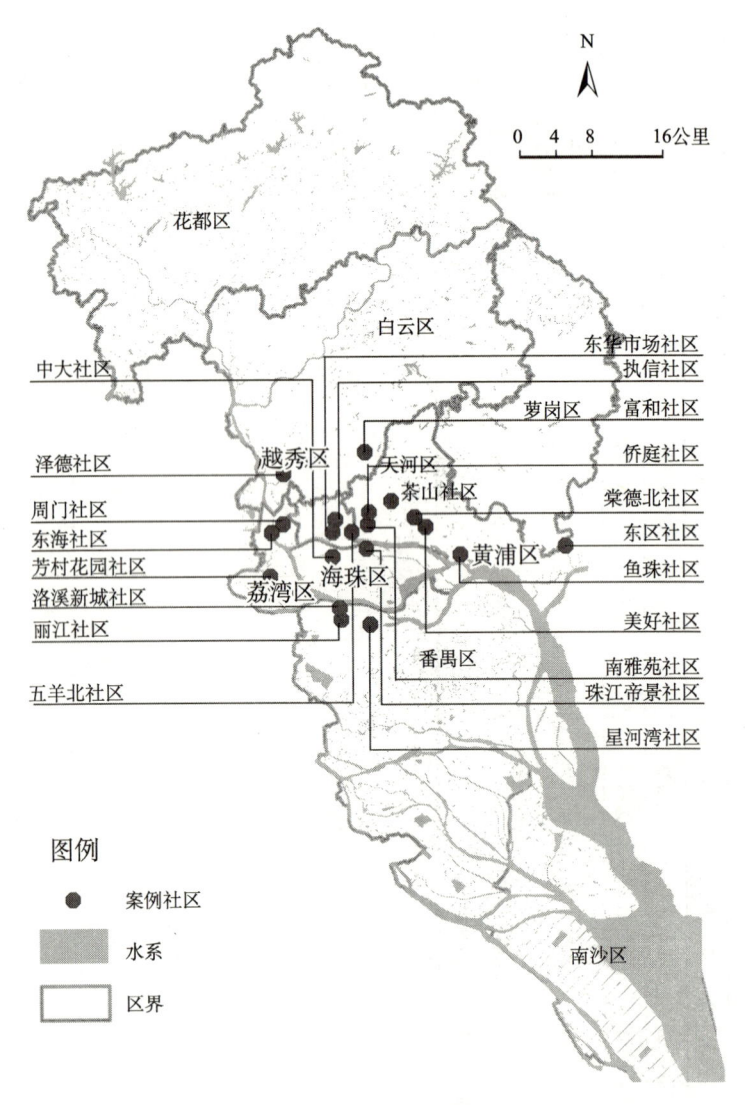

图 1-11 案例社区空间分布

2. 问卷调查和样本

（1）问卷的初步设计

在对研究思路进行总体设计后，明确了需要通过问卷获取的信息主要为个人和家庭的基本信息、小汽车拥有和使用信息、日常出行行为信息、态度和偏好信息四大部分。因此，问卷的设计围绕这四大部分展开，共涉及42道大题。

在确定了主要问题的基础上，对每个问题的内容和措辞、回答格式和结构、问题的顺序、问卷布局形式进行综合设计。既要使需要获取的信息被全面安排到问卷中，也考虑让被调查者能清楚理解问题的意图和方便回答。

（2）预调查与问卷修改

完成问卷的初步设计后，在案例社区中选取中大社区和丽江花园社区进行预调查，各完成15份问卷，并检验其结构效度、内容效度和信度。

通过预调查，发现问卷过长，居民的排斥感强，问卷完成难度大。因此，进一步精简了问卷长度，题目数减为37道，并把一些题目合并成表格形式，以节省卷面空间。

其次，通过实地考察及居民访谈，修正了问卷中部分措辞，并对部分选择项进行增减或修改。考虑到居民对一些敏感问题的排斥，把个人收入信息顺序向后调整。

此外，通过对预调查问卷的整理，发现将获取的各被访者居住地落到具体空间位置有一定难度，因此又花了大量的时间与精力将21个案例社区的总平面绘制出，附在对应的调查社区问卷的后面，要求调查员在调查过程中对总平面进一步修正并将每一个被访者的居住地在图上标出。

(3) 问卷发放数量的确定

一般来说,问卷发放总量越大,越能获取到接近于真实的情况,但问卷量的增加,也会使问卷调查的难度和人力物力的投入增加。本研究中,考虑到选择的案例社区规模差异较大,问卷发放的数量根据社区规模按比例调整确定。思路为:在抽取的案例社区中,根据社区人口,采用 PPS 法,按照社区人口 1%~2%的比率确定调查户数量,最后确定发放问卷为 1 508 户。

(4) 问卷发放与回收

在问卷发放之前,首先与居委会或物业管理公司进行联系,获得支持与许可后。随后进入社区进行问卷发放,对选取调查户进行一定的控制:①调查员从社区入口出发,按右手原则,抽样间距定为 10 份,直到做完样本数为止,如果不够,则从拒访者周边随机选取住户作为补充;②被访者年龄介于 18~69 岁;③被访者在社区内居住至少 3 个月以上;④被访者一般控制为家庭主要经济收入来源者,对购车有重大决策权的户主。

为了保证问卷的质量,在问卷调查过程中,避免被访者直接填写问卷,主要由访问者问并填写问卷。

(5) 问卷抽样复核

问卷调查完成后,首先,对每一份问卷根据填写的实际情况,判断问卷填写信息的有效性、真实性和准确性,剔除无效问卷。

其次,随机抽取问卷数量的 5%(75 户)进行复核,主要方式为电话复核,然后为入户复核。其中,电话复核的复核率达到 72%(54份),入户复核的复核率达到 28%(21 份,每个社区一户)。

(6) 问卷调查统计和问卷数据库的建设

问卷的复核后,发放的 1 508 户家庭的问卷,其中有效问卷 1 443 户家庭 2 066 份个体样本问卷(拥有小汽车的家庭则包含了男女户主的个体样本问卷),有效率为95.69%。最后对问卷进行编号和数据的录入工作(表1-2)。

表1-2 案例社区问卷调查基本情况

区	街道	社区名称	问卷数：家庭(户)	问卷数：个体(份)	社区常住人口(人)	抽样比例(%)
白云区	同和街道	富和社区	48	74	4 706	1.0
	同德街道	泽德社区	50	68	9 202	0.7
天河区	五山街道	茶山社区	50	72	7 211	0.8
	林和街道	侨庭社区	84	115	5 143	1.7
	棠下街道	棠德北社区	149	202	12 900	1.2
	天河南街道	南雅苑社区	119	156	5 278	2.3
	车陂街道	美好社区	55	78	5 387	1.1
海珠区	赤岗街道	珠江帝景社区	70	109	6 617	1.1
	新港街道	中大社区	48	49	4 983	1.0
番禺区	洛浦街道	丽江社区	142	206	9 928	1.4
		洛溪新城社区	50	72	20 665	0.3
	大石街道	星河湾社区	50	69	6 863	0.7
越秀区	大东街道	东华市场社区	77	113	5 569	1.4
	东湖街道	五羊北社区	50	80	4 161	1.2
	黄花岗街道	执信社区	61	92	3 743	1.7
	广卫街道	都府社区	80	131	6 059	1.23
萝岗区	东区街道	东区社区	50	78	4 173	1.2
黄浦区	鱼珠街道	鱼珠社区	50	77	4 292	1.2

续表

区	街道	社区名称	问卷数家庭(户)	问卷数个体(份)	社区常住人口(人)	抽样比例(%)
荔湾区	彩虹街道	周门社区	40	61	3 332	1.2
	东漖街道	芳村花园社区	80	116	8 399	1.0
	桥中街道	东海社区	40	47	2 567	1.9
合计	19	20	1 443	2 066	141 178	——

注释:没有小汽车的家庭仅记录了被访户主的问卷。考虑到拥有小汽车的家庭,对于小汽车的使用不局限于个人,因此拥有小汽车的家庭则包含了男女户主的个体样本问卷。因此,最后获取的问卷为1 443户家庭,共2 066份个体样本问卷。

将1 443户家庭按照住址地落在空间上,样本的空间分布见图1-12。

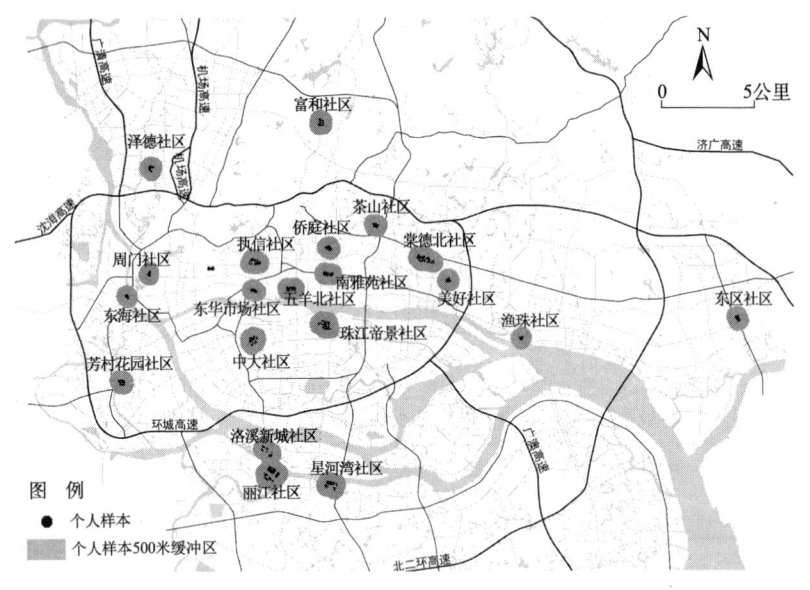

图1-12 问卷样本空间分布

二、数据和资料来源

研究数据和资料主要包括空间数据库、调查数据和统计数据三大类。

1. 空间数据库

本研究建立的公共交通数据库是以获取的 1∶10000 广州市基础地理信息数据库为基础。该基础数据库包含了行政区划、道路、居民地、公共设施点、绿地、水系等基础信息,但数据库为 2009 年数据,因此通过空间配准获取的 2011 年街道(镇)的行政区划地理信息数据对行政区划数据进行了更新。

道路数据在 ArcGIS 软件的支持下,叠加数字化过的广州市交通地图(2011 年),用空间配准、数字化的方法对道路交通数据进行更新,建立广州市路网空间数据库。公共交通站点的空间位置及线路运行轨迹根据图吧广州市公交地图网(http://bus.mapbar.com/guangzhou/line_list/)及广州公交网(http://www.gz-bus.com/)提供的公交信息确定。其中,公交线路根据实际的运行轨迹以公交站点作为结点和道路中心线作为参考,使用 ArcGIS 软件人工进行绘制。

2. 调查数据

问卷调查数据主要来源于作者从 2011 年 10 月至 2012 年 7 月所获取的城市公共交通可达性对小汽车拥有和使用的影响问卷数据。共对 21 个社区 1 508 户家庭派发了问卷,回收 1 443 户家庭 2 066 份个人问卷。

3. 统计数据

本研究中使用的全国层面的统计数据主要来自《中国统计年鉴》、《中国城市统计年鉴》等各类相关统计年鉴。广州市层面的统计数据主要来源于广州市历年统计年鉴、各区统计年鉴、广州市经济普查数据和广州市交通规划研究所发布的历年广州市城市交通运行报告。其他的如政府和协会的相关工作报告、规划成果和出版物以及本地报纸、杂志等也为研究提供了相关的文字信息。

三、研究方法与技术路线

采用多尺度 GIS 空间分析、网络分析方法，分别从中观和微观的层面探讨城市公共交通可达性特征；采用了问卷调查法获取了 2 066 份个体的第一手问卷数据；采用定性与定量相结合的方法对研究主体部分进行分析，其中融入了相关分析、聚类分析、回归分析、MNL(Multinomial Logit Model)模型、SEM(Structural Equation Model)模型等统计计量分析方法。

1. 多尺度 GIS 空间分析和网络分析

在对广州市公共交通可达性特征的分析中，基于 GIS 平台构建了完善的城市公共交通空间数据库和属性数据库，并使用 GIS 的空间分析、网络分析的方法对城市公共交通可达性进行综合测度。

2. 问卷调查法

通过问卷设计，对 1 443 户家庭和 2 066 个居民的小汽车拥有和使用信息、日常出行行为信息、态度与偏好信息、个人与家庭基本信息进行调查，作为分析的一手数据。

3. 定性与定量相结合的方法

在分析广州市公共交通与小汽车交通演化时，基于统计年鉴与本研究建立的公共交通数据库的数据，采用定性与定量相结合的方法进行分析，并辅以可视化图件来刻画出广州市公共交通可达性空间格局。在关于城市公共交通可达性对小汽车拥有和使用的影响研究中，综合运用了相关分析、聚类分析、回归分析、MNL 模型、SEM

模型等统计计量分析方法进行定量分析。

本研究的技术路线见图 1-13，主要内容和结构框架见图 1-14。

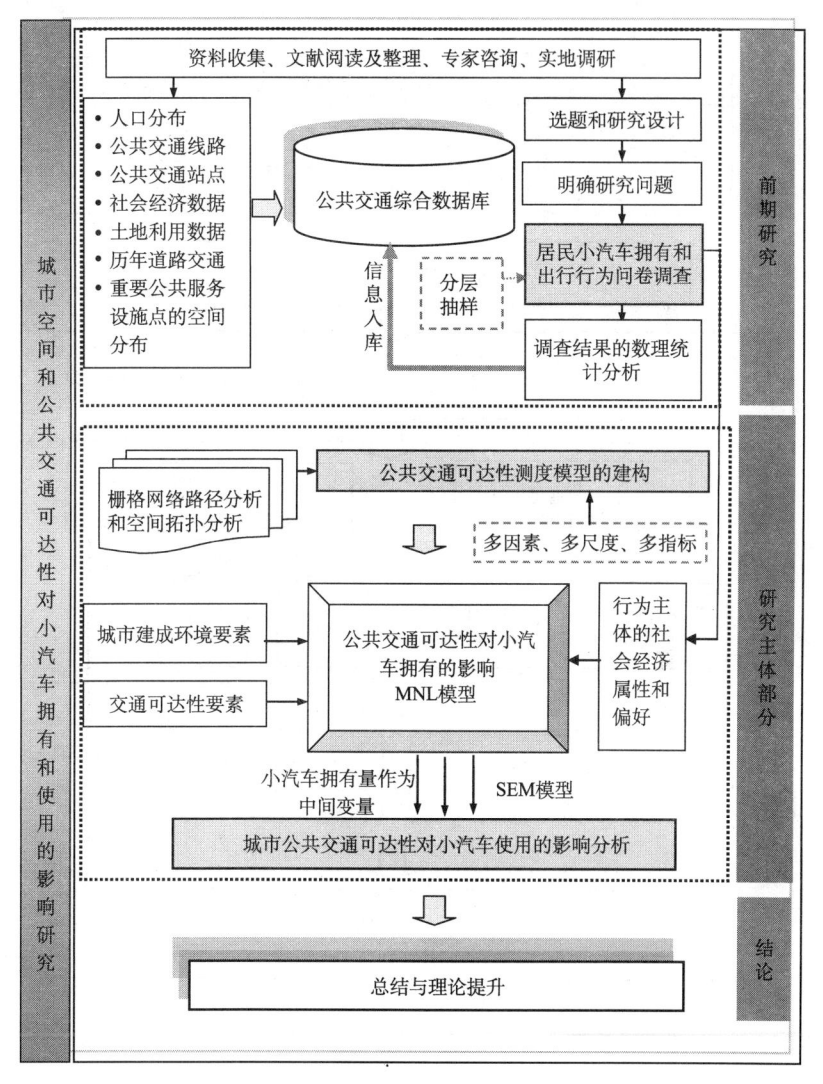

图 1-13　技术路线

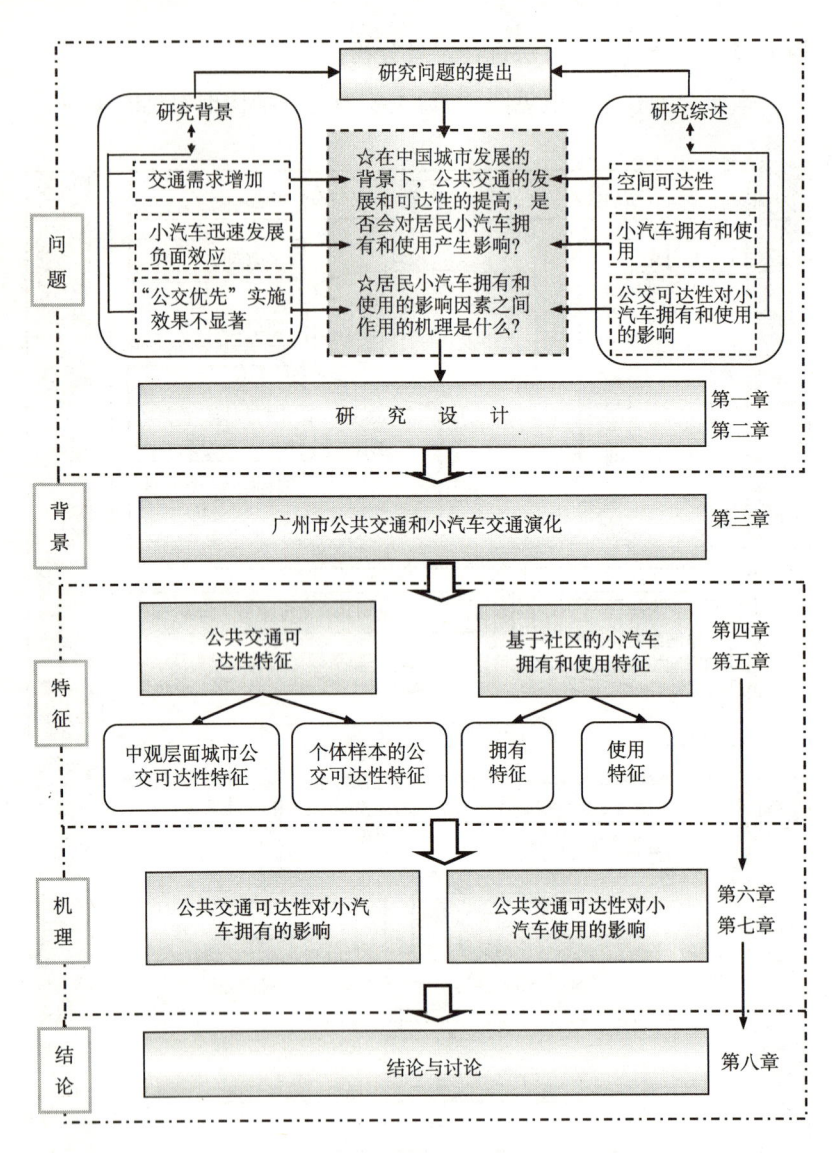

图 1-14　主要内容和结构框架

第二章 国内外研究进展

第一节 可达性的研究

一、可达性的内涵及测度

可达性研究最早起源于古典区位论,旨在对空间上某一要素实体(点、线或区域)的位置优劣程度进行度量。其中,Hansen(1959)最早提出了可达性的概念,将其定义为交通网络中各节点相互作用机会的大小。随着可达性研究的深入,对其概念内涵的理解也越来越丰富(表2-1)。有的学者认为可达性是克服空间阻隔的难易程度(Ingram,1971;Goodall,1987),也有学者认为可达性是在单位时间内所能接近的发展机会的数量的多少(Wachs and Kumagai,1973;Handy and Niemeier,1997)。

Geurs and Wee(2004)总结了不同的可达性测度方法,认为可达性包含了土地利用、交通、时间和个人四个部分。各种对可达性概念的解读均是对这四个组成部分中的一个或多个进行定义。可达性表征的是人或物借助一定的交通方式到达目的地或参与活动的难易程度,从更深层次上讲,可达性表征了不同性质土地之间通过交通系统相互影响的潜力(胡继华,2012)。

随着不断发展和细化,可达性的研究和应用范围越来越广泛,使其不局限于一个空间概念,还具有典型的时间意义和社会、经济意义

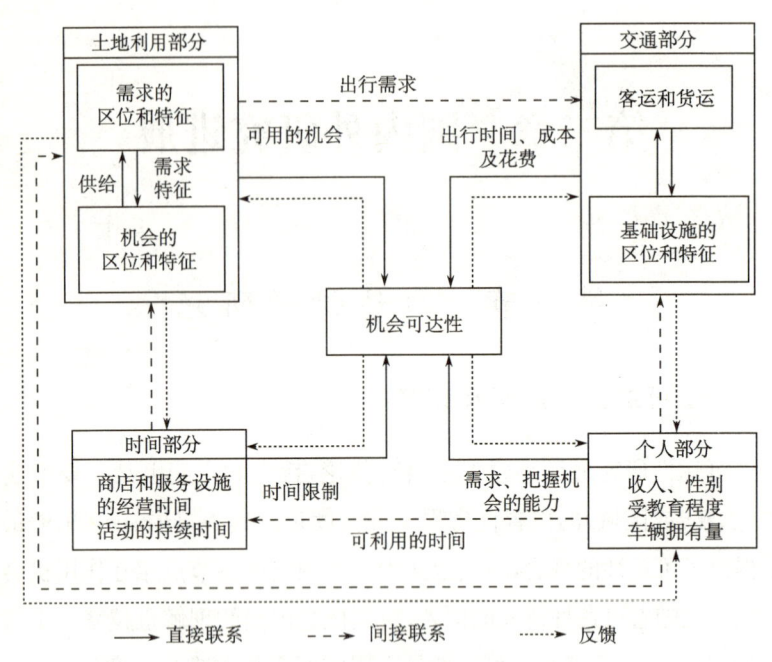

图 2-1 可达性各部分之间的组成关系

资料来源：Geurs and Wee, 2004.

(李平华、陆玉麒,2005)。可达性的概念被广泛应用于各个领域,由于不同研究领域对可达性的研究目的和需求不同,度量模型也有所差异,对于交通可达性的测度目前国内外研究已形成了包括距离法、累积机会法、重力模型法、等值线法、频率法、概率法、平衡系数法、效用法、时空法、空间拓扑法、栅格成本分析等一套较完善的方法体系。

其中,对于交通可达性的研究,主要集中在通过可达性指标有效度量交通网络结构进而评价区域获取发展的机会和控制市场的能力(Li Siming and Shum Yiman,2001),以及利用可达性对新建交通基础设施的区域经济效应进行评价(Linneker and Spence,1996;Gutierrez,2001)。关于中国的交通可达性的研究主要集中在大尺度、宏观区域层面的交通网络及经济和产业布局影响上(陆大道,1995;金凤君,2004;吴威等,2006)。在城市内部,可达性分析和研究主要在道路交通领域用于城市路网结构评价、居民出行可达性评价、绿地和各类公共服务设施可达性评价等方面(杨涛,1995;柴彦威,2002)。

二、城市公共交通可达性的内涵及测度

关于交通可达性的研究起步较早,相关概念的界定、指标体系的建立、交通可达性的计算方法等研究成果丰富。但鉴于公共交通数据获取的难度和居民出行方式选择的复杂性,与交通可达性的研究相比,利用公共交通作为出行模式的可达性研究相对较为缺乏,研究以方法探究和基于计算方法的定性或定量实证研究为主。

在对城市公共交通可达性内涵的理解方面,众多学者进行了深入分析。Hillman and Pool(1997)对公共交通可达性的内涵进行了探讨,将其区分为"公交网络的可达性"和"地方可达性"(也叫公共交通设施的可达性)。"公交网络的可达性"用于描述居民通过公交网络,从某地点到达目的地的通达性;"地方可达性"描述了居民从居住地到达公共设施的便捷程度。Polzin等(2002)从时间、地理和空间等要素方面对"公共交通可达性"的内涵进行了更为详细的分析,并对"公共交通可达性"和"公共交通服务质量"的概念进行了区分。认为"公共交通可达性"指服务设施的数量和可达到的容易程度,而"公共交通服务质量"是对可到达区域所提供的服务的测度。Mavoa(2012)等人则对公共交通可达性的研究进行了回顾总结,将公共交通可达性的衡量方法划分为三类:公共交通站点可达性、居民搭乘公共交通到达目的地过程中所消耗的时间、居民搭乘公共交通可达的目的地土地利用类型。

随着西方发达国家高度城市化与郊区化发展,日常生活对于小汽车的高度依赖带来了环境及居民健康问题的增加,学者开始关注公共交通综合服务能力的提高。对城市公共交通可达性展开较多研究,主要目的是为寻求优化公交线路和站点布局的最佳方案,为公共交通网络规划提供参考。其中,Gleason(1975)最早使用区位模型来确定公共交通站点。Wiraigh and Ghoneim(1981)利用时间成本分析了公交站点的最优间隔,为优化城市公交站点设置提供参考。Murray(1998)认为从路径和空间覆盖两个层面分析了公共交通的可达性,并通过设定最大空间覆盖值,对空间可达性进行模拟以确定是否存在公共交通站点的冗余分布。Zhao等(2003)探讨了预测公共交通需求可达性模型,为公共交通路网优化和规划提供建议。英国伦敦交通规划局于1992年在英国伦敦交通规划中提出了PTAL(Public Transport Accessibility Levels)的评价方法,主要考虑公共交通服务的接近程度和服务频率,对某一区域公共交通可达性进行评价。美国交通研究委员会(Transportation Research Board)在2000年提出了"多模式交通联运水平"(Multi-modal Level of Service,LOS)的评价体系,其中包括了公共交通可达性的评价指标,如频率、速度、可用性、费用、安全性、可靠性、舒适度等。

在对城市公共交通可达性的测度方面,Lei and Church(2010)进行了总的梳理。认为目前对城市公共交通可达性的测度方法主要包括三种类型:到达公共交通站点的可达性、公共交通行程可达性(指居民搭乘公共交通工具过程中的时间消耗)、通过公共交通到达目的地的可达性。大多数公共交通可达性研究集中在物理可达性上,即到达公共交通站点的邻近性(Hsiao et al.,1997;Lovett et al.,2002;Zhao et al.,2003;Kimpel et al.,2007;Gutierrez and Garcia-Palomares,2008;Biba et al.,2010;Currie,2010)。研究者一般利用类似规划规则的 300 米、400 米、500 米 或 800 米的步行距离来估计人们愿意步行到达公交车站的距离(Hsiao et al., 1997;Lovett et al., 2002;El-Geneidy et al., 2009; Hess, 2009),对站点服务范围的研究多通过缓冲区的方法实现(Zhao. F et al,2003)。除了到达公交车站可达性的研究外,居民搭乘公共交通工具过程中的时间消耗也是评价公共交通可达性的重要指标(Lei and Church, 2010)。O'Sullivan 等(2000)利用等时线方法分析了公共交通可达性,生成公共交通出行可达区域地图。Benenson 等(2009)利用以色列详细的交通网络,计算公共交通道路行车时间、公共汽车站点和公共汽车出发和到达时间。Cheng and Agrawal (2010)通过计算公共交通出行时间分析公共交通服务区域。然而上述衡量公共交通可达性的方法没有考虑目的地的类型。通过公共交通到达目的地的可达性也是衡量公共交通可达性的重要组成部分。Huang and Wei (2002)计算了通过公共交通到达城市不同土地利用类型的机会可达性。Yigitcanlar 等(2008)基于 GIS 使用土地利用和公共交通可达性指数(Land Use and Public Transport Accessibility Index, LUPTAI)来衡量利用公共交通和步行到达土地利用目的地的可达性,并以栅格为基本分析单元,研究单元精细化。Silva (2008)发展了结构可达性图层(Structural Accessibility Layer,SAL),通过计算区域多样化的可达性指数,使用等值线方法分析城市公共交通可达性。Curtis and Scheurer(2010)使用空间网络多模式城市交通系统分析(Spatial Network Analysis for Multimodal Urban Transport Systems,SNAMUTS)评价土地利用背景下城市公共交通网络的连通性和中心性。

聚焦于中国的公共交通可达性研究主要开始于 20 世纪 90 年代,但研究成果仍有限,主要以公共交通可达性的衡量方法探讨为主，对于公共交通可达性的内涵及测度尚缺乏统一的认识，未形成行之有效的研究方法和理论体系。

祁毅(2008)重点关注步行和多种公共交通系统的联动和换乘，通过定义可达范围面积值、可达服务面积值、可达服务机会量值来表达公共交通可达性水平。张小丽和王炜(2009)提出了在公交运营成本、乘客舒适度等众多约束下提高公交可达性的公交站距优化方法，并以公交运营速度和公交客流量为基础给出了公交可达性的度量方法。总的来看，现有的关于公共交通可达性的研究主要局限于关注公交客流量、公交运营速度或公交换乘等某一个或几个要素来度量公交可达性，缺乏综合考虑各种主要影响因素的较完善的公共交通可达性的测度体系。

第二节 小汽车拥有和使用的研究

一、理论基础

关于小汽车拥有和使用决策的探讨最早可见于从经济学的方法和角度考察经济增长、人均收入与小汽车拥有量的关系并预测小汽车拥有量，以及在土地利用与交通模式选择的关系研究中分析土地利用特征对小汽车拥有和使用决策的影响。具有代表性的理论有空间相互作用理论、需求理论、随机效用理论和时空限制理论。

空间相互作用理论是城市地理学的重要基础理论(许学强等，2003)，用重力熵形式和函数描述了区位间的交通出行量，表明选择到某一特殊地点的出行决策是由出行距离和该地点的吸引力所决定的，这也在一定程度上表明在城市空间环境和交通出行行为之间存在联系。在早期对交通行为的研究中，主要是将空间相互作用理论和模型融入到交通规划模型中,来预测交通需求、交通方式和路径的选择,关于小汽车拥有和使用决策的研究被涵盖于此类研究中,作为交通规划的基础。

经济学中的需求理论也被应用到交通行为研究中。该理论假设个人主要基于其对消费物品的偏好,以及物品及可提供资源的相对成本作出选择(Parkin M., et al., 2003)。应用到交通需求中来说,就是随着某种特定模式出行成本的减少,这种模式的出行需求就会增加。众多研究成果表明,街道网格、混合的土地使用模式和步行邻里社区的吸引力都能改变出行时间成本或相对成本,导致人们选择不同的交通方式出行,从而影响小汽车拥有和使用的决策(Boarnet and Crane,2001)。

从20世纪60年代开始,西方经历了社会经济的转向,从以经济发展为目标开始注重社会发展,关注人与社会的实际问题。特别是到20世纪70年代末,社会化和人文化的研究倾向得到进一步加强,时间地理学和行为地理学的相关理论被引入到交通行为研究中。交通行为的研究方法从简单的描述向解释深层次的影响机制转变,研究视角也从主要关注宏观层面交通小区的交通需求逐渐走向微观,以实际产生交通活动的家庭和个人为对象。其中,时间地理学的时空限制理论为个体交通出行行为的研究奠定了重要的理论基础,被运用于城市交通规划的交通预测和交通方式选择研究中。该理论认为一个人要满足需要,一般要从一个住所移动到另一个住所,然而这种移动受到时间和空间的共同制约,包括能力制约、组合制约和权威制约。基于时空限制理论的研究方法把城市交通出行整合在移动—活动系统中,同时把时间分配和空间选择的概念相联系,分析个人时间利用、活动与出行的时空间特征(柴彦威等,2010),这为更加深入地理解人们对小汽车拥有和使用决策过程提供了支撑。

行为地理学的随机效用理论主要用来解决多方案选择问题,是交通科学中的代表性理论之一。该理论将微观经济学中消费者行为理论的最大效用假设与概率论相结合,以离散选择模型为主要研究手段,使交通行为研究方法发生了革新。随机效用理论与需求理论具有不同的理论观点,认为每一种选择为寻求最大效用的个体都提供了一个明确的"效用"或价值。应用于交通出行行为中,也就是说选择何种交通模式出行的个人逻辑决策主要取决于该决策的条件以及和其他模式的比较优势,可以用货币成本(如燃油成本、交通税费、通行税)、时间成本和便利程度(如公交发车间距、换乘次数)等相关变量来量化(Domencich and Fadden, 1975; Ben-Akiva and Lerman, 1985; Train, 2003)。例如,若交通可达性高,以步行为导向设计的社区可以增加步行和乘坐公交的效用,从而导致小汽车拥有和使用的降低。

相对于研究汇总行为的空间相互作用模型,时空限制理论和随机效用理论为研究者提供了更加深入探究交通行为与空间环境之间复杂关系的有力支撑。伴随着获得个人行为数据的手段越来越丰富,基于随机效用理论的离散选择模型从80年代逐步取代空间相互作用模型,成为交通行为研究的主流模型框架之一。然而,随机效用理论以"理性决策人"的假设为前提,以效用最大化为原则。这种假设在现实中并不绝对存在,人们在不同的环境和情景中可能会使用不同的原则,个人价值和偏好会随着时间和不同的情形发生变化,因此随机效用模型对个体差异化的影响因素考虑不足。而基于时间地理学的时空限制理论虽然通过时间与空间的结合,增强了时空中对人的交通行为研究的有效性,但由于个体时空数据获取的难度大,在应用中也受到一定的限制。

二、模型方法

Bunch(2000)对交通工具需求和模式选择的模型进行了系统梳理,并根据功能的不同,将其分为四大类:小汽车拥有量模型、交通工具购买模型、交通工具持有和使用模型、交通工具的替换交易模型。而 De Jong(2004)则根据资料特征和模型结构将其分为九大类:汇总时间序列模型、汇总队列模型、汇总市场模型、启发式模拟模型、统计非汇总拥有量模型、间接效用模型、统计非汇总小汽车类型选择模型、虚拟面板模型和动态交易模型。在更大领域的交通的研究中,也有学者专门针对小汽车使用的模型进行了梳理与划分。例如,Handy(1996)根据研究使用资料的特点,将小汽车使用模型分为汇总和非汇总模型;Crane(2000)根据所使用的分析技术结构将小汽车使用的研究方法分为模拟方法、描述性方法和多元统计的方法。

考虑到无论是小汽车拥有还是小汽车使用的模型方法,从基础资料特点、研究内容体系、研究方法和技术结构来看均可以统一归类。因此,本研究结合相关文献成果,将小汽车拥有和使用的模型方法归纳为五大类:模拟研究方法、汇总模型、非汇总模型、选择模型和基于活动的行为分析方法。

1. 模拟研究方法

早期关于小汽车使用决策的研究以模拟预测和汇总类研究为主。模拟预测研究相对于更早时期经济学领域仅仅使用单线性回归来分析收入与小汽车拥有量的关系,有了很大的进步,经济因素、家庭因素和城市交通环境因素被纳入模型综合模拟和预测小汽车拥有量。例如,Shindler and Ferreri 在 1967 年模拟了几种可选择的交通系统,并分析不同类型交通系统对小汽车拥有量的影响。1974 年著名的美国由房地产公司所做的"蔓延成本"研究,使用模拟方法测试了6种不同发展模式的社区小汽车拥有量和出行时间的不同。早期的模拟预测研究主要使用传统的交通规划模型,或将交通规划模型与劳瑞(Lowry)模型联合使用,来模拟和预测小汽车的拥有和使用情况(Levinson and Roberts,1965;Kulash,1987)。Douglas(1991)使用交通规划模型测试了新泽西区不同发展模式下的小汽车出行范围,研究结果表明,在设计中通过增加到中心区公交通道、步行通道,小汽车出行将减少30%。模拟预测研究事先就假定解释变量对小汽车拥有和使用有明确的关系,然后使用这些假设关系来预测不同区域的小汽车拥有和使用情况,并未对影响小汽车拥有和使用的影响机制进行深入探讨。且其结果的可靠性往往依赖于假设条件的变化,并未提供切实的实证证据。同时,在模拟过程中,常对空间环境和交通行为进行简化,在实际使用上具有局限性。

2. 汇总模型

汇总模型(Aggregate Model)[1]从20世纪50年代开始在国外大中城市得到广泛应用,并于60年代始用于主要道路的基础设施投资决策。汇总模型以交通小区为基本单位,采用回归分析等推定方法对交通小区的总体土地利用、居民出行特征和社会经济等相关的统计数据进行处理和分析,着眼于研究交通区总体的特征,使交通规划的研究模型化、精确化。国外学者使用汇总方法作了大量的关于小汽车拥有和使用决策的实证研究。在小汽车拥有的研究中,Train(1986)和Matas and Raymond(2009)分析了西班牙过去20年小汽车保有量的结构变化,并量化了各影响因素对小汽车保有量增长的相对重要性,结果表明收入弹性系数随着汽车拥有量的增加而减少,

---

[1] 在交通领域一般把"Aggregate"翻译为"集计",在地理领域内翻译不一,有称为"聚合"、"汇总"等,本研究中根据《人文地理学词典》的翻译统一采用"汇总"说法。

大城市的小汽车保有水平对公交质量较敏感。在小汽车使用的汇总类研究中,结论往往表明城市建成环境对小汽车出行方式的选择、出行频率和出行总量有较大的影响,并因此认为可以通过优化土地利用模式来减少小汽车使用倾向。

然而,由于汇总模型往往直接套用物质性模型,其研究主要建立在机械的、非行为的交通需求预测基础上,较少考虑社会、心理等因素对个人交通行为选择的影响,对出行需求的表达缺乏行为随机性和对交通政策的反映。因此,这类研究引发了较多的争议,被认为除了比较具有不同文化、政治、历史背景的地点间的交通出行的特征和影响因素等基础问题外,仅仅提供了对小汽车拥有和使用决策的较浅理解(Gordon and Kumar,1989)。随着行为视角的加强,交通行为本身成为研究对象,描述交通行为的特征并从微观层面探讨个人或家庭社会经济属性和建成环境对交通出行模式的影响成为研究的重点。相对于研究集合行为的汇总模型,非汇总模型和离散选择模型借助能够解释个人行为决策的优势,使研究者具备了更加深入地探究个人与交通出行模式选择的有力工具,因此成为小汽车拥有和使用决策研究的主流模型框架。

3. 非汇总模型

非汇总模型(Disaggregate Model)产生于 20 世纪 70 年代,从 80 年代至今得到广泛的应用,其主要从微观机制上研究出行方式、出发时间和交通工具类型选择并进行交通需求预测(Bunch et al.,1993;Handy et al.,2002)。与汇总模型相比,非汇总模型以明确的行为假说为基础,逻辑性强,具有更高的统计效率和灵活性,是有效地分析和理解交通行为活动的重要手段。在小汽车拥有和使用决策的研究中,非汇总类研究不仅表明在不同类型的社区间出行模式不同,也揭示了这些不同隐含行为的复杂性,其结论常常表明:城市空间环境的描述变量对小汽车拥有和使用决策的解释能力在汇总类研究中被夸大了。相对来说,社会经济变量的解释能力更强。甚至部分研究还表明:好的交通可达性和较低的小汽车出行小时数相关,是因为好的可达性导致工具出行距离变短,但并不足够来促使居民从小汽车模式转化为非小汽车模式(Handy,1992)。

4. 选择模型

离散选择模型起源于 Fechner 于 1860 年进行的动物条件二元反射研究。1962 年,Warner 首次将它用以研究公共交通工具和私人交通工具的选择问题。20 世纪 70~80 年代,离散选择模型被普遍应用于交通问题、就业问题、购买决策、经济布局、企业定点等方面的决策研究。模型的估计方法主要发展于 20 世纪 80 年代初期,远远滞后于模型的应用,并且至今还在不断改进。选择模型以随机效用理论为基础,预测了个体或家庭基于有效性做出特别选择的可能性,属于微观计量经济学模型。

从这类研究中,研究者普遍得出结论:街区的类型和建成环境特征对购物和其他非工作出行的交通模式选择产生有意义的影响,但对于究竟是城市形态、建成环境特征的什么方面,怎样导致交通模式选择的差异,研究结论较为模糊(Handy,1996)。此外,尽管离散选择模型在交通领域已被广泛接受,但在基于活动方法的交通需求预测领域,其应用一直遭到质疑。离散选择模型框架提供了一个很好且严格的方法来对多项选择进行建模,但其模拟的交通行为,主要是出行的模式选择而不是行为现象的本身,它并不能够很好地考虑出行者之间的依赖性,也没有考虑活动参与和交通行为之间的约束条件,特别是家庭对出行者出行的影响,并无法处理基于活动方法中的一个重要参数——活动的持续时间,这些都导致了离散选择模型在交通需求预测研究中存在缺陷。

5. 基于活动的行为分析方法

正是基于以上的认识,随着交通出行理论和方法的不断完善和推进,基于活动的行为分析方法成为小汽车拥有和使用决策研究中一个更具有探索性的方法。研究者试图放开思路,将出行作为活动的衍生物,出行的目的是参与某项活动,对活动和出行行为进行分析,从而在更加广泛的出行者日常行为模式的背景下来测试出行者的行为(Jones et al.,1991)。虽然非汇总模型和选择模型已经将个人或家庭的具体的特征加入到目标模型中,基于活动的行为分析方法则使用了更具有功能整体性的方法来评估社会经济特征,联合定义了"角色"和"生命周期"在小汽车拥有和使用决策中的作用。基于活动的行为分析方法研究的核心是行为模式,除了关注特别的出行特征或者一系列的模拟决定,更加关注一整天的全部模式,而不是单一的出行。同时,在对出行的决策者进行分析时,在模型中融入活动参与的时间、空间和个人之间的约束,并根据活动需求的差异,对家庭或个人进行分类(Bowman and Ben-Akiva,2001)。因此,总的来说,基于活动的行为分析方法在传统方法的基础上对出行需求分析特别是对于分阶段探索研究,进行了进一步的补充。在小汽车拥有和使用决策研究中提供了比汇总模型更灵活的拓展空间来纳入多样化的空间环境、个人因素等的影响,与选择模型相比,不局限于对单次选择行为的研究,将视角延伸到对行为链的研究。但基于活动的分析模型在对交通需求的长期性预测和交通出行与需求状况的宏观判断与描述上有一定的局限性。

三、小汽车拥有特征和影响因素

大量的研究文献分析了家庭小汽车拥有量的主要影响因素。近年来,研究的焦点主要集中于城市形态(区域环境)和家庭社会经济属性特征对每个家庭交通工具数量的影响,也有部分研究分析了公共交通可达性对家庭小汽车拥有量的影响。总的来看,在研究家庭小汽车拥有的已有文献中,使用的解释变量主要包括三大类:人口和家庭统计特征变量、区位和建成环境特征变量(或称城市形态变量)、公共交通可达性变量(见本章第三节)。

1. 人口和家庭统计特征变量对小汽车拥有的影响

人口和家庭统计特征变量通常包括:户主年龄、户主种族、户主受教育程度、户主职业状况、家庭年收入、家庭规模、家庭结构、家庭子女数量、家庭就业人数、家庭无业人数、家庭对于购买小汽车的态度及偏好等变量。几乎所有的实证研究都表明,家庭特征对家庭小汽车拥有存在显著影响。为了便于更清晰地梳理已有研究中人口和家庭统计特征因素对小汽车使用的影响,可以将人口和家庭统计特征变量总结为家庭社会经济变量与家庭生命周期变量两大类。

家庭社会经济变量主要包括家庭收入、户主受教育程度、户主职业、家庭有驾照的驾驶员数量、家庭就业或无业人数、家庭规模等。已有研究清晰地表明无论在宏观层面还是家庭层面,收入是小汽车拥有的决定因素。宏观层面小汽车拥有量随着人均GDP或人均收入的发展呈现出"S"形增长。Dargay and Gately使用的汇总资料以经济合作与发展组织(OECD)中的成员国家以及中国、印度、巴基斯坦等共26个国家的小汽车拥有量和经济发展资料为基础,分析了人均汽车拥有量和人均收入的关系,研究发现收入对小汽车拥有量具有决定性的影响,最高的汽车增长率发生在收入低但收入增长率高的国家(Dargay and Gately, 1999)。家庭层面,收入越高,家庭更可能拥有1辆或更多的小汽车(Prevedouros and Schofer, 1992; Purvis, 1994; Bhat and Pulugurta, 1998; Ryan and Han, 1999; Gardenhire and William Sermons, 1999; Chu, 2002; Whelan, 2007; Potoglou and Kanaroglou，2008)。同样,在中国的实证研究也普遍认为人均收入对小汽车拥有量有决定性的作用,同时发现,收入分配不均对中国的汽车拥有率有重要影响(金赛男、苏良军,2006;庄焰等,2007)。户主受教育程度和户主职业隐含了家庭的社会经济地位,在研究中也通常被纳入模型分析其对家庭小汽车拥有的影响。但由于在不同实证研究中,其相对于家庭收入的代表能力不同,因此其对于家庭小汽车拥有的影响在部分实证研究中显著(Kockelman,1997;Stead,2001;Schwanen et al.,2002;Krizek,2003),部分研究中却并不显著(Van Acker and Witlox,2010)。家庭有驾照的人员数量对家庭小汽车拥有产生显著的正效应,即有驾照人数越多,家庭拥有小汽车的概率越大,数量越多(Chu,2002;Kim and Kim,2004;Scott and Axhausen,2005;Potoglou and Kanaroglou,2008)。家庭中就业者的数量越多,小汽车拥有量越多(Kim and Kim,2004;Potoglou and Kanaroglou,2008)。已有研究表明家庭规模和小汽车拥有量显著相关,由于家庭内部决策和每一个家庭成员的行为相关,越大的家庭越需要超过1辆的小汽车(Kockelman,1997;Karlaftis and Golias,2002;Dargay and Hanly,2004)。

家庭生命周期变量主要包括户主年龄、家庭结构、家庭儿童数量等。户主年龄在一定程度上代表了家庭所处的生命周期阶段,也有学者使用家庭结构来表示家庭所处的生命周期阶段。已有研究表明家庭生命周期是影响家庭小汽车拥有量的重要变量(Prevedouros and Schofer,1992;Potoglou and Kanaroglou,2008),如单身家庭、夫妇、夫妇有小孩、单亲家庭有小孩等几个生命周期阶段的家庭一般拥有的小汽车数量不会超过2辆(Lerman and Ben-Akiva,1976)。Kim(2004)的研究表明与老年人家庭相比,夫妇、夫妇有小孩家庭拥有小汽车的概率更大,数量更多,而单身家庭和单身有小孩家庭拥有小汽车的概率更小,数量更少。部分学者的研究认为家庭有儿童,将增加较多的非工作出行需求,因此家庭拥有小汽车的概率更大,数量更多(Cerveroand Kockelman,1997;Krizek,2003)。但 Kim(2004)的研究表明家庭是否有儿童对于家庭小汽车拥有没有显著影响,单身有小孩家庭与单身没有小孩家庭相比,拥有小汽车的概率更低;夫妇有小孩家庭与夫妇家庭相比,拥有小汽车的概率也更低。

2. 区位和建成环境特征变量对小汽车拥有的影响

小汽车拥有研究中,区位和建成环境特征变量主要包括:居住区位(如离 CBD 的距离、居住在城市区域、郊区区域或大都市区等)、密度(如人口密度、就业密度等)、土地利用的多样性等。虽然已有文献中关于区位和建成环境特征对小汽车拥有量的研究结论并不总是一致,但也有一些明确的结论。

在居住区位对小汽车拥有量的影响方面,部分研究使用城市和郊区的虚拟变量计算了居住区位对小汽车拥有量的影响,结果表明在城市和大都市区中,小汽车拥有量更低(Bath and Pulugurta,1998;Dargay,2002)。也有研究在更多尺度层面上计算了居住区位对小汽车拥有量的影响,认为二者之间存在显著的关系(Whelan,2007;Matas and Raymond,2008)。

在密度对小汽车拥有量的影响方面,大部分实证研究结论表明人口密度和就业密度对家庭小汽车拥有具有重要的消极影响。Giuliano and Dargay(2006)使用美国和大不列颠的资料,得出结论人口密度是影响小汽车拥有量的决定性因素,并将其原因解释为:在密度高的区域小汽车的使用成本更高,而在密度低的区域由于长距离的通勤和缺乏公交设施,小汽车更加必要。Chen(2008)使用纽约大都市区的资料,认为居住在人口密度更高的区域降低了家庭拥有小汽车的可能性。Potoglou and Kanaroglou(2008)在对 Hamilton

(加拿大)的研究表明人口密度对家庭小汽车拥有量具有消极影响。Salon(2009)也发现在纽约市中居住在高人口密度区域,密度越高,小汽车拥有量的可能性越低。但也有部分研究者认为在控制了公共交通可用性和内生性问题后,居住密度对小汽车拥有量的影响较弱(Schimek,1996;Pickrell,1998)。

在土地利用多样性(或者叫空间多样性)对小汽车拥有量的影响方面。已有研究中常选用各种指标来表征空间多样性,如职住比率(Boarnet and Sarmiento, 1998; Ewing et al., 1994)、各种土地利用类型的平衡程度(Frank and Pivo, 1994; Kockelman, 1997),或者是不同类型的土地使用和一个人环境的联系程度的相似与差异程度(Kockelman, 1997)。大部分研究表明,土地利用多样性程度越高,对该区域的家庭小汽车拥有量带来的负效应越大(表2-1)。但也有研究表明,由于土地利用多样性往往和房地产价格密切相关,土地利用多样性高的社区主要吸引了高收入的家庭,因此也就拥有更多的小汽车(Van Acker and Witlox,2010)。

对小汽车拥有量特征的研究主要从宏观国家层面和微观家庭层面两个尺度展开。其中,聚焦于中国的小汽车拥有量发展特征的研究主要以国家、省或城市为单位,从宏观层面总结发展模式和类型、划分发展阶段、分析小汽车快速增长特征和预测小汽车拥有量。解云和叶鹰(2002)对比分析了全国31省市的私人汽车拥有量发展特征,发现各省私人汽车市场发展水平类似于经济发展水平,呈现出东、中、西的阶梯发展特点。陈尚和等(2007、2008)对北京市小汽车拥有量发展特征进行分析,认为北京市小汽车的发展符合逻辑增长曲线,正处在高速发展期。王峰(2002)分析了广州市私人小汽车的发展,发现私人小汽车数量的增幅远远大于其他类型车辆,并认为大力发展汽车工业的国家产业政策是小汽车进入家庭的强大动力,而

表 2-1 1990 年以来小汽车拥有量的主要实证研究

研究	研究区域（样本数）	社会经济和人口统计特征	居住类型、居住地的土地利用模式	模型
Kimard Kim (2004)	美国国家个人交通调查 (42 033)	拥有驾照的驾驶员的数量 家庭收入(log) 家庭规模(log) 家庭生命周期阶段	居住在波士顿、芝加哥、达拉斯、豪斯顿、纽约、费城、华盛顿还是亚特兰大 居住在其他小的都市统计区 居住在其他大的都市统计区居住地和公交站点的距离很近	Order Probit
Chu (2002)	纽约市(3 397)	拥有驾照的驾驶员的数量 儿童数量 家庭收入类别(低—高) 职业(以白领为参照)	单家独户 工作地的交通工具需求 在曼哈顿工作 就业密度小汽车重要性 混合密度指数(MDI) 混合使用的发展—熵指数(EI) Brooklyn、Bronx、Queens 的居民 Staten 岛的居民	Order Probit
Ryan and Han (1999)	美国夏威夷瓦胡岛 (4 060)	家庭收入类别(低—高) 儿童数量(年龄小于 16 岁)	居住区域密度 居住在城市区域 居住在城市郊区	MNL

续表

研究	研究区域(样本数)	社会经济和人口统计特征	居住类型、居住地的土地利用模式	模型
Bhatand Pulugurta (1998)	美国波士顿(2 500)、海湾地区(3 500)、普吉特海湾(1 231)、荷兰国家调查(1 307)	成人工作数量 无工作成人数 家庭年均收入	单家独户	MNL ORL
Purvis (1994)	美国旧金山海湾地区 (PUMS 10 838,108 491, 41 987)	收入(log) 家庭规模 单家独户 工作成人数量 家庭生命周期阶段		MNL
Prevedouros and Schofer (1992)	美国芝加哥郊区(1 420)	工作成人数量 家庭规模 家庭驾驶员数量 儿童年龄 家庭收入	密度(高、低)	线性回归

是否具备购买和使用小汽车的经济承受能力是小汽车进入家庭的先决条件。众多学者对小汽车拥有率进行了预测分析(周溪召等,1996;王正武,2004;朱松丽,2005;张晓春等,2005)。从微观角度,对家庭小汽车拥有特征的研究,相对较为薄弱。其中,何保红等(2004)使用问卷调查数据,对家庭小汽车拥有和使用特征进行了分析,"发现多数家庭购车是在经济条件允许的情况下以提高出行质量为目的","小汽车进入家庭时间一旦超过两年,自身属性将由奢侈品转变为生活必需品"。

聚焦于中国的小汽车拥有量影响因素的分析,多包含在对小汽车拥有量的预测过程中(范雪婷、靳文舟,2011;卫明,2000)。这类研究普遍使用汇总资料以某个城市或地区为研究对象,采用相关分析、非参数模型等方法分析城市经济发展水平、人均收入等因素对小汽车拥有量的影响,并进行预测。

四、小汽车使用特征和影响因素

关于小汽车使用特征的研究非常深入并已经进入成熟阶段。从20世纪90年代以来,主要是从微观层面考察不同人群的交通需求特征。例如,部分学者研究了老年人的小汽车使用特征,认为老年人对私人小汽车的依赖性高,使用频率高,并认为不同年龄段的老年人在小汽车交通需求方面也存在差异(Newbold,2005;Alsnih and Hensher,2003)。也有学者分析了女性的小汽车使用特征,认为女性在出行时更多地依靠公共交通和男性,小汽车出行的频率低于男性(Hamilton and Enkins,2000)。De Jong(1996)对城市居民私家车使用情况研究发现,驾车出行距离与家庭年均纯收入成正比,而青壮年男性居民年均驾车出行距离高于老年和女性,有工作和受过高等教育的居民平均出行距离也较长。还有学者专门针对小汽车拥有者的小汽车使用特征展开研究。Wheeler(1972)认为,有小汽车可用的出行者由于出行机动性较高,出行中更倾向于链接各种活动以节省出行时间。Hamed等(2000)以约旦阿曼地区通勤者出行数据为基础,发现使用私人小汽车的通勤者早晨出发时间受家庭小孩数量的影响十分明显,而其他依靠公交或者出租车的通勤者离家时间却对家庭小孩数量不敏感,而对候车时间十分敏感;小汽车通勤者在下班后还倾向于以出行链接的方式从事其他社交性活动(Social Activities)或者维持性活动(Household Maintenance Activities),并且很少受当天下班时间早晚的影响;而公交和出租车通勤者下班后一般很少链接其他活动,且其是否链接活动受下班时间影响十分明显。总的来看,研究重点已从特征研究转为关注城市小汽车使用的影响机制。

但聚焦于中国的小汽车使用研究大多被包含在交通出行特征的研究中,主要从宏观层面总结小汽车的发展模式和类型,或者对小汽车发展阶段进行划分。早期一般在开展居民出行调查的基础上,利用调查数据统计分析城市居民出行的总体特征,其中涉及小汽车出行的比例和特征,但仅仅是简单概括性的描述和归纳(邓毛颖、谢理,2000;马小毅,2009;黄建中,2005;张文尝等,2007)。随着对居民出行研究方法的不断改进和创新,积累的数据越来越丰富,加之受到西方交通行为研究中更加强调直接从居民行为等相关的因素入手展开研究的影响,国内的研究开始更加关注"人"的需求,部分学者开始将需求层面的研究作为考察小汽车使用决策不可或缺的视角。其中,何保红等在2005年使用问卷调查数据分析了南京市小汽车出行者个体行为特征,研究发现多数家庭购车是在经济条件允许的情况下以提高出行质量为目的,而公交的服务水平充足与否对小汽车的购买和使用影响甚微。李雪铭、杜晶玉以大连市为例,通过对居民通勤行为、偏好和社会属性的调查,揭示了距市中心不同距离处私家车的分布规律、私家车在居民通勤方式中所占的比例和私家车对于边缘区居住空间的扩展作用。

关于小汽车使用影响机制的研究,从现有文献来看,影响小汽车使用的因素主要可以分为三大类。一是源于行为主体的外部环境或称为建成环境,包括城市规模、形态、居住区位、土地利用功能及混合使用程度、密度、环境友好程度、交通条件等。二是源于行为主体的社会经济属性,包括性别、学历、职业、收入、年龄、家庭构成等。三是行为主体的个性特征,如环境偏好与自我选择。

1. 建成环境

关于建成环境和交通之间的联系研究可以追溯到20世纪50年代,以 Mitchell and Rapkin 在 1954 年出版的著作《城市交通:土地利用功能》为代表(Mitchell and Rapkin, 1954)。早期的研究主要关注土地利用和交通模式的一体化发展,认为合理的土地利用方式可以有效地减少小汽车出行距离,改善公共交通服务水平,促使人们更多地使用非机动交通模式。尤其是到了六七十年代,发展了大量的土地利用与交通一体化模型来分析土地利用对交通模式的影响(Lowry,1964;Wilson,1971)。但总的来看,这一阶段主要是从宏观层面探讨影响小汽车使用的客观影响因素,如至城市中心区的距离、城市区域的规模等。直到90年代开始使用建成环境这一术语(或者叫城市形态)扩展和延伸了以前关于土地利用、职住平衡与交通模式的研究,并开始以微观层面的个人或家庭为研究主体,更加注重分析行为主体自身因素对小汽车使用的影响。从已有文献来看,研究者选取了多类变量来表征建成环境,主要可识别为四类影响因子:空间密度、空间多样性、空间设计特征和可达性。

空间密度对交通出行的影响研究有较长的历史(Levinson,

1963),并有了较清晰的认识。研究者普遍认为空间密度主要对交通需求量、交通出行方式选择和交通出行率有重要影响。随着空间密度的增加,通达性得到改善,使居民更多的选择使用公共交通出行,从而减少了小汽车的使用率,尤其对弹性出行的影响更大(Handy and Librarians,1992; Messenger and Ewing,1996)。毕竟,在高密度区域公共交通的组织更加有效,同时空间密度越高,拥挤程度越高,小汽车出行成本越大,从而在一定程度上减少了小汽车使用率(Cervero and Kockelman ,1997; Stead,2001; Schwanen et al.,1994)。Dargay(2002)认为在人口密集的城市,通常有质量好的公共交通系统替代汽车出行,并且服务设施(如学校和商店)的位置足够近,使得步行或骑自行车也成为一种选择,因此在一定程度上减少了小汽车的使用。

空间多样性被认为是建成环境中影响小汽车使用的第二大关键因素。研究者常选用职住比率(Boarnet and Sarmiento,1998)、土地利用类型的平衡程度(Frank and Pivo,1994)、土地利用类型与个体环境的联系与差异程度(Maat et al.,2005)等指标来表征空间多样性。研究者普遍认为:混合开发的土地利用模式能提供多样化的交通方式,可以减少小汽车出行,缓解城市交通的压力(Priemus,2001; Giuliano and Narayan,2003; Cervero,2006)。

在空间设计特征对小汽车使用的影响研究中,一般将社区划分为郊区社区或传统社区来进行分析。主要的结论有两种观点:一种认为传统的邻里街区有相对完善的步行系统和有限的停车设施,能提高非机动交通方式的出行比例,减少小汽车的使用,而郊区社区具有小汽车导向型的设计特征,从而使居住在郊区社区的居民拥有较高的小汽车使用率(McNally and Kulkarni,1997; Hess et al.,2005)。但部分学者在研究中也表明虽然空间设计特征会影响交通模式的选择,但也主要对购物或娱乐出行产生影响,对通勤的影响较小(Meurs and Haaijer,2001)。另一种观点则认为,与社会经济等因素相比,空间设计特征对小汽车使用的影响相对很小。

可达性被认为是重要的对小汽车使用产生影响的建成环境变量,它代表了通过某种出行模式的行为活动到达某一位置的能力(Geurs and Wee,2004)。大多研究表明可达性对小汽车使用有显著影响,并认为某种出行模式的可达性越高,就越有可能选择该种模式出行(图 2-2)。公共交通可达性对选择小汽车出行产生重要影响,越接近公交和铁路站点,公交可达性越高的社区,小汽车使用频率越低,具有越高的公交和非机动交通出行比率(Kitamura and Fujii,1998)。类似的,如在步行范围内有便利的商店、银行、学校、医院,居民就会更多地选择步行出行,更少地使用小汽车出行(Simma and Axhausen,2001)。然而,也有部分研究认为某些区域即使有很高的小汽车可达性,但小汽车使用率仍然很低,这是由于这些区域往往土地价格更高、停车场更少和道路更加拥挤(Kockelman,1997)。

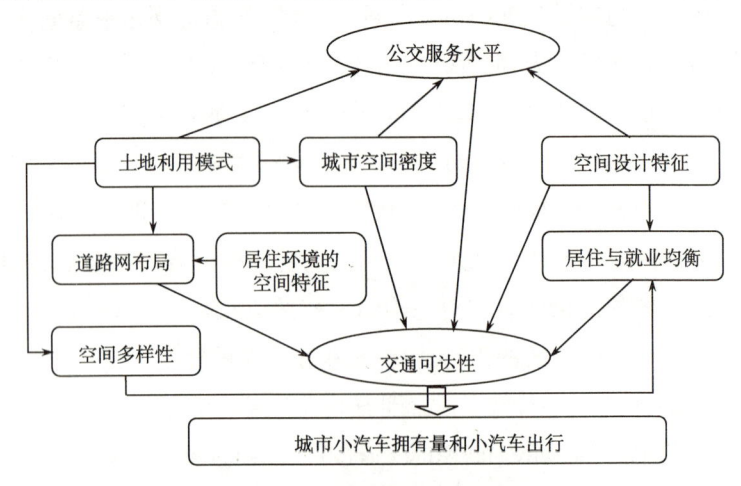

图 2-2 建成环境各要素对城市小汽车拥有和使用的影响

聚焦于中国的对小汽车出行与城市空间结构及城市形态的作用机制研究侧重于从宏观层面入手，探讨城市空间结构、布局与出行的相互作用机制。万霞等对国内17个城市小汽车出行耗时进行研究，发现非组团城市随着城市规模的增长小汽车出行时耗增加，而组团式城市的小汽车出行时耗基本趋于一个稳定值（万霞等，2009）。周素红和闫小培从广州市居住—就业空间均衡性和宏观空间组织模式的转化出发，分析广州的居住—就业空间特征及其对居民出行行为的影响，认为居住空间对城市空间的引导作用日渐突出，对居民出行空间和出行方式的选择都产生重要的影响（周素红、闫小培，2005）。Wang and Chai（2005）应用结构方程模型，以北京为例研究了居住来源、职住关系、交通模式、通勤时间等因素间的相互关系，结果表明住单位房的人比住商品房的人通勤距离更短，且更多地使用非机动化交通模式。除了宏观尺度的研究，部分学者探讨了微观城市形态与居民出行之间的关系，如潘海啸（2003）年研究了土地利用、规划设计和道路交通设施特征对上海四个街区居民出行方式的影响，研究表明街区的空间设计特征对绿色交通的选择有显著影响；2009年，他在上海的实证研究中又得出结论：传统街区有利于短距离出行和选择非机动化出行方式。

城市土地利用与交通需求的相互关系也是国内学者关注的热点，但侧重于分析城市土地利用特征对居民出行空间分布、强度和距离的影响，专门分析土地利用特征与居民出行方式选择，特别是对小汽车使用影响的研究并不多见。其中，刘俊娟、王炜等分析了团块状单中心大城市土地利用特征对居民出行方式选择的影响，认为土地利用密度和区位对居民出行方式选择有显著影响，但土地混合利用程度的影响不明显（刘俊娟等，2010）。

2. 社会经济差异

在社会经济属性对小汽车使用决策的影响方面,目前已有不少国外学者针对不同城市和地区开展了实证研究,主要研究变量包括年龄、性别、收入、就业、受教育程度、家庭规模及结构、驾照持有与否、家庭小汽车拥有量等。研究普遍认为居民自身的社会经济属性差异对小汽车使用有重要影响,不同年龄、性别和家庭类型的社会经济群体有不同的交通出行率和出行模式(Ewing and Cervero,2001;Limtanakool and Dijst,2006)。

研究者发现年龄是影响小汽车使用决策的一个重要变量,65岁以上的老人小汽车使用率很低,且即使在小汽车出行中,他们也更倾向于短距离的出行(Cervero et al.,1997;Stead et al.,2001;Schwanen et al.,2004)。男性和女性在不同目的的出行行为中有很大差异,部分研究者认为由于女性的收入更低且琐事较多,更倾向于使用公共交通、自行车、步行通勤,而男性更倾向于使用小汽车通勤(Cervero et al.,1997;Stead et al.,2001)。但在非工作出行中,由于女性承担了更多的家庭任务,小汽车使用率更高,且出行距离更长(Schwanen et al.,2004)。但也有研究者得出了相反的结论,Schwanen等(2002)在实证研究中发现,购物出行中女性比男性花费了更少的小汽车出行时间,并认为女性更可能选择步行或骑自行车去购物。

受教育程度、就业地位和收入也是密切相关的变量。因为受教育程度越高的人越可能在中心商务区或高密度的办公区域工作,参与的具体工作也更多,导致受教育程度越高的人越可能使用小汽车出行,出行距离也越长(Boarnet and Sarmiento,1998;Dargay and Hanly,2004;Dieleman et al.,2002;Kockelman,1997;Krizek,2003;McNally and Kulkarni,1997;Schwanen et al.,2002,2004;

Stead,2001)。然而,如果该中心商务区或高密度的办公区域靠近铁路站点的话,使用公交或铁路的可能性也会越高。

在微观层面,Schimek 的研究表明,家庭经济收入水平对小汽车出行量有影响,家庭收入增加 10%,则导致小汽车交通增加 3%(Schimek,1996)。Giuliano and Dargay 使用美国和英国的日出行资料发现家庭经济收入水平的提高会使居民的交通需求增加,小汽车的拥有率和使用率提高(Priemus et al.,2001)。受教育程度、就业地位和收入密切相关,一般来说受教育程度越高的人,收入越高,越可能在中心商务区或高密度的办公区域工作,参与的具体工作也更多,导致受教育程度越高的人越可能使用小汽车出行,出行距离也越长(Boarnet and Sarmiento,1998; Dieleman, 2002; Krizek,2003)。

家庭规模和结构对小汽车使用也会产生重要影响。由于家庭内部决策和每一个家庭成员的行为相关,家庭规模越大,就业者的数量越多,具有越强的小汽车使用倾向,小汽车出行距离也越长(Maat,2005; Dargay and Hanly,2004)。此外,研究还发现家庭有小孩将导致小汽车出行距离增加(Cervero,1997; Krizek, 2003;庄焰等,2007)。但是也有研究者表明由于不用花时间照顾小孩,单身或没有小孩的夫妻会具有更长的小汽车出行时间(Stead and Marshall,2001; Dieleman,2002; Wang and Chai,2009)。

国内也有部分学者探讨了居民个体因素对居民选择小汽车出行的影响。李萌(2009)等以上虞市的居民出行调查数据为基础,研究了城市居民个人属性(性别、职业、受教育程度)与出行方式链的相互关系,研究表明个人属性对选择何种交通方式出行起着至关重要的作用。关宏志等(2008)以北京市为例,采用交通行为分析的方法讨论停车费用对交通方式选择的影响,分析结果表明:出行者收入、职业、年龄、出行目的和停车时间等因素对人们的出行方式选择具有明显的影响。

3. 个性特征

在80年代早期,部分研究者就提出应该考虑出行者的个性特征(如对各种模式的主观倾向和感觉),并认为人们对出行模式选择的偏好将和空间环境因素一起决定出行模式的选择(Recker and Golob,1976;Koppelman and Lyon,1981)。自90年代开始,大量的研究文献分析了居民自我选择对交通出行模式的影响,其中也涉及对小汽车使用的分析(图2-3)。研究者认为人们将根据个人偏好和态度选择居住社区,从而导致他们根据个体偏好选择交通方式,因此传统的有关建成环境对交通出行方式的影响研究中,由于未考虑个性特征的影响,其研究结论有偏差(Bagley and Mokhtarian,2002;Cao et al.,2006)。部分研究者的研究结论进一步加强了这种观点,发现在控制住居民自我选择后,建成环境对出行行为的影响非常小(Bhat and Guo,2007)。

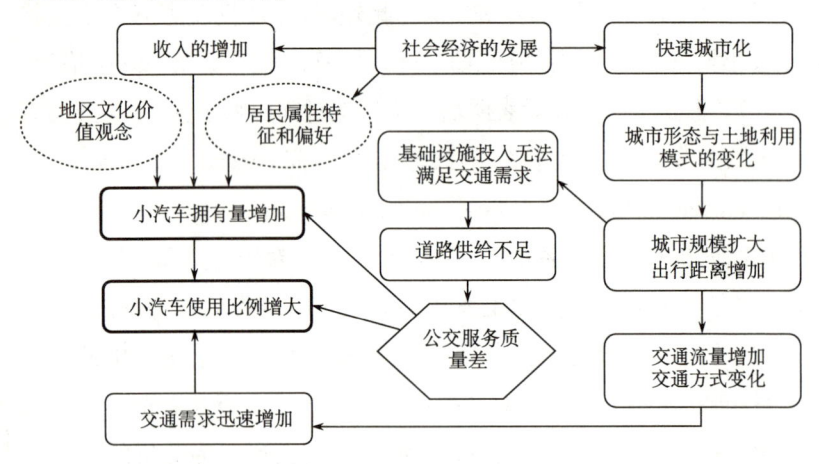

图2-3 城市小汽车拥有和使用决策的作用机理

总的来看,在交通出行与相关影响因素的作用机制研究方面,学者们研究了城市空间结构、城市形态、基础设施的建设、土地利用等因素与居民出行的相互作用机制与程度,并进一步在道路建设、公共交通发展和交通管理等方面提出了具有针对性的对策和建议。但聚焦于中国的研究中,专门分析小汽车使用影响因素的研究相对较少(刘明君,2009)。

第三节　公共交通可达性对小汽车拥有和使用的影响研究

总的来看,公共交通可达性对小汽车拥有和使用的研究主要分为三个大的阶段。

一、早期的模拟预测研究(20世纪六七十年代)

早期的对小汽车拥有量预测研究中,大多数研究并未将公共交通变量纳入预测模型,纯粹从经济学方法和角度考察收入、经济增长与小汽车拥有量的关系(Mogridge,1967;Brooks et al.,1978)。仅有少数研究较早地考虑了将公共交通的相关变量作为预测小汽车拥有量的因素,其中,Kain and Beesley(1965)年较早地使用美国1960年人口普查资料,使用公共交通出行的比例作为预测小汽车拥有量的变量之一(图2-4)。Fairhurst(1975)用公共交通的使用成本来表征公共交通相对于私人小汽车的吸引力,预测了伦敦的小汽车拥有量。

在早期的研究中,也有学者使用模拟方法考虑了公共交通对小汽车拥有量的影响,如 Shindler and Ferreri(1967)模拟了几种可选择的交通系统,分析不同类型交通系统对小汽车拥有量的影响。

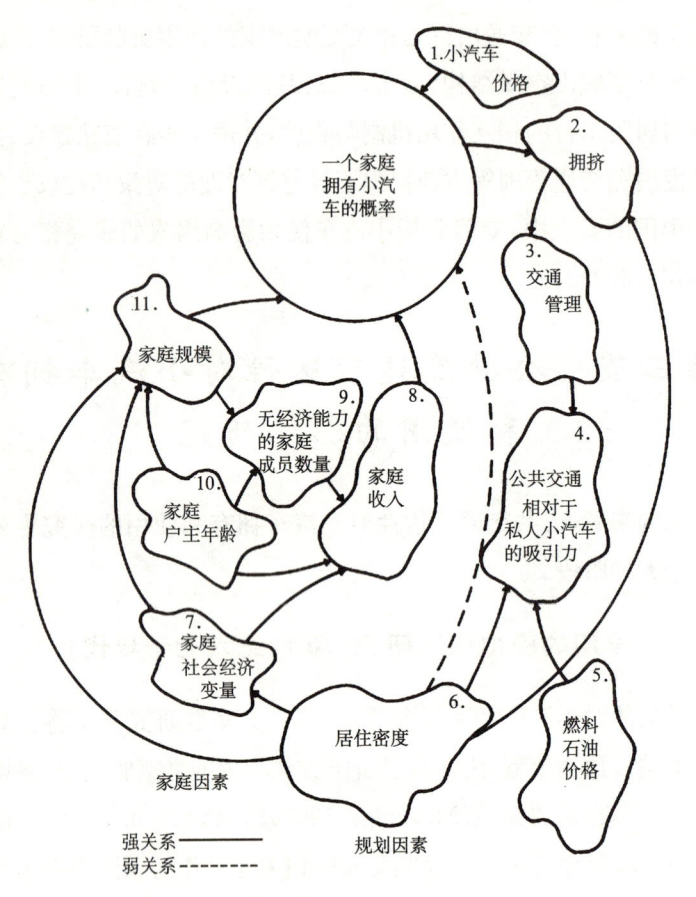

图 2-4 影响城市小汽车拥有和使用的因素

资料来源：Fairhurst，1975.

二、中期预测和实证研究（20世纪八九十年代）

20世纪70年代末至80年代初开始，研究者针对公共交通与小汽车拥有和使用的关系进行了实证研究。大部分研究者认同公共交通与小汽车拥有量之间有相互影响的内在关系，认为当公共交通供给很好的时候，小汽车拥有量有低的趋势，公共交通服务水平、费用和质量对小汽车拥有量具有小但很重要的影响。其中,Jones and Tanner(1979)使用时间序列资料和家庭层面的横截面资料分析了公共交通对小汽车拥有量的影响。得出结论:每个人每年增加1公里的公共交通出行量将伴随着每人平均减少0.0021辆小汽车;每人每年增加10次公共交通出行将伴随着每人平均减少0.0077辆小汽车。Bates and Roberts(1979,1981)研究发现位于公交服务水平很低区域的家庭,拥有小汽车的概率比位于公交服务水平很高区域的家庭高50%,他们认为虽然这不能说完全是由公共交通服务导致的,但至少有5个百分点的小汽车拥有量和公交服务相关。Goodwin(1992)综述了大部分70年代末和80年代初的关于公共交通和小汽车拥有量的研究,得出结论:公共交通对小汽车拥有量的弹性总体来说不少于0.1,不大于0.3。

然而,在这一时期的实证研究中也有学者持相反的观点,Kitamura(1989)的研究却表明通过改善公共交通并不能抑制小汽车拥有和使用的增加。

三、公共交通变量细化、方法多元化(2000年以来)

2000年以来,对小汽车拥有量的分析中,不再仅仅考虑公交费用、公交出行比例对小汽车拥有和使用的影响,公共交通变量被进一步细化,包括公共交通可达性、连通度、服务效率、服务质量等多方面的考虑。研究的方法也逐渐多元化,从早期简单的预测模拟,发展到各种非汇总模型、面板模型、选择模型、动态交易模型的应用。

但总的来看,专门探讨公共交通对小汽车拥有和使用影响的实证研究并不多见,大都被涵盖于建成环境对小汽车拥有量影响的研究中。其中,Kim(2004)建立经济模型分析公共交通可达性和距离对小汽车拥有量的影响,认为公交可达性对小汽车拥有量和小汽车出行距离有很大的负效应。Cullinane(2002)对香港389位大学生（选择了公共交通便宜，服务质量好，小汽车拥有和使用很低的大学）进行态度调查，结果表明：好的公交服务可以抑制小汽车拥有量，65%的被访者表明在未来5年内不会购买小汽车。还有较多研究表明使用公共交通通勤的时间成本是家庭小汽车拥有量的决定性因素之一，改善公共交通的服务质量能在一定程度上有效减少家庭小汽车拥有量，居住在中心城市或者公共交通可达性高的区域对每个家庭小汽车拥有量具有消极影响(Schimek,1996；Kim and Kim，2004；Bento et al.，2005；Giuliano and Dargay,2006；Bhat and Guo,2007；Potoglou and Kanaroglou,2008；Matas and Raymond,2008,2009；Salon ,2009)。也有学者使用工作的公共交通可达性来表征城市形态，研究表明就业可达性越高可以减少个人交通工具拥有倾向(Chen et al.，2008；Gao et al.，2008)。

世界各国家庭小汽车的普及进程表明，在小汽车发展的初级阶段，收入占主导地位；当小汽车普及后，交通状况和停车的便利程度以及公共交通的服务质量等社会因素和交通政策因素上升为主导地位(卫明,2000)。聚焦于中国的研究中，关注公共交通服务水平对小汽车使用的影响研究鲜见，其中何保红等(2005)通过对小汽车出行者个体行为特征的调查，发现多数家庭购车是在经济条件允许的情况下以提高出行质量为目的，而公交的服务水平充足与否对小汽车的购买和使用影响甚微。小汽车进入家庭时间一旦超过两年，自身属性将由奢侈品转变为生活必需品而导致使用水平居高不下，单纯依靠公交自身的改善很难提高吸引力。

四、研究述评和切入点

通过回顾国内外相关理论和实证研究，可以发现国外小汽车拥有和使用决策的研究起步较早,在继承前人研究成果的基础上,经历了一个不断改进和变革的过程,更加注重理论层面的研究和新技术的应用,偏重于定量研究和模型构建,逐渐形成了完整的理论和方法体系。经历长期的发展,西方发达国家已进入交通基础设施的调整与有效利用阶段。随着社会对短期规划与管理政策需求的增多,社会行为学与时间地理学的方法被重视,研究对象逐渐接近真实的行为主体,从关注宏观层面的城市空间环境对小汽车拥有和使用决策的影响转向更加关注微观层面个人或家庭的需求和属性特征。研究方法也从计量与建模模型走向多元化。

在小汽车拥有和使用决策的实证研究方面,国外大量学者探讨了城市规模、城市空间结构、城市形态、土地利用等行为主体的外部环境特征和居民自身的属性特征、出行态度和偏好对出行方式选择的影响。力图通过实证研究,归纳总结出小汽车拥有和使用决策与相关影响因素之间的作用机理,并审视相关规划和管理政策作用下的效果。然而,国外在相关理论和方法的讨论逐渐深入的同时,其应用也存在争议,实证研究的结论存在矛盾。主要集中在真实性、有效性,数据来源,在规划及政策制定中的角色等方面。

小汽车的发展及其对区域和城市的影响一直是国内城市规划、经济地理、交通地理、交通工程等领域重点关注的话题。然而,大量的研究者都把研究的视角放在小汽车快速发展对城市带来的影响和可采取的措施上,关于城市空间环境要素和社会经济特征对小汽车拥有和使用的影响研究相对较少。对小汽车拥有量影响因素的分析多包含在对拥有量的预测过程中,且大多是利用人均 GDP、人均收入、城市化水平等进行单因素分析(主要是交通工程领域的研究),关于小汽车使用的研究主要被涵盖与关于出行的研究中,专门以小汽车使用决策为核心的研究鲜见。在研究方法上,国内对公共交通和小汽车拥有与使用的研究长期以来偏重于对国外出行需求预测模型和方法的借鉴与改进,以汇总类研究为主。一般借助统计分析把大量的动态交通结果静态化,建立预测模型,从而进行诸如公交线路、停车站场等静态交通的配置。对小汽车交通发展特征的分析较多,但主要从宏观层面总结小汽车的发展模式和类型,划分小汽车发展阶段;对小汽车出行的研究大多被包含在交通出行特征的研究中,缺乏专门针对小汽车拥有和使用决策的系统性研究。

近年来,随着研究的深入,国内研究从早期单纯关注小汽车快速发展对城市带来的影响和对策研究到开始关注小汽车交通与城市环境的相互作用机制研究。在研究视角上,从单纯的交通工程、交通规划的基于出行的研究视角转向从人类空间行为的视角来解读小汽车拥有和使用决策,从制度变化的视角来分析交通出行方式选择的深层影响机制。研究的尺度也不仅仅局限于宏观层面的出行特征描述和影响因素分析,逐步以微观层面的家庭和个体为研究对象,分析其交通行为特征和影响因素。然而,总的来看基于微观个体行为视角的小汽车拥有和使用决策影响研究缺乏,在研究框架的合理性、研究数据的完整性、研究方法的科学性等方面也有待进一步深化和改进。

鉴于政府和研究者达成普遍共识,认为"公交优先"的发展模式是抑制小汽车拥有和使用、缓解交通拥堵的主要路径,然而主要源于其他国家城市的建设经验,对于公共交通的发展对小汽车拥有和使用究竟有怎样的影响,缺乏理论和实证的证据,仅有的部分实证研究也主要来源于西方发达国家。考虑到中国社会、经济、体制和发展阶段与西方国家的较大差异性,在中国发展背景下以公共交通可达性对小汽车拥有和使用的影响为切入点展开研究具有较好的理论和现实意义。

第三章　广州市公共交通和小汽车交通演化

城市公共交通和小汽车交通是研究的两个重要主题。因此，本章首先从公共交通运力、运量等方面分析广州市城市公共交通的演化与特征，并评价了广州市公共交通供应的公平性。其次对广州市小汽车拥有和使用的演化进行梳理，以期加深了解广州市城市公共交通和小汽车交通的发展背景。最后，从宏观层面分析公共交通与小汽车拥有和使用的关联特征。本章不仅是研究主题的背景分析，也是第四章抽样样本选取的重要依据和第六章、第七章城市公共交通可达性对小汽车拥有和使用影响研究的重要铺垫。

第一节　公共交通演化

一、公共交通运力演化

1. 公共交通线路网长度和可达空间演化

广州城市公共交通的发展大致经历了三个阶段：缓慢发展阶段（1950～1978年）、网络发展完善阶段（1979～2000年）、转型期的快速扩张阶段（2001年至今）。

1950～1978年改革开放前，广州市城市公共交通处于缓慢发展阶段。常规公交自50年代发展起来，逐步成为居民出行的主要交通工具。1952年广州仅有1条公交线路、4辆营运车,至1957年整个广州也仅有12条公交线路。

直至1979年改革开放后,广州市公共交通有了较大的发展。1979年共有公交车辆894辆、线路119条,其中主城区共有40多条线路。1979～2000年广州市公共交通网络处于不断完善的阶段。至2000年广州市区公共汽、电车营运线路达276条、42 160公里。

2000年后,广州市城市公共交通的发展进入转型期的快速扩张阶段。公共交通线路逐年增加,公交运力不断增大。根据广州市统计年鉴数据,广州市区公共汽(电)车营运线路从2001年的358条增长至2011年达到868条;公共汽(电)车线路长度从1997年的6 397公里增长至2011年达13 766公里,增长了1.51倍(图3-1)。

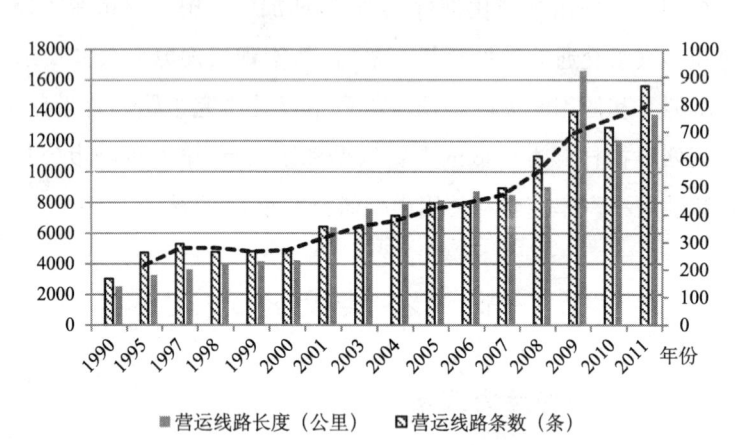

图 3-1 广州市城市公共交通营运线路条数和长度变化
资料来源:根据历年《广州市统计年鉴》。

在对广州市线路公交可达空间的演化分析中,本研究分析了广州市区传统公共汽(电)车交通线路网,选取1982年、1990年、2000年、2011年为分析时间断面。1982年、1990年、2000年的城市公共

第三章 广州市公共交通和小汽车交通演化 69

交通线路网数据来源于利用 ArcGIS 软件数字化的《广州市区交通游览图》的公交线网，2011 年的公交线网数据来源于本研究中所建立的公共交通数据库。由于受到可获取数据的限制，在比较不同时间断面的公交线网可达空间的演化分析时，以广州市中心城区为研究区域。

从广州市中心城区公共交通线路网可达空间的演化来看，呈现出由中心团块状不断向外延伸的发展态势（图 3-2）。1990 年、2000 年与 1982 年比，公共交通可达空间由紧凑中心团块逐渐向南北向延伸，广州市"L"形的城市空间格局得到强化。但 2000 年与 1990 年相比，公共交通覆盖范围外扩程度变缓，主要向珠江南岸和东小范围延伸。这一阶段公交线网密度有了进一步的增加，增设了大量线路填补了前一

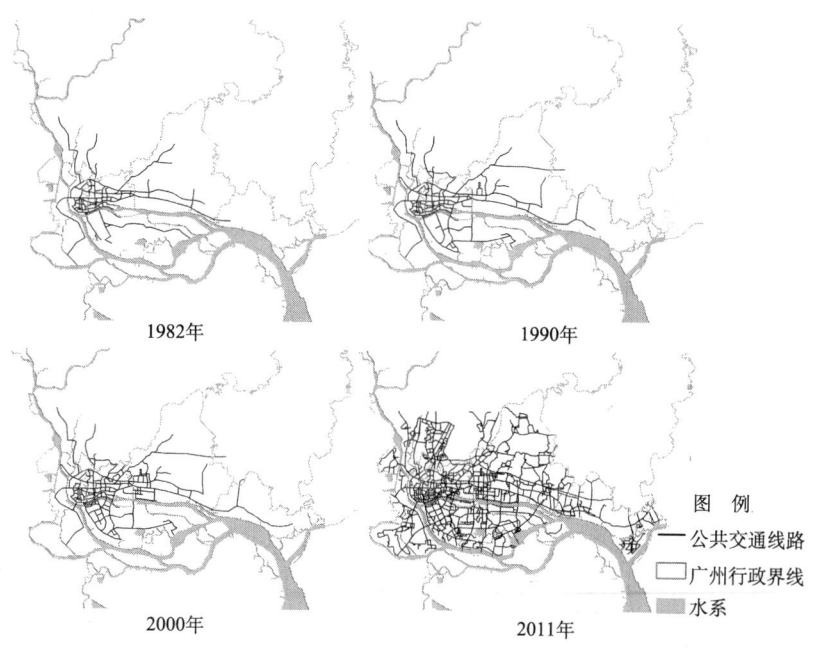

图 3-2 广州市中心城区公共交通线路网演化

阶段的公交盲点,增强了网络的通达性。2000年后,受到广州城市十字拓展的空间拓展战略的引导,城市公共交通覆盖范围在更大地域范围内扩散。至2011年公交可达空间由中心向外大幅延伸,密度也大幅增加,公交线网基本覆盖了市中心的干线道路次干线道路。

  整体来看,广州市中心城区公共交通线路网可达空间的演化与广州城市空间演变基本一致。随着城市空间的扩展,居民公共交通出行需求的增加,公共交通线路网可达空间范围随之增大。

  从轨道交通的发展历程来看,广州市轨道交通从1997年1号线建成通车以来,主要经历了三个建设阶段(图3-3)。

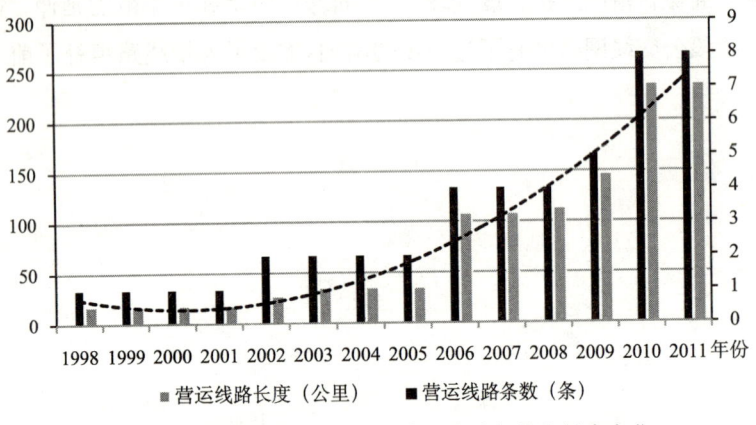

图3-3 广州市城市轨道交通营运线路条数和长度变化

  第一阶段(1997~2005年):1997~2001年,广州仅有1号线一条轨道交通线路,线路长度为18公里。到2002年,地铁2号线首段(三元里至晓港)开通试运营,广州轨道交通线路营运线路长度达到35公里(图3-4)。这一阶段的轨道交通线路沿广州市主要交通走廊分布,形成"十"字形交叉地下轨道网络,该线网主要覆盖中心城区,以解决客流输送为主要目的。

(a) 第一阶段(1997~2005年)　　　(b) 第二阶段(2006~2009年)

(c) 第三阶段(2010年至今)

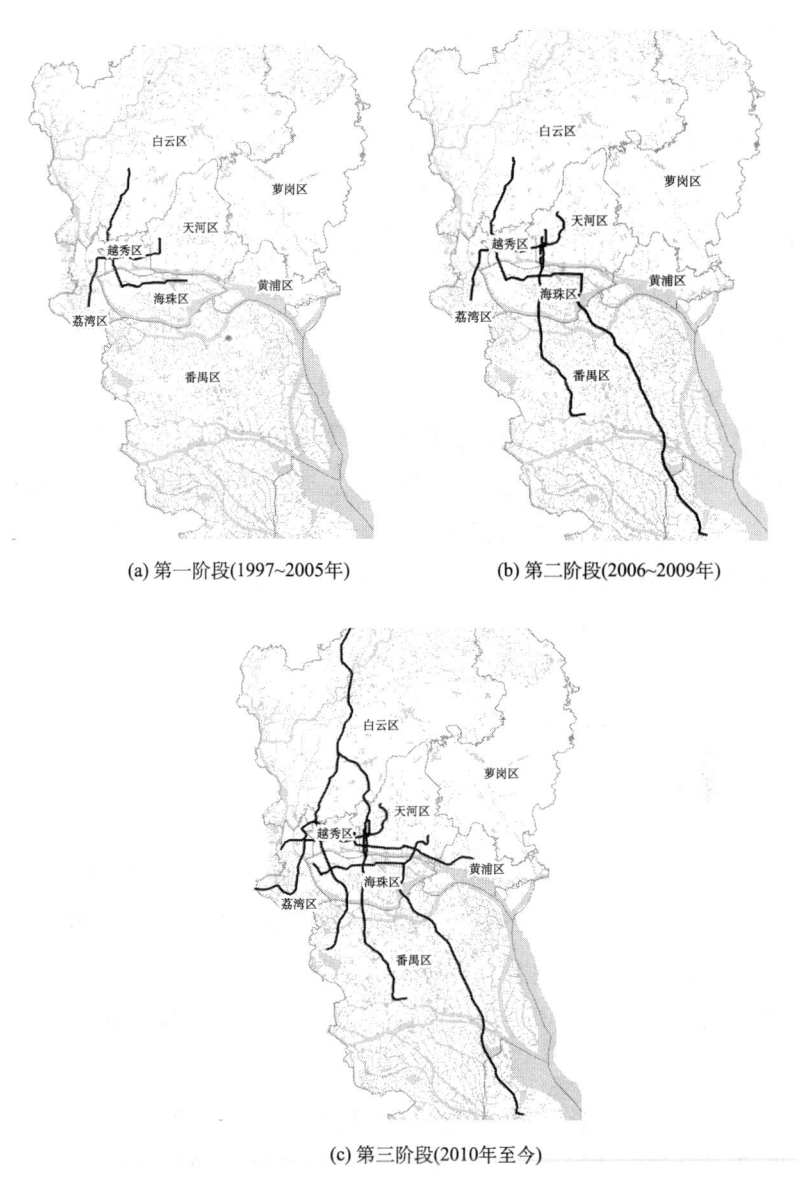

图 3-4　广州市城市轨道交通发展变化

第二阶段(2006～2009年):2006年广州地铁3号线一期全线(广州东站至番禺广场、天河客运站至石牌桥)、4号线(新造至黄阁段)开通试运营,轨道交通网络有了很大的完善,营运线路长度达到108公里。线网呈长条形布局,面对城市化浪潮的兴起,适应GDP的高速增长,这一阶段的轨道交通建设开始配合广州"南进"的空间发展战略,以解决客流输送为主、引导城市空间发展和土地利用开发为辅。

第三阶段(2010年至今):2010年广州乘举办亚运会之机,轨道交通建设有了进一步发展,轨道交通线路增加到8条,营运线路长度达到236公里。线网串起天河体育中心、奥体中心两个主中心和广州新城、广州大学城、白云新城、花地新城四个地区性的体育中心,连接亚运会主赛区亚运新城、亚运会主训练馆区大学城、亚运村等三大集散点,线网呈放射状布局。

2. 公共交通运力结构演化

广州市公共交通系统主要包括线路公交、轨道交通、出租车和轮渡四个部分。

从公共交通运力组成结构来看,常规公交一直占很大比例,是广州市居民出行的重要交通工具。使用历年《广州市统计年鉴》数据,分析公共汽(电)车、轮渡、轨道交通、出租车的营运车船客位数的构成,结果表明常规公交是广州市公共交通运力的主体,公共汽(电)车的客位数从1990～2011年均占公共交通总客位数的60%以上。

但广州市常规公交运力的增长速度远低于轨道交通。图3-5表明,随着轨道交通运力的不断上升,常规公交运力增长趋势减缓,公共汽(电)车的客位数占公共交通总客位数的比例逐渐下降。1998年轨道交通正式营运以来,轨道交通的运力逐年上升,1998年轨道交通营运车船客位数仅占公共交通总客位数的 1.12%,至 2011 年这一比例达到 23.77%,轨道交通服务骨干作用日益显现。1998~2011 年轨道交通营运车船客位数的年均增长率达到 38.90%,而常规公交的年均增长率仅为 8.91%。从营运线路长度来看,1998~2011 年轨道交通的年均增长率为 21.89%,常规公交的年均增长率也仅为 8.87%。

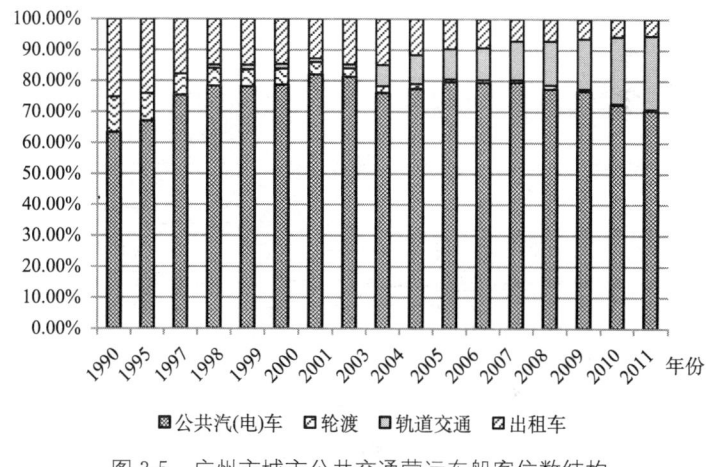

图 3-5 广州市城市公共交通营运车船客位数结构

在广州市公共交通运力组成中,出租车占有较大的份额。1990~2003 年,广州市出租车营运车船客位数仅占公共交通总客位数的比例均高于轨道交通,且呈逐年上升的趋势,至 2003 年该比例达到 14.93%,而同期轨道交通的仅为 6.85%。直到 2004 年后,出租车营运车船客位数开始逐年下降,且营运车船客位数仅占公共交通总客位数的比例低于轨道交通。至 2011 年该比例仅为 5.42%,而轨道交通为 23.77%。

3. 公共交通运力现状和评价

公共交通线路网是由城市公共交通根据城市街道布设的固定线路与停车站点组成,线路网结构布局是否合理是有效吸引城市居民采用公共交通方式出行的关键,也是城市公共交通战略能否顺利实施的重要影响因素(陈启新,2006)。公交线路网长度、线路网密度、线路重复系数、非直线系数和公共交通站点服务面积是反映城市居民接近公交线网程度的重要指标(图3-6)。因此,以广州市街道(镇)为基本单元,分析2011年这些指标的特征,来综合反映广州市城市公共交通运力现状情况。

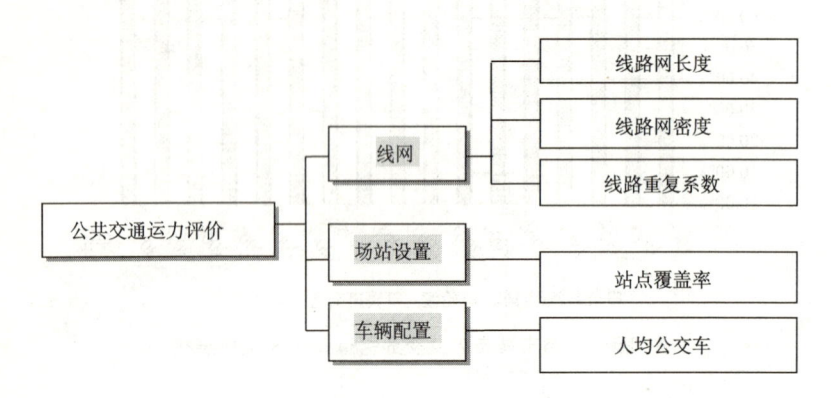

图3-6 广州市城市公共交通运力现状分析框架

(1) 公共交通线路网长度

根据广州公交网和图吧广州市公交地图网提供的公交信息统计,至2011年广州市区公共汽、电车营运线路共有750多条线路,公共交通线路网总长度达10 477公里(图3-7、表3-1)。

第三章 广州市公共交通和小汽车交通演化 75

(a) 广州市公共交通线路分布

(b) 广州市公共交通站点分布

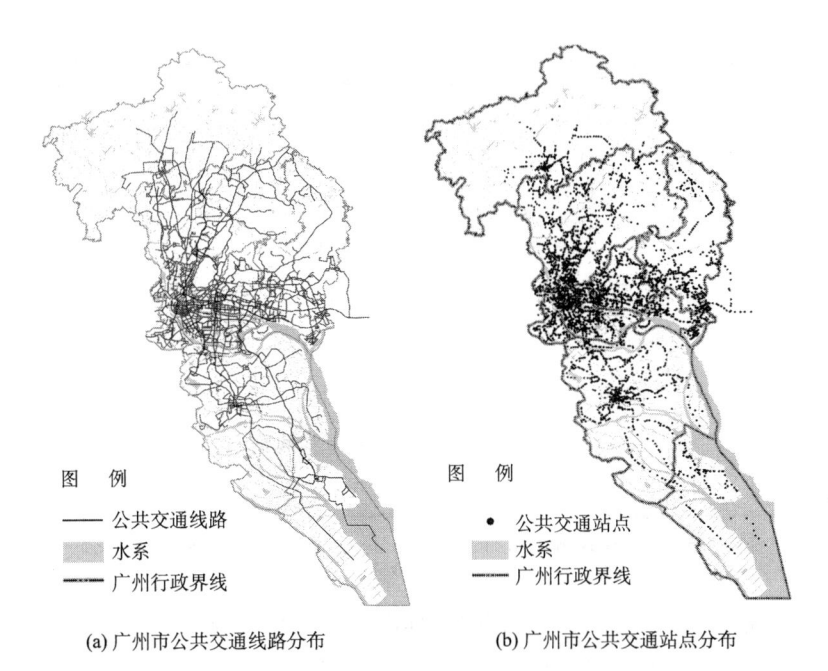

图 3-7 广州市城市公共交通线路和站点分布

表 3-1 广州市城市公共交通营运线路条数

线路类别		条数
快速公交线路	BRT	50
常规公交线路	普通公交线路	457
	高峰专线	29
	夜间线	61
	旅游线	4
	大学城线	4
	科学城线	4
	节假日线	4
	地铁接驳线	16

续表

线路类别		条数
常规公交线路	机场线	27
	萝岗线	2
	客运班车	33
	花都区	37
	增城市	14
	商务专线	2
	穗莞线路和其他线路	6
合计		750

资料来源：http://bus.mapbar.com/guangzhou/line_list/；http://www.gz-bus.com/。

根据公交线路设计的原则和标准，单条公交线路长度的设置应该在合理范围内。线路过长会导致车辆周转时间过长，使车辆准点率及运输效率下降，系统运营费用增加；线路过短，车辆周转过快，客流量可能不足，不能充分发挥公交车的运输效率，也增加了乘客的换乘次数。然而，从广州市单条公交线路的长度来看，广州市常规公交线路最长为53.29公里（番143路），常规公交平均线路长度为12.91公里，略高于建设部提出的8～12公里的标准。考虑到广州市为特大城市，且城市空间形态呈带状，上线可以放宽，广州市常规公交平均线路长度较为合理。

但广州市12公里以上的公交线路408条，占线路总数54.40%。可见，广州市公交线路在长度的设置上有待进一步调整，增开公交短驳线，与轨道交通线相衔接，使长距离公交主要依托轨道交通来完成。

(2) 公共交通线路网密度

公共交通线路网密度可分为公交线路网面积密度和公交线路网人口密度。其中，公交线路网面积密度是指有公交服务的每平方公里的城市用地面积上，有公交线路经过的道路中心线总长度，该指标的大小反映了居民接近公交线路的程度，密度越高表明居民基于公交出行的可选择性越高。计算公式为：

$$D = L/A \qquad (式 3-1)$$

式中，D 表示公交线网密度，L 表示有公交线路经过的城市道路中心线总长度，A 表示有公交服务的城市用地面积。

公交线路网人口密度是指有公交线路经过的道路中心线总长度与有公交服务的每平方公里的总人口的比值，也可称为万人拥有公交线路长度，该指标的大小反映了交通区内公交线网的服务水平，体现城市居民享受公交线服务的程度与公平性。计算公式为：

$$DP = L/P \qquad (式 3-2)$$

式中，DP 表示公交线网密度，L 表示有公交线路经过的城市道路中心线总长度，P 表示总人口。

根据广州市各区域的人口密度和发展水平，结合已有研究成果，将广州市分为中心城区、内边缘区和外边缘区。中心城区主要包括越秀、荔湾、海珠、天河四区，内边缘区包括黄埔、白云、番禺三区，外边缘区则主要指花都区、南沙区、增城市和从化市。分析不同区域的公共交通运力现状，可以得到以下主要结论。

广州市公共交通线路网密度呈现出由中心向外围递减的圈层结构。从图 3-6 和表 3-2 可知，公共交通线路主要集中在中心城区，中心城区的公交线路网面积密度和公交线路网人口密度均最高，分别为 3.3461 公里/平方公里和 0.0333 公里/万人；内边缘区的公交线路网面积密度为 1.1757 公里/平方公里，公交线路网人口密度为 0.0118 公里/万人；而外边缘区的公交线路网面积密度和公交线路网人口密度均最低，分别为 0.2421 公里/平方公里和 0.0024 公里/万人。

表 3-2　广州市各区城市公共交通线路网密度

区		公交线路网面积密度（公里/平方公里）	公交线路网人口密度（公里/万人）
中心城区	荔湾区	3.2831	0.0324
	越秀区	4.7766	0.0478
	天河区	2.5319	0.0253
	海珠区	2.7928	0.0279
	中心城区	**3.3461**	**0.0333**
内边缘区	白云区	1.8552	0.0186
	黄埔区	1.1289	0.0113
	萝岗区	1.0681	0.0107
	番禺区	0.6504	0.0065
	内边缘区	**1.1757**	**0.0118**
外边缘区	花都区	0.2347	0.0023
	南沙区	0.2495	0.0025
	外边缘区	**0.2421**	**0.0024**

广州市中心城区的公共交通线路网服务能满足规范要求，但内边缘区与外边缘区的公共交通线路网密度偏低。根据《城市道路交通规划设计规范》标准，在中心市区公交线路网密度应达到 3～4 公里/平方公里，在城市边缘地区应达到 2～2.5 公里/平方公里。相比，广州市中心市区公交线路网密度为 3.3461 公里/平方公里能满足规范要求，但内边缘区与外边缘区的公共交通线路网密度偏低，特

别是外边缘区仅为 0.2421 公里/平方公里远不能满足规范要求。

从广州的十个区来看,无论是公交线路网面积密度还是人口密度,最高的均为越秀区,其次是荔湾区(图 3-8)。可见,越秀区和荔湾区是整个广州市居民基于公交出行的可选择性最高的区域也是城市居民享受公交线服务程度最高的区域。相比而言,番禺、花都、南沙三区的公交线路网面积密度和人口密度均较低,居民可享受公交线服务的程度很低。

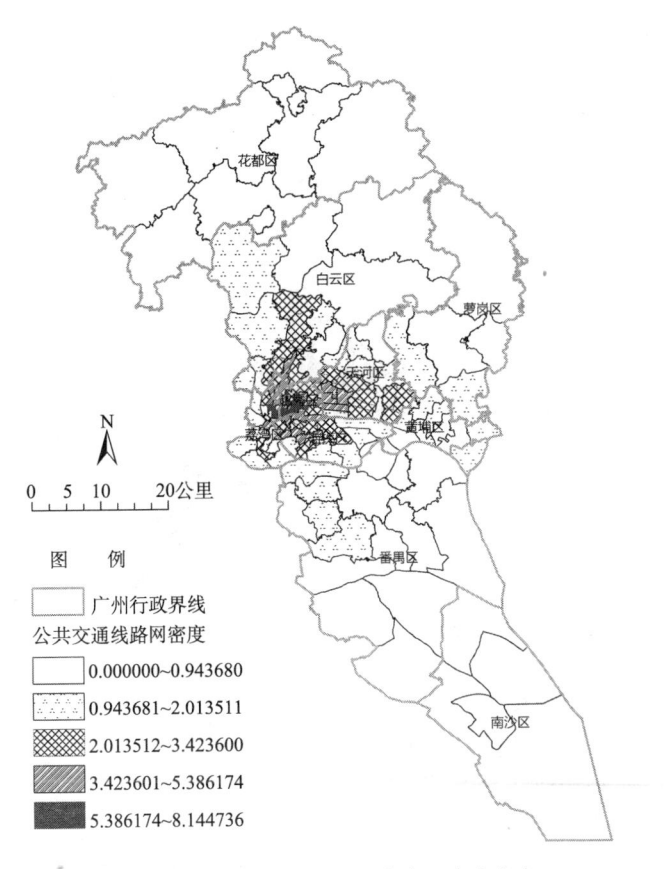

图 3-8 广州市各镇街公交线路网密度分布

(3) 公共交通线路重复系数

公共交通线路重复系数主要反映的是公交线路的密集程度，是表征公交网络结构合理性的一个重要指标(图 3-9)。公共交通线路重复系数指城市公共交通线路总长度与线路网长度之比，对于公交线路重复系数的合理范围，目前没有一个明确的标准，应当根据公交客流的具体情况来确定。公交线路重复系数过大会公共资源浪费严重、运营效益下降；重复系数过小，车次不够，不能满足客流的需求。

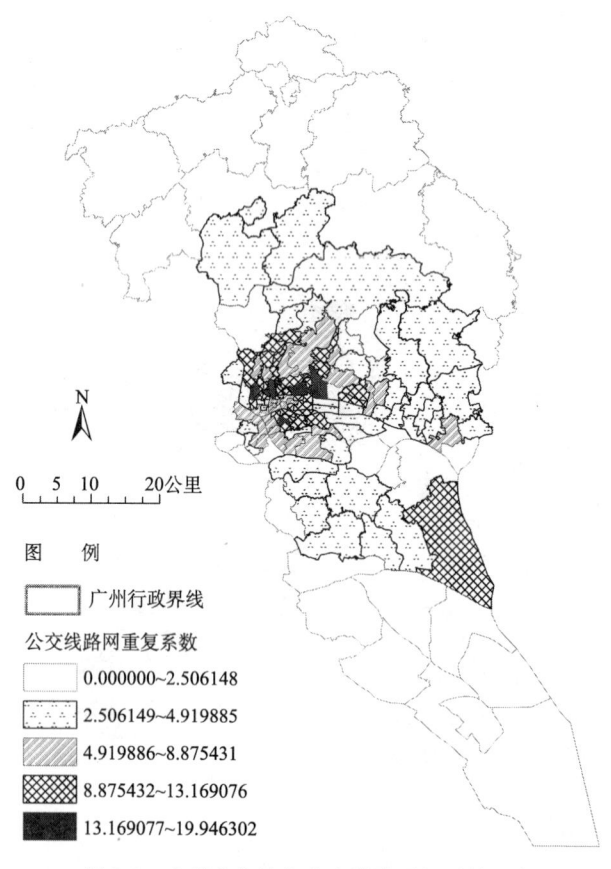

图 3-9　广州市各镇街公交线路重复系数分布

但总的来看,公交线路重复系数在一定程度上说明了某区域公交车次的多少。其计算公式为:
$$R = Lt/L \qquad (式3-3)$$
式中,R表示公共交通线路重复系数,Lt表示公交线路总长度,L表示有公交线路经过的城市道路中心线总长度。

从公交线路网的重复系数来看,与公交线路网密度的空间差异类似,也呈现出由中心向外围递减的圈层结构。由表3-3可知,中心城区、内边缘区、外边缘区的公交线路重复系数分别为8.17、4.14和1.54。整个广州市公交线路重复系数最高的区依然是越秀区,达到10.87。但从三大区域公交线网密度和重复系数的空间差异大小来看,公交线路网密度的差异要远大于公交线路网重复系数。中心城区、内边缘区、外边缘区的公交线路网密度比值为14∶5∶1,而公交线路重复系数的比值为5∶3∶1。可见,广州市中心城区、内边缘区、外边缘区公交车次多少的差异小于公交线路覆盖的差异。

表3-3 广州市各区城市公共交通线路网重复系数

	区	公交线路重复系数
中心城区	荔湾区	6.72
	越秀区	10.87
	天河区	7.25
	海珠区	7.85
	中心城区	**8.17**
内边缘区	白云区	6.30
	黄埔区	4.19
	萝岗区	2.98
	番禺区	3.09
	内边缘区	**4.14**

续表

	区	公交线路重复系数
	花都区	1.40
外边缘区	南沙区	1.68
	外边缘区	1.54

除了考虑公交线网重复系数在不同空间区域的分布外，为了更直观地分析各公交线路在道路上的分布情况，本研究计算了每一条道路路段上的公交车次数。利用 ArcGIS 网络分析、叠加和数据链接功能，将所建立的广州市公共交通数据库中的 723 条公交线路在交叉点和终始点处打断，计算每一路段中，公交车次数。并将结果分为 5 个等级，其空间分布见图 3-10。

公交车次多的路段主要分布在中心城区，并沿城市主要廊道呈放射状形态分布。广州市公交车次分布最多的路段达 64 车次，公交车次分布达 28 条以上的路段主要集中在中心城区。由环市路和中山大道、东风路和黄埔大道构成的珠江北岸的两条平行东西向廊道以及机场路和人民路北段，广州大道南等南北向廊道成为公交服务频率最高的路段。总体来看，广州市主要的公交廊道呈现以越秀区、海珠区北部和天河区中部为中心的"米"字形放射结构。除了主要公交廊道外，东西方向的中山八路、内环路、广园路、东风西路、六二三路、中山二路、新港西路、昌岗路、西湾路等成为连接广州东西向的主要公交服务通道。而南北方向的解放中路、三元里大道、白云大道南、燕岭路、江南大道中、洪德路、增槎路南端、广州大道南南段等是南北向车次高频率路段。

相比之下，白云、萝岗、番禺、花都、南沙等边缘区的道路上公交服务车次相对较少。

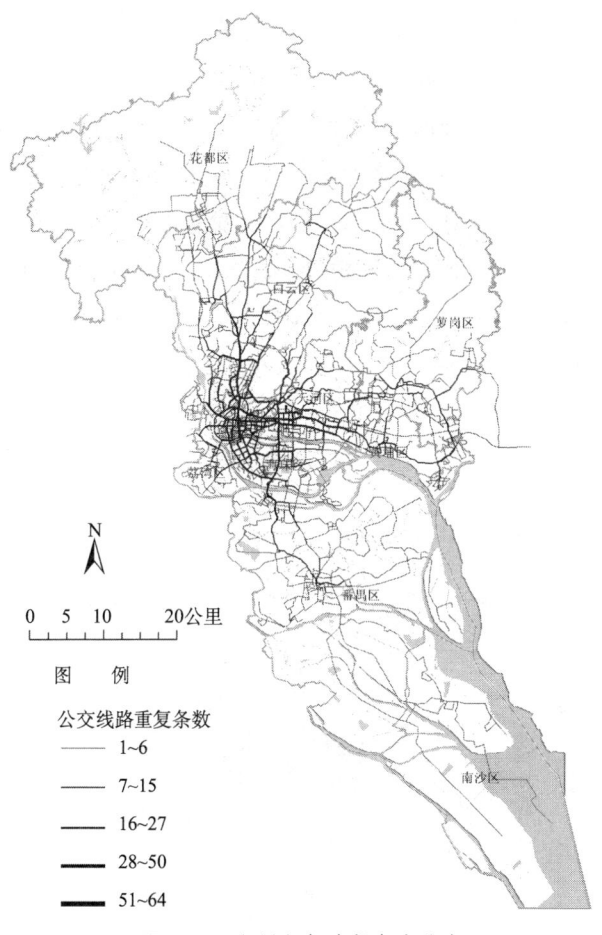

图 3-10 广州市各路段车次分布

(4) 公共交通站点覆盖率

公共交通站点覆盖率指公交站点服务面积占城市用地总面积的百分比,主要反映城市居民接近公交站点的便利程度。计算公式为:

$$SC = At/A \qquad (式3-4)$$

式中，SC表示公共交通站点覆盖率，At表示公交站点服务面积，A表示城市用地面积。

根据"城市道路交通规划设计规范"中规定市区线路公共汽车站距为500～800米，市郊线路为800～1000米，"公共交通车站服务面积，以300米半径计算，不得小于城市用地面积的50%；以500米半径计算，不得小于90%"等规定（图3-11）。为了便于与规范推荐值进行比较，本研究中以公交站点为圆心，分别以300米和500米为半径，生成的缓冲区计为常规和快速公交站点服务面积。

图例

公交站点覆盖率

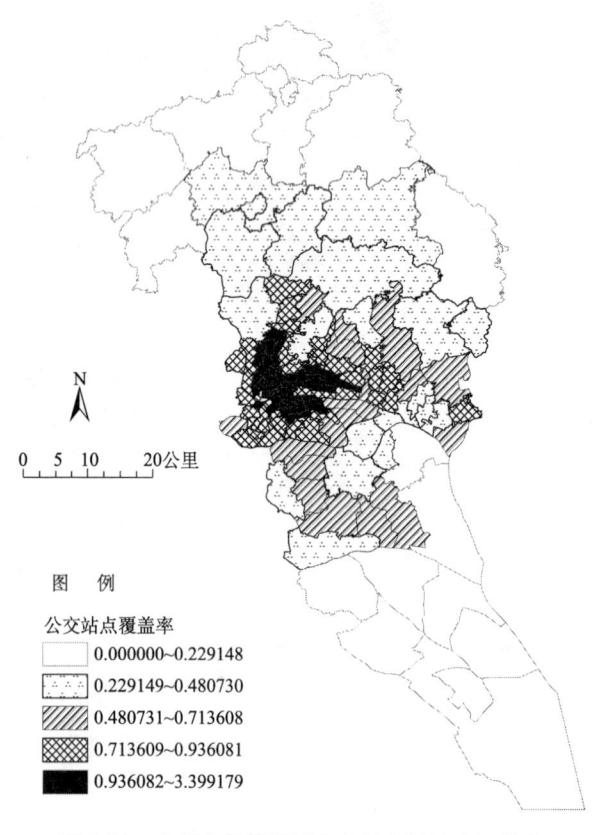

- 0.000000～0.229148
- 0.229149～0.480730
- 0.480731～0.713608
- 0.713609～0.936081
- 0.936082～3.399179

图3-11　广州市各镇街城市公共交通站点覆盖率

已有研究结果表明:地铁站点的覆盖半径通常是 800~1000 米（正常步行约 10 分钟），这个距离是步行前往地铁站的距离上限（Kittelson et al.,2003；El-Geneidy et al.,2010；Hess,2009）。因此，本研究中地铁站点的服务面积则按照 800 米为半径进行计算。

通过计算分析广州市公交站点覆盖率（图 3-11），主要有以下结论。

第一,广州市公交站点覆盖率呈现出由中心城区向外围递减的特征。广州市中心城区以 300 米和 500 米为半径计算的线路公交站点覆盖率分别为 71.45%、90.04%,但在过渡地区公交站点的覆盖率仅达到 31.58% 和 51.38%;外边缘区则更低，仅为 6.93% 和 13.90%。地铁站点的覆盖率则呈现出更加明显的中心高、外围低的特点,中心城区地铁站点的覆盖率达到 54.48%,而外边缘区仅为 1.21%。

第二,在全市层面广州市公交站点覆盖率不能满足规范要求。从全市层面来看,广州市以 300 米和 500 米为半径计算的线路公交站点覆盖率分别为 42.60% 和 59.35%,不能满足"城市道路交通规划设计规范"关于"公共交通车站服务面积,以 300 米半径计算,不得小于城市用地面积的 50%;以 500 米半径计算,不得小于 90%"的规定。

第三,在分区层面仅有中心城区公交站点覆盖率能满足规范要求,过渡地区和外围区域的公交站点覆盖率低。

从分区层面来看,广州市中心城区以 300 米和 500 米为半径计算的线路公交站点覆盖率满足"城市道路交通规划设计规范"的规定。但也可看到中心城区中以 500 米为半径计算的线路公交站点的覆盖率仅有荔湾和越秀区能满足规范值,天河和海珠区的公交站点的覆盖率相对较差。

过渡地区和外围区域的公交站点的覆盖率远不能达到规范要求。其中,过渡地区中番禺区的公交站点的覆盖率最低,以 300 米和 500 米为半径计算的线路公交站点覆盖率分别为 19.82% 和 36.89%。可见,广州市除了中心城区外的区域公共交通服务能力不足(表 3-4)。

表 3-4 广州市各区城市公共交通站点覆盖率

区类	区名	线路公交站点覆盖率(以 300 米半径计算)	线路公交站点覆盖率(以 500 米半径计算)	地铁站点覆盖率
中心城区	荔湾区	70.36%	90.43%	57.37%
	越秀区	89.45%	98.86%	70.58%
	天河区	58.86%	82.71%	37.38%
	海珠区	67.13%	88.14%	52.59%
	平均值	**71.45%**	**90.04%**	**54.48%**
过渡地区	白云区	48.47%	70.68%	17.05%
	黄埔区	32.22%	54.04%	11.35%
	萝岗区	25.79%	43.90%	0.00%
	番禺区	19.82%	36.89%	7.64%
	平均值	**31.58%**	**51.38%**	**9.01%**
外围区域	花都区	6.35%	11.85%	0.08%
	南沙区	7.51%	15.95%	2.33%
	平均值	**6.93%**	**13.90%**	**1.21%**
规范推荐值		≥50%	≥90%	

注释:规范指 GB50220-95,城市道路交通规划设计规范。

二、公共交通运量演化

1. 公共交通客运量

广州市公交客运量总体呈上升趋势,平均增长率达到8%。特别是从2006~2007年公交客运量大幅上升,增长率达30%。这主要是由于2007年1月广州开始实施"禁摩"等政策,以及开行中小巴士、接驳巴士等公交线网的延伸,使公交客运量明显增长。特别是公共汽(电)车客运量走出持续低迷状态,2007年有较大幅度回升,全年达到23亿人次。进入2007年后,广州市公交客运量增长率逐渐变缓(图3-12),至2009年公交客运量为38亿人次。

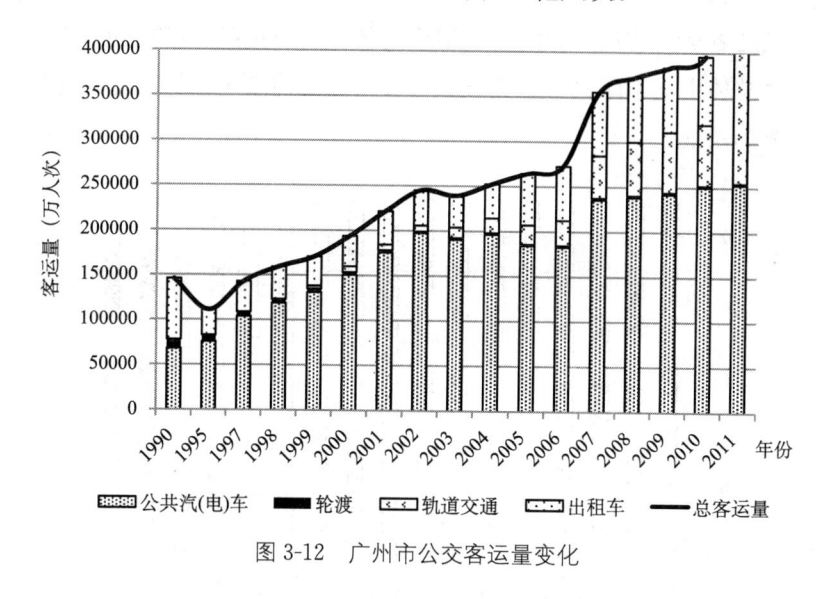

图3-12 广州市公交客运量变化

从不同公交方式的客运量来看,公共汽(电)车最高,除1990年外,其客运量占总客运量的比例均在50%以上。但由图3-12可看出,从2003~2006年公共汽(电)车客运量出现下降趋势,在图3-13

中2003~2011年公共汽(电)车客运量占总客运量的比例下降趋势则更为明显。这主要是由于自2002年以后,广州公共汽(电)车票价的提升、道路行驶条件的恶化、公交系统一体化程度不足等原因导致客运量下降。同时,从2002年来轨道交通快速发展,轨道交通营运线路长度由2002年的27公里快速增至2011年的236公里,分流了一部分客流,在一定程度上致使公共汽(电)车客运量在2003~2006年呈下降趋势。虽然由于"禁摩"政策的实施,公共汽(电)车客运量从2006~2007年出现迅速增长,但公共汽(电)车客运量占总客运量的比例仍然呈下降趋势。

出租车客运量占总客运量的比例仅次于公共汽(电)车,高于轨道交通客运量比例。但随着轨道交通的发展,对客运量的分流,这一比例总体上呈下降趋势。轮渡的公交客运量非常小,主要兼有旅游观光的功能。

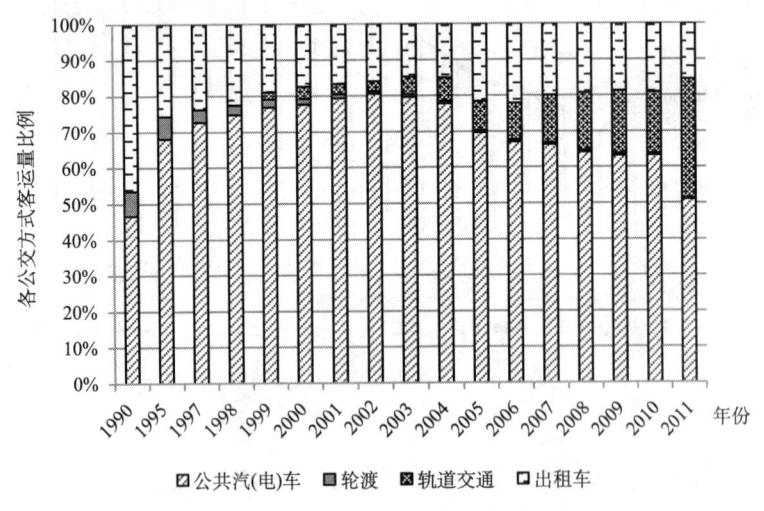

图3-13 广州市各公交方式客运量构成

2. 公共交通客运周转量

广州市公交客运周转量总体呈现上升趋势,平均增长率达到17%(图3-14)。从不同公交方式的客运周转量来看,公共汽(电)车最大。单从公交客运周转量来看,1990~2011年公共汽(电)车的客运周转量呈上升趋势,至2009年达1 817 716万人次(图3-15)。但从各公交方式客运周转量构成比例来看,公共汽(电)车客运周转量占总量的比例呈现出明显的下降趋势,轨道交通客运周转量占比增长速度较快,2002年轨道交通客运周转量占比仅为2%,到2009年增至17%。这在一定程度上说明,轨道交通在广州市公共交通的发展中起着越来越重要的作用。

出租车的客运周转量也呈现出明显的上升趋势,但出租车客运周转量占比相对稳定,基本上在15%上下波动。

轮渡的客运周转量则呈现出逐年下降的趋势,其在客运周转总量中的占比非常小。由于受到线路、船只、班次数量少的限制,轮渡并不是广州市民公共交通的主要工具,主要用于跨越珠江两岸的交通。

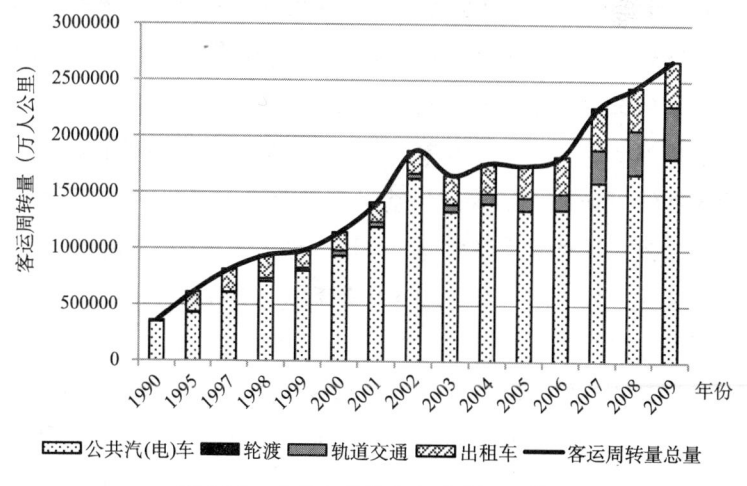

图3-14 广州市各公交方式客运周转量

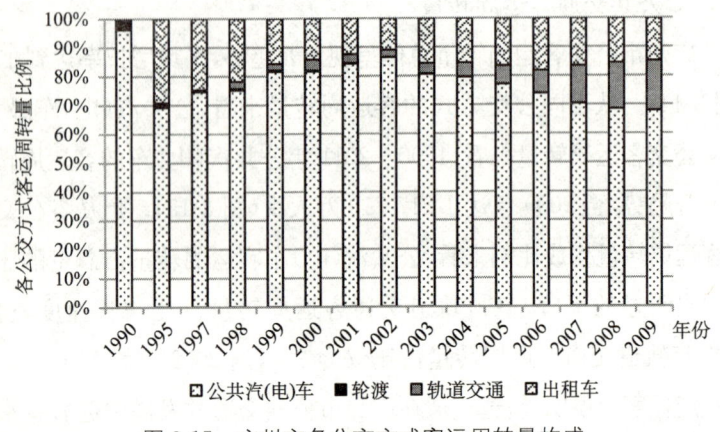

图 3-15　广州市各公交方式客运周转量构成

三、公共交通公平性分析

回顾近年来广州公交发展历程,广州市公共交通有了长足的发展,成为居民出行的主要方式之一。然而,在快速城市化与机动化背景下,广州市城市公共交通运力的投放是在公交出行需求快速增长情况下的粗放投入。因此,有必要对广州市公共交通运力的空间分布与城市居民公交需求的匹配情况展开分析。

以广州市镇(街)为基本单元,运用收入不平等的度量工具——洛伦茨曲线(Lorenz curves)和基尼系数等来分析公共交通的公平性。洛伦茨曲线和基尼系数是用来研究收入在不同人群中分布并计算收入公平性的方法,现在已经被广泛应用于各种公平性研究中。

1. 计算方法

传统的洛伦茨曲线首先需要按照收入水平对数据进行排序,进而观察收入占比与人口占比的差异程度来度量收入不平等。用公共交通运力指数类比于收入水平,来探讨广州市城市公共交通的公平性问题。

公共交通运力指数主要选择广州市各街(镇)公交线路网密度、公交线路网重复系数、地铁站点覆盖率、公交站点覆盖率四个变量标准化后,求平均值的方法得到。

标准化的方法为:

$$x'_{ik} = \frac{x^0_{ik} - \bar{x}_i}{s_i} \quad (i=1,2,\cdots,n;k=1,2,\cdots,m) \quad (式3-5)$$

其中,x^0_{ik} 为原始数据,$\bar{x}_i$ 为原始数据的平均值,可按 $\bar{x}_i = \frac{1}{m}\sum_{k=1}^{m} x^0_{ik}$ 计算;s_i 为原始数据的标准差,可按 $s_i = \sqrt{\frac{1}{m}\sum_{k=1}^{m}(x^0_{ik} - \bar{x}_i)^2}$ 计算。

将标准化值压缩到(0,1)闭区间,按下式求出极值标准化值:

$$x_{ik} = \frac{x'_{ik} - \min(x'_{ik})}{\max(x'_{ik}) - \min(x'_{ik})} (i=1,2,\cdots,n;k=1,2,\cdots,m)$$

$$(式3-6)$$

使用洛伦茨曲线,只能粗略地反映社会收入分配不平等程度。为了能够更为精确地反映这一指标,意大利统计学家基尼将洛伦茨曲线指数化,得到基尼系数(Gini coefficient)。当基尼系数为 0 时,社会收入分配绝对平均;当基尼系数为 1 时,洛伦茨曲线与绝对不公平线重合,说明社会收入分配绝对不平均。一般而言,基尼系数若低于 0.2 表示收入绝对平均;0.2~0.3 表示比较平均;0.3~0.4 表示相对合理;0.4~0.5 表示差距较大;0.5 以上表示差距悬殊。

基尼系数的计算方法有两种:一种是在确定空间洛伦茨曲线方程的基础上用积分计算,一种是直接计算弓形面积,本研究采取后者计算,公式为:

$$G = 1 - \sum_{k=1}^{n}(P_k - P_{k-1})(T_k - T_{k-1}) \quad (式3-7)$$

式中，G 为基尼系数，n 为地域数目，P_k 为各地域单元人口累计百分比，T_k 为公共交通运力指数累计百分比。

2. 结果分析

在计算洛伦茨曲线时，分别考虑基于各街（镇）常住人口和就业岗位数的公共交通公平性（图 3-16）。

分别以 2011 年常住人口累计百分比和就业岗位数累计百分比为横坐标，公共交通运力指数累计百分比为纵坐标，则可绘制出公共交通公平性洛伦茨曲线（图 3-17）。人口洛伦茨曲线和就业岗位数洛伦茨曲线互相交错，弯曲程度比较接近。同时，可以计算出公共交通运力的基尼系数：基于人口的公共交通公平性基尼系数为 0.3583，基于就业岗位数的公共交通公平性基尼系数为 0.3528。这表示无论是从总人口还是就业岗位数所代表的公交需求来看，广州市公共交通运力分布的差异并不显著，处于相对合理的区间。

为了更深入地分析广州市公共交通供应与基于人口和就业岗位数的需求之间的差异，以各街（镇）为基本研究单元，用公交运力指数的百分比分别减去人口的百分比和就业岗位数的百分比得到供应与需求的差异指数，具体的空间分布见图 3-18。公交运力指数与人口和就业岗位数百分比的差值小于 0，表示公交运力不能满足居民需求，公交服务能力不足；差异指数大于 0 的区域是公交运力大于居民需求的区域（简称为高供应区），值越大，表明公交服务越好。

可以看出，广州市公共交通运力与人口、就业岗位数差异指数呈现出圈层式空间分布特征。公共交通高供应区的街道主要集中在中心城区的越秀、荔湾、天河、海珠区。而低供应区则主要分布在外围的番禺、白云、南沙等区。

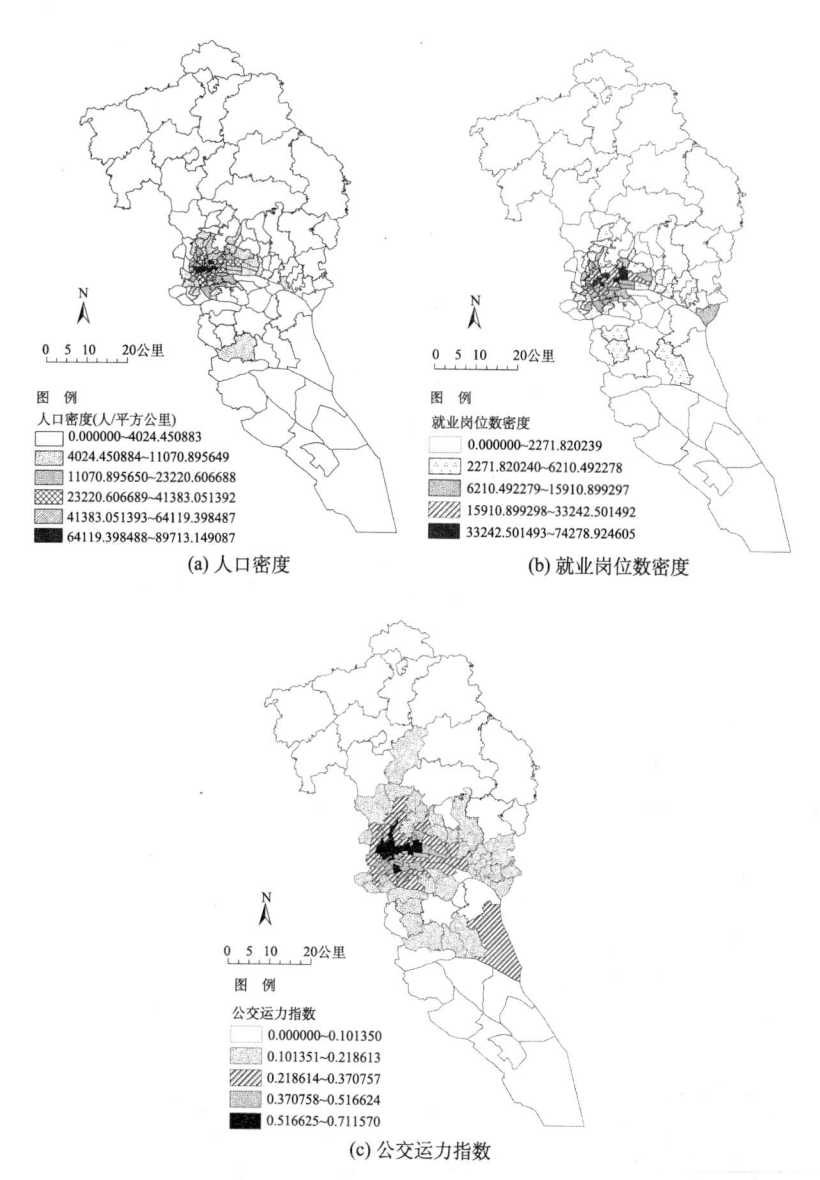

第三章 广州市公共交通和小汽车交通演化 93

(a) 人口密度

(b) 就业岗位数密度

(c) 公交运力指数

图 3-16 广州市人口密度、就业岗位数密度和公交运力指数的空间分布
资料来源：2011 年广州市各街(镇)常住人口数来源于公安局提供的数据，就业岗位数来源于各区统计局提供的数据。

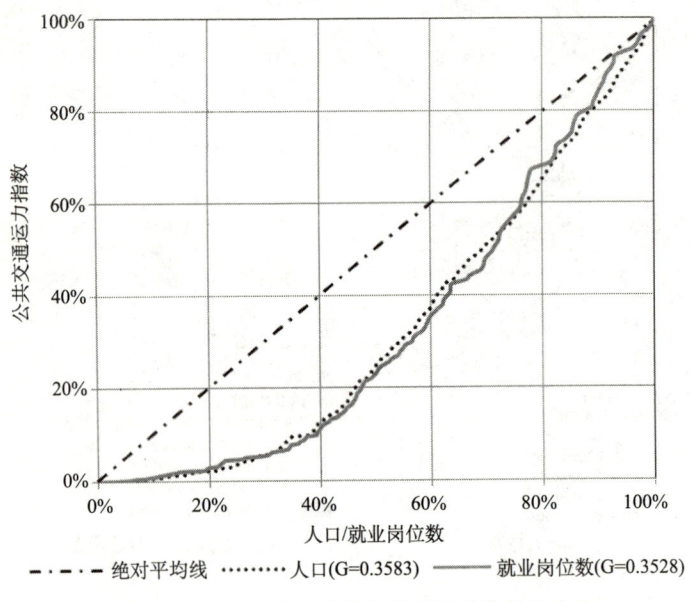

图 3-17　广州市城市公共交通公平性洛伦茨曲线

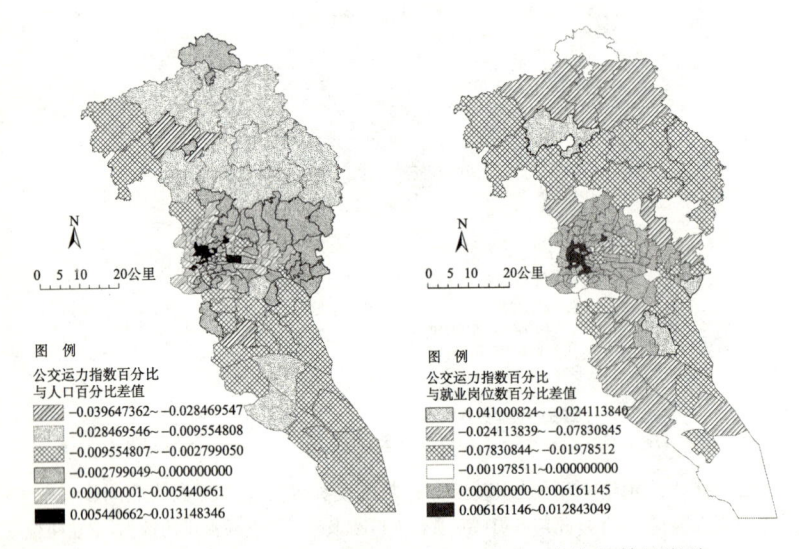

图 3-18　广州市公共交通运力与人口、就业岗位数差异指数

同时,公共交通高供应区还呈现出沿主要公交廊道和节点分布的特征。从公共交通运力与人口、就业岗位数差异指数的空间分布图来看,都出现了沿公交走廊分布的"L"形的高供应集中区。

第二节 小汽车拥有量的演化

分析 1970～2010 年广州全市和市区民用汽车拥有量的变化情况。由图 3-19 可以看出 1995 年以前市区民用汽车的增长速度较慢,年均增长率处于随机波动的状态。从市区层面来看,1970 年广州市市区民用汽车拥有量 5 594 辆,至 1994 年增长至 181 965 辆,24 年的年均增长率为 15.61%,而 1995～2010 年 15 年的汽车年均增长率则高达 51.05%。究其原因,主要受到国家经济和产业发展政策的影响。1994 年国家制定了汽车产业发展政策,明确提出把我国汽车工业尽快建设成为国民经济的支柱产业,这对城市汽车的增长

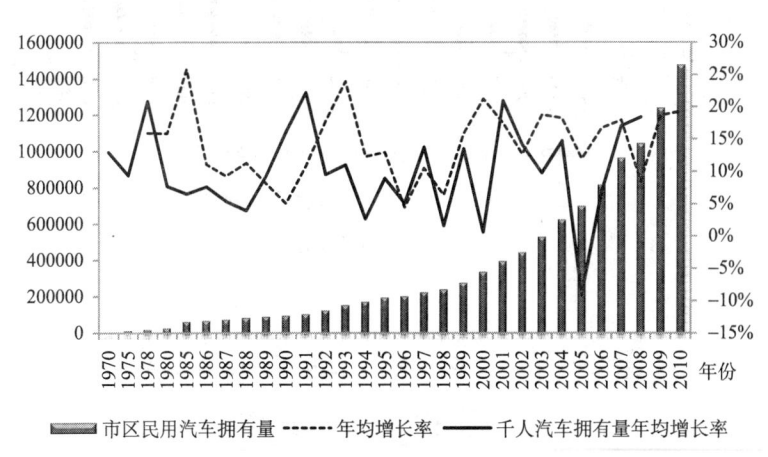

图 3-19 广州市市区民用汽车拥有量发展变化
资料来源:历年《广州市统计年鉴》和广州市交通规划研究所
"2000 年广州市城市交通运行报告"数据。

产生了重要影响。受滞后效应的影响,1995年后城市汽车拥有量开始迅速增长。随着小汽车加速进入家庭,个体机动交通正在快速膨胀。

但从全市层面来看,却并未呈现出明显的阶段性特征。1981年全市民用汽车拥有量41 765辆,至1994年增长至219 042辆,13年的年均增长率为13.60%。总体来看,2002年以前全市汽车年均增长率均未超过15%。2003年后全市的民用汽车拥有量增长速度加快,2003年的年均增长率达到13.29%,2010年则达到19.28%(图3-20)。

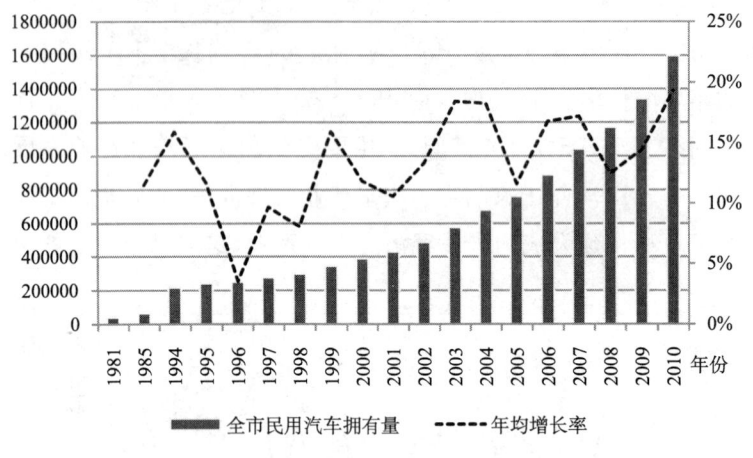

图3-20 广州市全市民用汽车拥有量发展变化
资料来源:历年《广州市统计年鉴》。

第三节 公共交通与小汽车交通出行分担率

从公交出行分担比例来看,广州市常规公共交通出行比例在1984年、1998年、2003年、2005年均高于小汽车出行比例,如再加上轨道交通和出租车的出行比例,广州市城市公共交通出行所占的比例则更是远高于小汽车(图3-21)。根据1984年和2005年广州市居民出行调查资料,广州市市区1984年公共交通占总出行比例的19.37%,2003年更是高达27.08%,与2005年这一比例有所回落,但仍达到22.15%。可见,公共交通是广州市居民出行的主导交通方式。

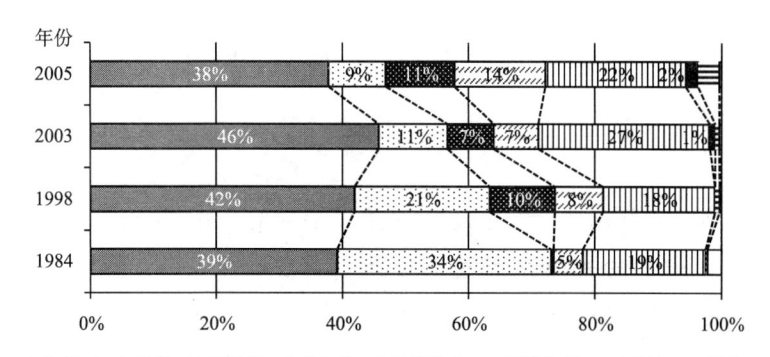

图 3-21 广州市区各交通方式出行结构变化

资料来源:1984年、2005年数据来源于广州市居民出行调查,1998年、2003年数据来源于文献(马小毅,2004)。

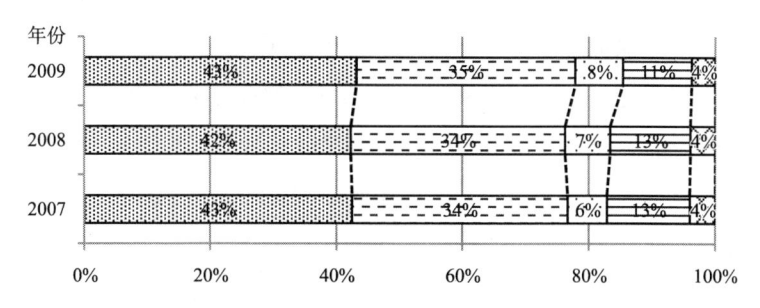

图 3-22 广州市区客运方式结构变化

资料来源:根据广州市交通规划研究所"2010年广州市城市交通运行报告"数据。

从广州市交通规划研究所公布的数据来看,2007~2009年个体机动车快速发展,承担了广州市40%以上的客运交通,这一比例远高于常规公交(图3-22)。将轨道交通、出租车和常规公交都纳入城市公共交通系统范畴,则广州市城市公共交通出行比例2007~2008年的客运承担率达到54%、53%和57%,高于个体机动车的客运承担率。

第四节 公共交通与小汽车交通发展的关联特征

本研究首先基于统计数据,从宏观层面对广州市公共交通与小汽车交通发展的关联特征进行分析,作为更加深入研究公共交通可达性对小汽车拥有和使用影响的分析背景。由于统计数据只能观测小汽车交通中拥有量的变化情况,因此在本节中主要分析公共交通发展与小汽车拥有量之间的关系。

一、变量选取

从以往的研究得知影响小汽车拥有量的因素众多,既包括经济社会因素和建成环境要素,也与行为主体的社会经济属性和个人价值取向等有关。考虑到本节主要使用汇总资料进行分析,因此忽略个体行为的差异,最终选取影响小汽车拥有量的经济因素、建成环境因素、城市交通特征3类10个解释变量(表3-5),被解释变量为千人民用汽车拥有量。

在数据的采集上,考虑到中国明确的市场经济转轨开始于20世纪90年代,1994年国家制定汽车产业发展政策,明确提出把我国汽车工业尽快建设成为国民经济的支柱产业,这对城市汽车的发展产生了重要影响。受滞后效应的影响,到1995年后城市汽车迅速发展。因此,选择 1995～2010 为研究时段,分析广州市公共交通发展与小汽车拥有量之间的关系。

表 3-5 民用汽车拥有量的影响因素和指标

经济因素	人均 GDP(X_1)	城市交通特征	人均铺装道路面积(X_7)
	城镇居民人均可支配收入(X_2)		每万人拥有公共汽车(X_8)
	城市化水平(X_3)		年末实有出租汽车数(X_9)
	93 号汽油价格(X_4)		全年公共汽(电)车客运总量(X_{10})
建成环境因素	城市建成区面积(X_5)		
	城市人口密度(X_6)		

千人民用汽车拥有量为市区民用汽车拥有量与市区非农业人口的比值。人均 GDP、城镇居民人均可支配收入、城市建成区面积、城市人口密度、人均铺装道路面积、每万人拥有公共汽车、年末实有出租汽车数、全年公共汽(电)车客运总量数据均为广州市市辖区数据。考虑到影响城市汽车拥有量的应该是区域人口向城市的集中程度,因此城市化水平数据使用的是全市数据,即全市非农业人口与全市年末总人口的比值。除燃油价格数据来源于互联网络外,其余数据均来源于历年《中国城市统计年鉴》和《广州市统计年鉴》(表 3-6)。

二、模型构建

1. 建立模型

设模型的函数形式为:

$$Y = \beta_0 + \beta_1 X_1 + \cdots + \beta_9 X_9 + \beta_{10} X_{10} + \mu \quad (式 3-8)$$

式中 β_0 是常数,$\beta_1,\cdots,\beta_{10}$ 是回归系数,μ 是随机变量。

表 3-6 广州市民用汽车拥有量和影响变量数据

年份	Y	X_1	X_2	X_3	X_4	X_5	X_6	X_7	X_8	X_9	X_{10}
1995	6 153	19 333	9 118	0.61	2.05	259	870	5.10	7.20	14 511	75 820
1996	6 317	22 183	9 940	0.61	2.15	262	882	5.20	9.60	15 143	88 096
1997	6 881	24 895	10 445	0.62	2.22	267	897	5.60	10.20	15 571	103 942
1998	7 233	27 474	11 256	0.62	2.22	275	907	5.80	11.40	15 142	119 144
1999	8 228	30 265	12 326	0.62	2.27	284	921	6.40	11.80	15 443	131 296
2000	8 362	34 292	13 867	0.62	2.55	431	943	6.90	12.50	16 196	169 147
2001	9 492	42 828	14 694	0.63	3.10	526	959	10.22	11.09	16 598	173 539
2002	9 546	47 053	14 857	0.70	2.98	554	969	10.61	12.08	16 690	197 449
2003	11 545	54 391	15 003	0.68	2.89	608	976	11.16	12.76	16 923	190 659
2004	13 180	63 819	16 884	0.69	3.50	670	992	13.00	14.00	16 918	196 505
2005	14 468	78 428	18 287	0.69	3.78	735	1 010	13.49	13.17	16 889	184 289
2006	16 597	67 407	19 851	0.69	4.86	780	1 023	13.85	13.80	17 058	212 476
2007	15 091	76 286	22 469	0.90	4.68	844	1 040	14.13	14.63	17 758	235 629
2008	16 782	85 854	25 317	0.90	5.92	895	1 055	14.30	14.98	18 858	246 102
2009	18 885	94 173	27 610	0.90	6.14	927	1 069	14.51	13.42	19 345	243 965
2010	22 426	109 425	30 658	0.90	7.21	952	1 710	14.65	17.31	18 991	250 196

2. 参数估计

使用 STATA10.0 软件,运用 OLS 估计法对上式中参数进行估计(表 3-7),得到方程:

$$Y = 10043.6 + 0.034253 X_1 + 0.4446629 X_2$$
$$- 8944.629 X_3 917.28 X_4 + 3.253829 X_5$$
$$+ 0.0293018 X_6 + 293.2462 X_7 + 242.4444 X_8$$
$$- 0.535836 X_9 - 0.0200603 X_{10} \quad \text{(式 3-9)}$$

表 3-7 回归系数

Variable		Unstandardized Coefficients B	Std. Error	Standardized Coefficients Beta	t-Statistic	Prob.
C		10043.6	13953.63		0.719784	0.5039
人均 GDP	X_1	0.034253	0.108602	0.19400	0.315399	0.7652
人均可支配收入	X_2	0.444663	0.629895	0.58400	0.705932	0.5118
城市化水平	X_3	−8944.631	5723.745	−0.21000	−1.562724	0.1789
93 号汽油价格	X_4	917.2796	1478.599	0.30000	0.620371	0.5622
建成区面积	X_5	3.25383	10.26719	0.16900	0.316915	0.7641
人口密度	X_6	0.029302	2.681963	0.00100	0.010925	0.9917
人均城市道路面积	X_7	293.2464	553.9907	0.22600	0.529334	0.6192
每万人拥有公共汽车	X_8	242.4444	322.7008	0.11600	0.751298	0.4863
年末实有出租汽车数	X_9	−0.535836	0.894309	−0.15500	−0.599162	0.5752
公共汽(电)车客运量	X_{10}	−0.02006	0.039000	−0.23100	−0.518581	0.6262

3. 统计检验

拟合优度:$R^2 = 0.991961$,$\bar{R}^2 = 0.975883$,两者都接近 1,本模型拟合效果很好。T 检验和 F 检验:$F = 61.69641$,$P = 0.000133$,模型整体上解释变量与被解释变量之间的线性关系显著,回归方程有效。

做解释变量的相关性分析,由表 3-8 可以看出,解释变量之间存在高度线性相关性。尽管方程整体线性回归拟合较好,但变量的参数 t 值并不显著,表明模型存在严重的多重共线性。

表 3-8 相关系数

	Y	X_1	X_2	X_3	X_4	X_5	X_6	X_7	X_8	X_9	X_{10}
Y	1	0.98	0.97	0.87	0.97	0.96	0.79	0.92	0.88	0.93	0.90
X_1	0.98	1	0.97	0.89	0.95	0.97	0.75	0.94	0.88	0.95	0.92
X_2	0.97	0.97	1	0.93	0.99	0.95	0.78	0.88	0.87	0.97	0.91
X_3	0.87	0.89	0.93	1	0.91	0.88	0.65	0.81	0.77	0.92	0.84
X_4	0.97	0.95	0.99	0.91	1	0.93	0.79	0.86	0.83	0.94	0.87
X_5	0.96	0.97	0.95	0.88	0.93	1	0.65	0.98	0.86	0.95	0.96
X_6	0.79	0.75	0.78	0.65	0.79	0.65	1	0.58	0.75	0.67	0.61
X_7	0.92	0.94	0.88	0.81	0.86	0.98	0.58	1	0.84	0.90	0.94
X_8	0.88	0.88	0.87	0.77	0.83	0.86	0.75	0.84	1	0.85	0.90
X_9	0.93	0.95	0.97	0.92	0.94	0.95	0.67	0.90	0.85	1	0.95
X_{10}	0.90	0.92	0.91	0.84	0.87	0.96	0.61	0.94	0.90	0.95	1

4. 逐步回归

由于多重共线性问题,会影响到偏回归系数估计和回归方程的"质量",导致回归结果出现较大的偏差。

采用 Stepwise 逐步回归向后筛选法,对检验结果不显著的变量进行逐步剔除,经 F 统计量分析确定进入回归分析方程的变量。其运算的基本思路是:首先,运用 OLS 方法将所有解释变量全部纳入回归方程,并对回归方程进行各种检验;其次,逐步剔出那些最不显著的变量（t 检验的 P 值最大），并重新构建回归方程、进行各种检验，直到再也没有可剔除的变量为止。

使用 Eviews6.0 软件进行分析，逐步剔除了人口密度（X_6）、人均 GDP（X_1）、建成区面积（X_5）、93 号油价（X_4）、每万人拥有公共汽车数（X_8）5 个解释变量。这里需要说明的是，剔除 X_8 后虽然 R^2 值变小，但考虑到调整后的 R^2 值变化不大，F 值增大，且模型中 X_8 变量的回归系数符号与经济意义不符，因此选择提出 X_8 变量的回归模型为最优模型。逐步回归的主要步骤见表 3-9。

表 3-9 逐步回归步骤和优度

步骤	R-squared	Adjusted R-squared	F-statistic
包含所有解释变量	0.991961	0.975883	61.7
剔除变量 X_6	0.992	0.9799	82.26
剔除变量 X_1	0.9917	0.9823	105.1
剔除变量 X_5	0.9914	0.9838	131.3
剔除变量 X_4	0.990694	0.984489	159.6792
剔除变量 X_8	0.989041	0.983562	180.4989

最后有 5 个变量进入建立的最优回归模型，分别为人均可支配收入、城市化水平、人均城市道路面积、年末实有出租汽车数、公共汽（电）车客运量（表 3-10）。

最优方程为：

$$Y = 8806.081 + 0.8771437 X_2 - 10108.18 X_3 \\ + 612.4987 X_7 + 239.2478 X_8 \\ - 0.4976666 X_9 - 0.0316617 X_{10}$$

（式 3-10）

表 3-10 最优模型回归系数

Variable	Unstandardized Coefficients B	Std. Error	Standardized Coefficients Beta	t-Statistic	Prob.
C	14830.23	7301.855		2.031023	0.0697
X_2	0.967663	0.113053	1.2700	8.559413	0.0000
X_3	−11343.25	4077.526	−0.2660	−2.781894	0.0194
X_7	573.9226	133.0284	0.4410	4.314287	0.0015
X_9	−0.817977	0.586452	−0.2360	−1.394791	0.1933
X_{10}	−0.019936	0.011845	−0.2290	−1.683122	0.1233
R-squared	0.989041		Mean dependent var		11949.13
Adjusted R-squared	0.983562		S.D. dependent var		4983.275
S.E. of regression	638.9184		Akaike info criterion		16.03743
Sum squared resid	4082167		Schwarz criterion		16.32715
Log likelihood	−122.2994		Hannan-Quinn criter.		16.05226
F-statistic	180.4989		Durbin-Watson stat		2.018418
Prob(F-statistic)	0.000000				

$R^2=0.990694$,$\overline{R^2}=0.983562$,模型拟合效果很好。可以看到,剔除变量后的最优模型在调整后的拟合贡献率(0.984489)上明显优于原回归模型(0.975883)。

三、结果分析

基于 1995~2010 年广州市千人民用车辆拥有量和其影响因素的相关数据建立的多元逐步回归模型来看,影响广州汽车拥有量的主要因素是人均可支配收入、城市化水平、人均城市道路面积、年末实有出租汽车数和公共汽(电)车客运量。

人均可支配收入是影响广州汽车拥有量最重要的因素。在其他条件不变的情况下,人均可支配收入每增加一个百分点,汽车拥有量相应增加1.27个百分点。

其次,人均城市道路面积对广州汽车拥有量产生显著的正效应,人均城市道路面积每增加一个百分点,汽车拥有量相应增加0.44个百分点。

城市化水平、年末实有出租汽车数、公共汽(电)车客运量均对广州汽车拥有量产生负效应。城市化水平产生的负效应在10%水平上显著。可能的原因是由于城市经济具有明显的规模经济特征,特大和巨大城市由于人口规模大,由人口密集所造成的拥挤成本上升,使城市边际效益随着城市人口规模的增大而下降,从而也影响到私人汽车拥有量的增长。

年末实有出租汽车数、公共汽(电)车客运量计量分析显示的结果并不显著,但负相关的可能性得到了证实,在一定程度上说明了广州市公共交通发展水平与汽车拥有量的负相关关系。年末实有出租汽车数每增加一个百分点,汽车拥有量相应减少0.236个百分点;公共汽(电)车客运量每增加一个百分点,汽车拥有量相应减少0.229个百分点。在宏观层面表明公共交通的发展对广州市汽车拥有量的增加有一定的抑制作用。

第五节 小　　结

广州城市公共交通的发展大致经历了1950~1978年的缓慢发展阶段、1979~2000年的网络发展完善阶段和2001年至今的转型期的快速扩张阶段。广州市中心城区公共交通线路网可达空间的演化与广州城市空间演变基本一致,呈现出由中心团块状不断向外延伸的发展态势。随着城市空间的扩展,居民公共交通出行需求的增加,公共交通线路网可达空间范围随之增大。

从公共交通运力组成结构的演化来看,常规公交一直占很大比例,是广州市居民出行的重要交通工具。从公共交通线路网长度、线路网密度、线路重复系数、公共交通站点覆盖率方面评价了广州市公共交通运力现状,结果表明:广州市长距离的公交线路较多,应增开公交短驳线,与轨道交通线相衔接,使长距离公交主要依托轨道交通来完成;广州市公共交通线路网密度、线路重复系数、公共交通站点覆盖率均呈现出由中心向外围递减的圈层结构;公共交通线路网服务能满足规范要求,但外围的公共交通线路网密度偏低;从全市层面来看,广州市公交站点覆盖率不能满足规范要求。

在对公共交通公平性的分析中发现无论是从总人口还是就业岗位数所代表的公交需求来看,广州市公共交通运力分布的差异并不显著,处于相对合理的区间。广州市公共交通运力与人口、就业岗位数差异指数呈现出圈层式空间分布特征。公共交通高供应区的街道主要集中在中心城区,呈现出沿主要公交廊道和节点分布的特征,低供应区则主要分布在外围区。

基于统计数据,从宏观层面对广州市公共交通与小汽车交通发展的关联特征进行分析,结果表明公共交通对私人汽车保有量的影响不显著,但负相关的可能性得到了证实,在一定程度上说明了广州市公共交通发展水平与汽车拥有量的负相关关系。

第四章 公共交通可达性特征

本章从中观层面对整个广州市公共交通可达性的分析和微观层面对个体样本公共交通可达性的综合测度方法，分析了广州市公共交通可达性特征。

第一节 城市公共交通数据库的建立

一、基础信息数据库的更新

本研究建立的公共交通数据库是以获取的1∶10000广州市基础地理信息数据库为基础。该基础数据库包含了行政区划、道路、居民地、公共设施点、绿地、水系等基础信息，但数据库为2009年数据，因此通过空间配准获取的2011年街道（镇）的行政区划地理信息数据对行政区划数据进行了更新。

道路数据是本研究的重要基础要素。本研究在ArcGIS软件的支持下，叠加数字化的广州市交通地图（2011年），用空间配准、数字化的方法对道路交通数据进行更新，建立广州市路网空间数据库。

居民地数据量非常大，无法对整个研究区域进行全部更新。因此，结合本研究需要，参照社区平面图、三维地图，结合现场调研将问卷调查抽样出来的21个社区的建筑物、社区道路等平面布局进行了更新。

公共设施点数据在原数据的基础上,结合研究需要,将新增的医疗、教育设施进行了更新。建立的数据库中共有各类公共服务设施和基础设施点 9 039 个,本研究中将其分为 8 类:市政基础设施、餐饮、对外交通、教育、商业金融、文化娱乐、行政管理、医疗卫生、邮政电信设施。各类设施点的数量见图 4-1。

考虑到水系变化不大,绿地数据的使用较少,精度要求相对较低,本研究中仍使用的 2009 年水系和绿地数据。

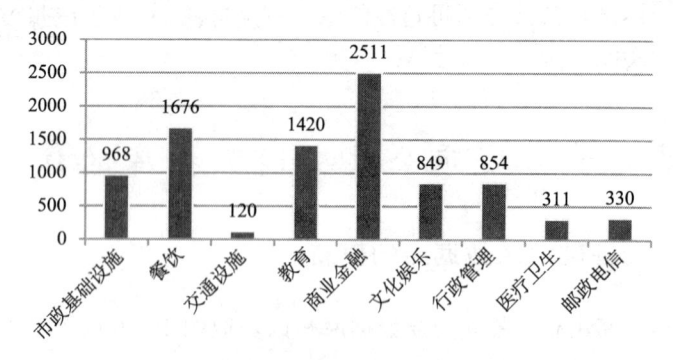

图 4-1 各类型公共服务设施点数量

二、公共交通线路和站点的录入

公共交通站点的空间位置和线路运行轨迹根据图吧广州市公交地图网(http://bus.mapbar.com/guangzhou/line_list/)和广州公交网(http://www.gz-bus.com/)提供的公交信息确定。其中,公交线路根据实际的运行轨迹以公交站点作为结点,道路中心线作为参考,使用 ArcGIS 软件人工进行绘制。建立的公共交通数据库图层信息见表 4-1。

表 4-1　公交数据库的图层信息

图层名称	属性	图层说明
城市道路层	线	道路等级、名称、路长、路宽、车速
节点层	点	道路网络中结点的位置等信息
行政区域层	面	行政区域名称、面积、人口、就业岗位数
公交线路层	线	名称、路径、长度
公交站点层	点	名称

由于公交线路网不同于其他道路网络，公交线网中两个站点间必须得有公交线路经过才能保证线路是连通的，且站点间常有多条非重复的公交线路经过，因此必须建立公交线路层和公交站点层的关联。

根据复杂网络理论，网络拓扑可以有 Space L 和 Space P 两种描述方法：Space L 方法把交通站点视为节点，若某一交通线路上的两站点相邻，则连边；Space P 方法把交通网络站点视为节点，若两站点间有直达交通线路，则连边。如图 4-2 所示，Space L 方法构建的站点 A、B、C、D 的连边包括连接边 1、连接边 2、连接边 3、连接边 4 共四条；用 Space P 方法构建的网络中，仅站点 A 的连边就包括边 A-B、A-C、A-D 三条。可见，SpaceL 方法构造的网络是 Space P 方法构造网络的子网络(郭雷，许晓鸣，2006)本研究分别使用这两种方法构建了 2 套公共交通网络模型。Space L 规则构建的模型有助于理解每条公交线路的具体运行轨迹；Space P 规则构建的模型则有助于分析两个站点间的最少转车次数。

此外，在公交站点及线路的录入中还涉及其他的一些问题，现说明如下。①建立的公共交通网络考虑地铁轨道交通。也就是考虑了常规公交、快速公交与地铁联合换乘的情况。②公交网络抽象为无

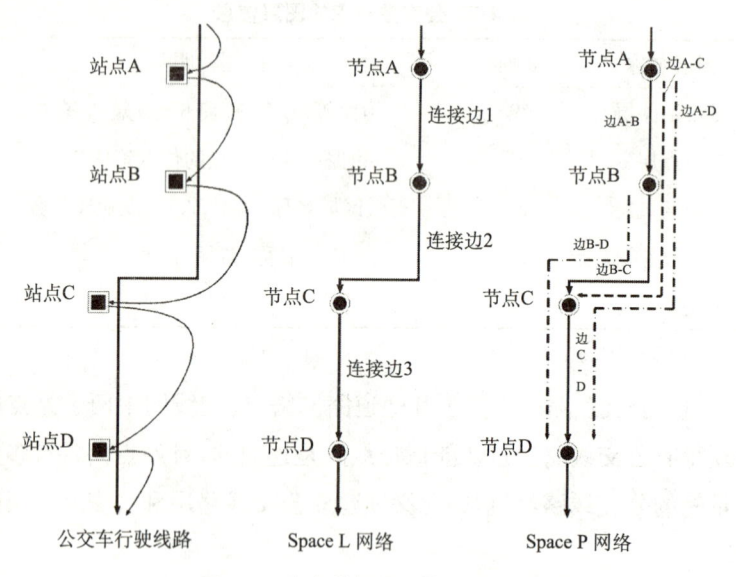

图 4-2 公交数据录入的两种模型

向网络。同一公交线路上行、下行线路合并,个别线路由于交通管制等原因造成上下行站点有差异的,以上行方向的为准。在对公交线路上下行站点的处理时,由于同一公交线路往往会上下行分为两站,但距离不会太远,步行时间绝大多数不超过 1~2 分钟,因此在研究中对上下行站点不分别处理,在近似位置统一标注(图 4-3)。③相同名称的公交站点合并为一个停靠站点,忽略个别站点名称相同但位置不同造成的差异;不考虑因道路施工或其他原因引起的临时性公交线路改道,公交站点取消、增加等情况。

三、公共交通数据库的修正与更新

建立好公共交通数据库后,对其进行维护与更新。其中,包括发现与修改编辑录入的数据错误,并在 ArcCatalog 中创建拓扑规则,

图 4-3　公交站点的归并

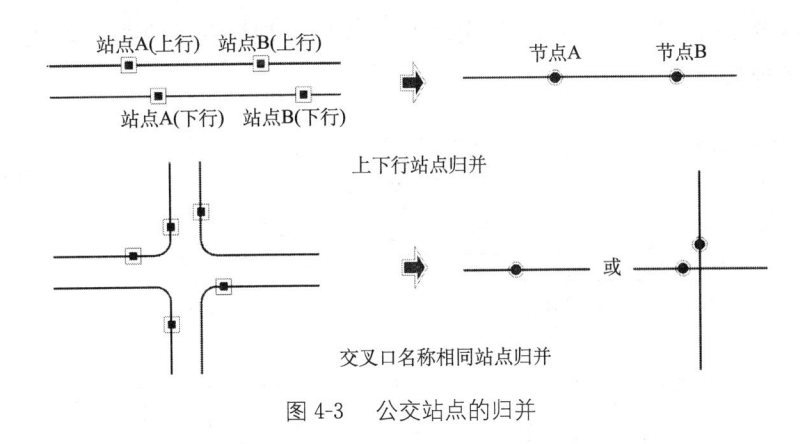

使用拓扑方法检查数据的准确性(表 4-2)。

表 4-2　公交数据库的拓扑检查

拓扑类型	规则	检查内容
点与线	点在线上	公交站点与公交线路的关系
	点在线的端点	首末站点与公交线路的关系
点与面	点在多边形内	出发点与到达点是否在其所表示的区域内
线与线	线线重叠	公交线路是否与城市道路中心线吻合
	自重叠	道路、线路是否自我重叠
	自相交	道路、线路是否自我相交
	有悬挂点	道路交叉口处的衔接问题
线与面	线与多边形相交	——

同时，由于城市的公交系统为动态信息，公共交通线路和站点处于不断完善、变化之中，需要对公共交通数据库进行更新。数据库更新截止日期为 2012 年 6 月。本研究最后建立的公共交通数据库共

涉及公交线路共 723 条、公交站点 4 020 个、地铁现状线路 9 条、地铁现状站点 119 个(图 4-4)。

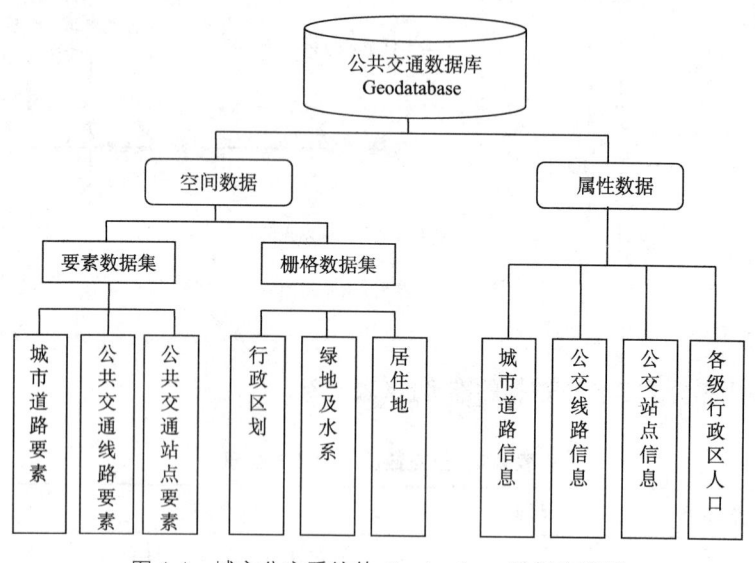

图 4-4 城市公交系统的 Geodatabase 数据库模型

第二节 公共交通可达性的测度指标

公共交通可达性主要表征的是使用公交出行的便捷性。根据前文研究综述部分所述，由于公共交通可达性的度量不同于一般交通网络，需要综合考虑步行、换乘、等候、线路走向、服务频率等因素对公共交通可达性的影响，现有的关于公共交通可达性的研究主要局限于关注公交客流量、公交运营速度或公交换乘等某一个或几个要素来度量公交可达性，缺乏综合考虑各种主要影响因素的较完善的公共交通可达性的测度体系。

因此，为了更客观、全面、准确地反映公共交通服务条件的优劣程度和通达性水平，本研究将其设计为综合性集成指标。根据已有研究和实践应用，公共交通可达性衡量可概括为三部分：从到达公共交通站点的可达性、公共交通旅程可达性和通过公共交通到达目的地的可达性（Mavoa, Witten, and McCreanor, 2011）。本研究结合分析判断，从公共交通邻近度、公共交通通达度、服务容量三个方面选择指标构建公共交通可达性的测度指标体系（图4-5）。这三大类指标也在一定程度上分别表征了从到达公共交通站点的可达性、公共交通旅程可达性和通过公共交通到达目的地的可达性。对于公交换乘、等候时间、线路走向、服务频率等因素，将融合在公共交通通达度中的公共交通最短可达时间指标中予以考虑。

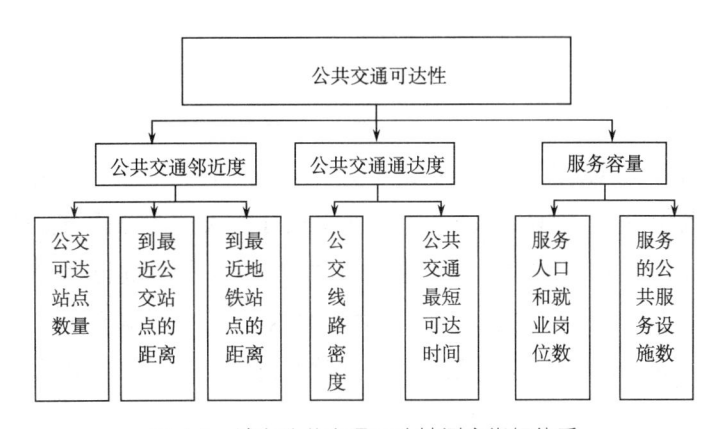

图4-5 城市公共交通可达性测度指标体系

一、公共交通邻近度

邻近度主要用来描述地理空间中两个地物距离相近的程度，是空间分析的一个重要手段。本研究中用邻近度来表征到达公共交通站点的便捷程度，反映了到达公共交通站点的可达性。在对公共交通邻近度的度量中,还考虑了使用样本点到最近地铁站点的距离指标来反映乘坐地铁的便捷程度。

二、公共交通通达度

公交通达度是评价通过公共交通与城市其他地区相联系的便捷程度,反映的是公共交通旅程可达性。本研究中将其定义为通过公共交通能到达市内其他地区的最短时间。利用通达度指标既能从宏观层面很好地观察全市的公共交通服务情况,也能从居民角度反映公共交通的微观服务水平。

此外,考虑到除了样本点周围一定距离内的公交站点会影响公共交通出行的便捷性,公交线路网的密度也会影响公共交通通达性,因此将其也作为反映公共交通通达度的指标之一。

三、服务容量

公共交通站点所服务区域的人口、就业岗位数和公共服务设施数量的多少,将影响到该区域使用公共交通的人数,影响乘坐公共交通的拥挤度和等候时间,从而影响公共交通的服务质量和能力,在一定程度上反映了通过公共交通到达目的地的可达性。

因此,本研究中选取服务人口和就业岗位数、服务的公共服务设施数 2 个指标来表征服务容量指标。

第三节 公共交通可达性的测度方法

本研究对公共交通可达性的分析涵盖了中观层面对整个广州市公共交通可达性的分析和微观层面对个体样本公共交通可达性的分析。分析的基本单元有所不同,前者是将研究区域进行等距的栅格划分作为基本分析单元,后者分析的基本单元为通过问卷调查确定的1 443个家庭样本。

在对区域栅格化的过程中,结合已有研究成果(马林兵,2008),综合考虑数据精度、公交站点服务范围等因素,选择500米作为划分栅格的标准,将研究区域划分为若干500×500米的栅格,作为中观层面研究的基本单元。

一、公共交通邻近度的测度

参考已有研究成果,结合"城市道路交通规划设计规范"中规定市区线路公共汽车站距为500～800米规定,结合对研究分析精度的考虑,在中观层面的公共交通邻近度分析中,分析每个500×500米的栅格中心点500米范围内常规公交站点的数量来反映常规公共交通邻近度情况。同时,本研究中考虑了地铁站点邻近度的测度,方法为:以尽量不遗漏对可达地铁的栅格的分析为原则,选定1 500米作为人们到地铁站的最大可忍受步行距离。以每个栅格中心点做1 500米的缓冲区,如果1 500米缓冲区内无地铁站点则认为该栅格地铁不可达,如有地铁站则计算栅格中心点至地铁站点的距离表示该栅格的地铁站点邻近度。

在微观层面的分析中,选择个体样本点周边500米范围内的公交可达站点数量和个体样本点到达最近公交站点与地铁站的距离来反映公共交通邻近度情况。

二、公共交通通达度的测度

首先,对于公交线路密度指标,在中观层面的分析中,统计的是每个栅格内的多条公交线路总长度与栅格面积的比值;在微观层面的分析中,统计的是个体样本点周边500米范围内的多条公交线路

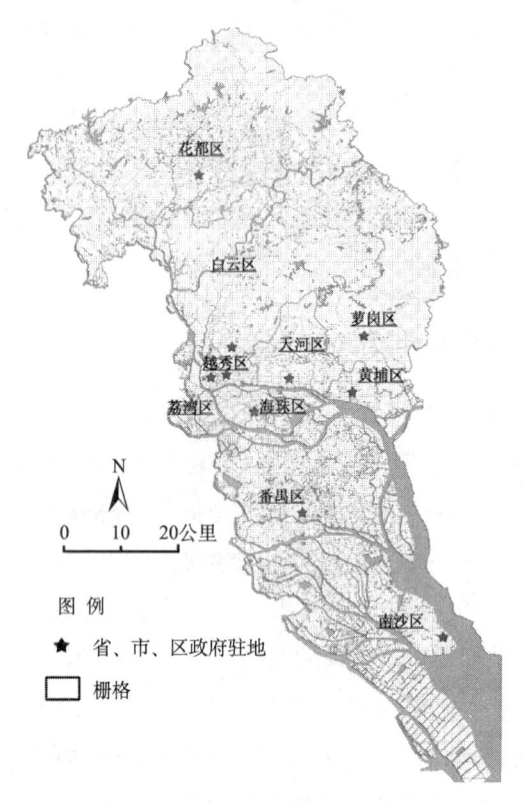

图 4-6 栅格划分

总长度与样本点 500 米缓冲区面积的比值(图 4-6)。

其次,在中观层面的分析中,公共交通最短可达时间表示的是每个栅格中心点通过公共交通到达所有公共交通站点的最短时间,并以每个栅格中心点的可达性值代表该栅格的可达性值;在微观层面的分析中,个体样本的公共交通最短时间表示的是该个体通过公共交通到达所有公共交通站点的最短时间。

1. 计算公交站点的最短可达时间

首先,计算各公共交通站点的最短可达时间,将其定义为给定公交点到其他各公交点的最短时间。公交站点的最短可达时间越短,通达度越高。

公交站点 i 的最短可达时间定义为 T_i,i 到任意公交站点 j 的最短可达时间定义为 t_{ij},则计算模型为:

$$T_i = \sum_{j=1}^{n} t_{ij} \quad i \in (1,2,3,\cdots,n) \quad j \in (1,2,3,\cdots,n) \quad (式4-1)$$

由于公共交通网络不同于普通交通网络,公共交通是沿着固定的线路运行,且人们乘坐公交时,无法随时在不同线路的车辆之间自由移动,只能在特定站点进行换乘,而换乘将带来额外的交通成本。因此对于公共交通最短可达时间的测度非常复杂,即涉及行驶时间、换乘次数、换乘时间、等候时间等多个时间要素,也涉及在不同等级的道路上和不同区位的路段上(如同一条道路上中心城区更为拥堵、速度更慢)公交车行驶速度不同等速度因素。且本研究中在这部分探讨的公交站点的最短可达时间,还涵盖了不同类型的公共交通,包括常规公交、快速公交(BRT)和地铁,因此还涉及不同公交方式之间的换乘问题。

综上所述,公共交通最短可达时间测度的复杂性导致无法直接使用传统的最短路径网络分析方法计算完成。因此,本研究在 Microsoft Visual Studio2010 编程环境下,使用 C♯4.0 编程语言,应用 Oracle 10g 数据库开发公共交通最短可达时间的计算系统。

在系统开发中,对于相关规则和问题的处理如下。

第一,对于公共交通工具速度的设定。根据"广州市中山大道快速公交系统管理试行办法"的规定"在快速公交专用车道内行驶,行驶速度不得高于 50 公里/小时";结合实地调研和访谈,广州市大部分的公交车,在道路通畅的情况下时速大约在 40 公里左右;并参考广州市交通委员会公布的数据"早高峰时期,广州市公交车平均时速 25.63 公里/小时"。基于上述依据,将公交车在高速路、快速路、主干道和其他设有快速公交专用车道的道路上的平均行驶速度设定为 40 公里/小时,在次干路和支路上的平均行驶速度设定为 30 公里/小时,在部分拥挤路段道路上的平均行驶速度设定为 25 公里/小时。

其中,道路拥挤路段的数据主要依据广州市交通规划研究所负责编写的近三年"广州市交通发展年度报告"提供的交通拥挤路段数据(图 4-7)。

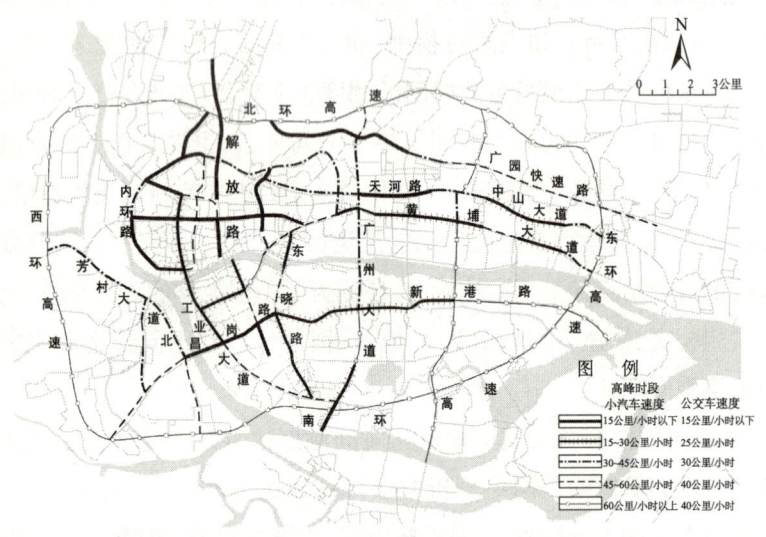

图 4-7 核心区主要道路高峰时段车速分布
资料来源:根据广州市交通规划研究所"广州市交通发展年度报告"。

根据实地调研和资料收集,广州市地铁线路的运行速度一般在 80 公里/小时,由于三号线设计车速就高于其他线路,一般行驶速度可达到 113 公里/小时,因此将三号线的平均行驶速度确定为 110 公里/小时,剩余的其他地铁线路的平均行驶速度均确定为80公里/小时。

第二,对于等候时间的确定。广州市常规公交线路发车间隔一般为10~15分钟,平均等候时间确定为8分钟,停靠时间设定为1分钟。

地铁高峰、平峰发车间隔一般在3~6分钟,平均等候时间确定为4分钟。停靠时间考虑启停减速、加速耗时,每个站点设定为1分钟。

第三,对于公交系统换乘条件的设定。换乘站点在一定可达性范围内选取。为了尽可能地考虑到各种换乘情况,同时由于城市边缘区公交系统覆盖密度较低,因此设定在最大步行忍受距离1 500米范围圈内选择换乘点。

如有多种换乘方式,就近原则5种,如地铁与公交换乘时,如地铁站点周边1 500米范围内的公交站点可能有若干个,选取就近的5个站点作为候选换乘站点。

任一站点换乘到周边公交线路的候选站点不少于3个,以保证有效描述可能的换乘情况。

不限制换乘次数,由于计算出的公共交通最短可达时间就表明了乘坐公交的便捷程度,换乘次数越多,时间必然越长,因此不限制换乘次数可以全面考虑到各种换乘情况,用时间的多少来表示便捷性。

2. 计算网格的最短可达时间

在计算了各个公交站点的可达性后,以每个500×500米的栅格中心点分别作500米、1 500米的缓冲区(500米为公交站距,1 500米为人们最大忍受的步行距离),根据缓冲区内公交站点的可达时间值和公交站点到栅格中心点的步行距离(步行速度按照5公里/小时设定),采用反距离加权法求出栅格中心点的最短可达时间(图4-8)。

反距离加权法将根据距离远近分别给予不同的权重系数,也就是缓冲区内距离栅格中心点越近的公交站点的可达性值对栅格中心点影响越大,因此其权重越大。即权重随公交站点距栅格中心点的距离增大而缩小。一般定义距离倒数的平方为权函数。

根据反距离加权法,求网格中心点最短可达时间的计算公式如下:

$$A_p = \sum_{i=1}^{n} \frac{A_i}{d_i^2} / \sum_{i=1}^{n} \frac{1}{d_i^2} \qquad (式4-2)$$

式中,A_p为网格中心点p的最短可达时间,d_i为p点至i点的距离,A_i为i点的最短可达时间,n表示p点的缓冲区内有n个点。

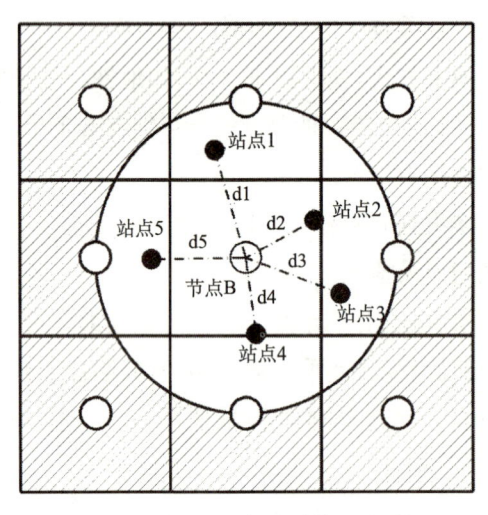

图4-8 反距离加权法计算可达时间

需要注意的是,如某网格中心点的缓冲区内没有公交站点,则默认为该栅格为公交不可达区域。

3. 计算个体样本的最短可达时间

在求出栅格中心点最短可达时间的基础上计算个体样本的最短可达时间。

第一，计算出 1 443 个样本点到达最近栅格中心点的距离。

第二，按照 5 公里/小时的步行速度计算从个体样本点步行到最近栅格中心点的时间距离。

第三，由于建立的公交数据库共有 4 020 个公交站点，计算出公交站点的最短可达时间是某一站点至剩下的所有公交站点的时间和。因此，计算出的步行时间也应乘以 4 020，再加上最近栅格中心点的最短可达时间值才表示的是从样本点出发的公交最短可达时间之和。

个体样本的最短可达时间的具体计算公式如下：

$$A_0 = 4\ 020 \times T_{0p} + A_p \qquad (式4-3)$$

式中 A_0 为样本点 0 的可达性值，T_{0p} 为样本点 0 到距离其最近的栅格中心点的步行时间，A_p 为栅格中心点 p 的公交最短可达时间值。

第四，需要注意的是，考虑到本研究对公交可达性的分析考虑了常规公交与地铁两套公交系统的联合换乘情况，地铁站点的服务距离一般在 800~1 500 米，因此将步行最大忍受时间设定为 1 500 米，也就是如某个体样本在 1 500 米范围内均没有公交站点，则认为该样本点公交不可达。

三、服务容量的测度

1. 栅格服务人口的分配

由于按照社区行政边界统计的人口空间分布和按照公交站点计算的服务人口的空间分布尺度不一致，而本研究中对公交可达性的测量,需要将服务人口分配到各公交站点,因此使用泰森多边形的方法,按照以下思路进行(图4-9)。

第一,根据泰森多边形的面积内插法,生成各站点所属的泰森多边形,完成对整个公共交通站点的精确分配。

第二,使用 ArcGIS10.0 空间分析模块中的识别叠加功能将以街道为基本单元的人口密度属性赋予给泰森多边形。

第三,按照泰森多边形的面积及其人口密度属性计算出每个公交站点的泰森多边形的人口,作为该站点的服务人口。

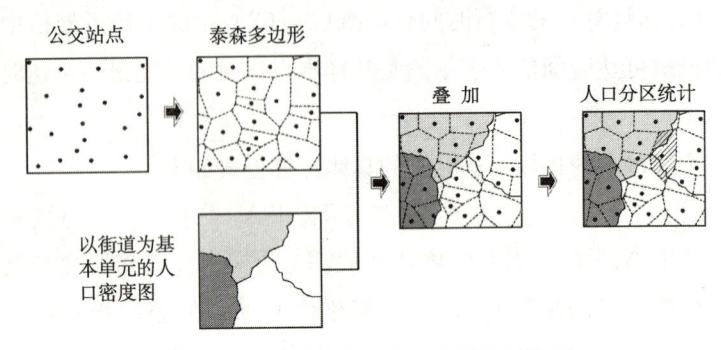

图 4-9 公交站点服务人口分区统计流程

第四,在中观层面的城市公共交通可达性的分析中,进一步将公交站点服务人口的属性赋予给各栅格,方法类似于公交邻近度的计算。为了尽量避免遗漏分析公交可达栅格的情况,根据人们步行最大忍受距离1 500米来做缓冲区,如以栅格中心点为起点的1 500米缓冲区内无公交站点则默认为该栅格公交不可达,则不分析其服务人口。对于公交可达的栅格则计算其缓冲区内各站点的服务人口之和。

2. 栅格服务设施的分配

对于服务设施容量,则是通过计算每个常规公交站点500米缓冲区和地铁站点 1 500 米缓冲区范围内的服务设施数量衡量该公交站点的服务设施容量。

将公交站点服务设施的属性赋予给各栅格的方法同服务人口的分配一样，计算公交可达栅格 1 500 米缓冲区内各站点的服务设施数量之和。

3. 基于个体样本的公交站点服务容量测算

基于个体样本的公交站点服务人口和服务公共设施容量，计算的是以个人为中心点 500 米范围内所有公交站点服务人口和设施的平均值。

四、公共交通可达性测度指标的综合

由于本研究中构建的公共交通可达性为综合指标，在此使用熵权层次分析评价模型来确定各指标的权重，从而将各指标即成为公共交通可达性的综合值。

层次分析法（Analytic Hierarchy Process，AHP）通过将构成复杂问题的多个因素权重的整体判断转换为对这些因素进行"两两比较"，然后再转为对这些因素的整体权重进行排序判断，确立各因素的权重（彭国甫等，2004），是一种常用的主观模糊评价方法。层次分析法依赖专家的主观判断来确定指标权重，难免使评价结果带有一定的主观性。而科学的评价，指标权重不仅应反映主观知识与经验判断，也应包括数据本身传递的信息（李晓清、郑蓉，2007）。因此，本研究中将熵权法与层次分析法相结合，克服主观性对评价结果的影响。

熵权法（Entropy Weight Theory）是一种客观的赋权方法，主要根据各指标的变异程度计算指标的熵权，并对各指标的权重进行修正。

熵权层次分析评价模型思路为首先采用层次分析法确定评价指标的主观权重,然后运用熵权法确定的客观权重进行修正,形成主客观因素兼顾的复合权重(图 4-10)。

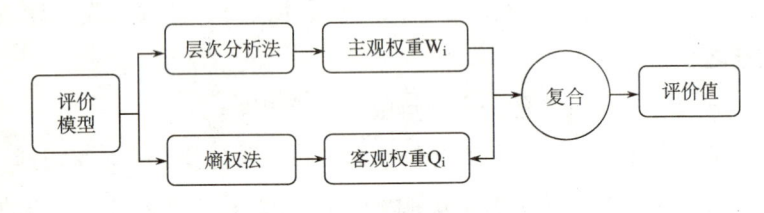

图 4-10 熵权层次分析评价模型分析过程

1. 应用层次分析法获得指标主观权重

首先构建指标两两对比判断矩阵,为了减少主观判断造成的误差,各层判断矩阵的参数先邀请 10 位熟悉交通地理领域的专家各自独立评判确定,然后参考专家的判断值最终确定。根据判断矩阵求解特征向量和特征值,并进行矩阵一致性检验,其计算结果见表 4-3 至表 4-6。

表 4-3 准则层相对目标层判断矩阵

公共交通可达性	公共交通邻近度	公共交通通达度	服务容量	W_i	
公共交通邻近度	1	0.1667	3	0.1618	判断矩阵一致性比例:0.0516;对总目标的权重:1.0000;λ_{max}:3.0536
公共交通通达度	6	1	9	0.7703	
服务容量	0.3333	0.1111	1	0.0679	

表 4-4 公共交通邻近度判断矩阵

公共交通邻近度	公交可达站点数量	到最近地铁站点的距离	到最近公交站点的距离	W_i	
公交可达站点数量	1	0.5	0.25	0.1429	判断矩阵一致性比例:0.0000;对总目标的权重:0.1618;λ_{max}:3.0000
到最近地铁站点的距离	2	1	0.5	0.2857	
到最近公交站点的距离	4	2	1	0.5714	

表 4-5 公共交通通达度判断矩阵

公共交通通达度	公交线路密度	公共交通最短可达时间	W_i	
公交线路密度	1	0.1111	0.1	二阶矩阵不需做一致性检验
公共交通最短可达时间	9	1	0.9	

表 4-6 公共交通服务容量判断矩阵

服务容量	服务人口和就业岗位数	服务的公共服务设施数	W_i	
服务人口和就业岗位数	1	2	0.6667	二阶矩阵不需做一致性检验
服务的公共服务设施数	0.5	1	0.3333	

由表 4-3 至表 4-6 可知,准则层相对目标层的权重:

$$W^{(0)} = [0.1618, 0.7703, 0.0679] \quad (\text{式 4-4})$$

指标层相对于准则层的权重:

$$W^{(1)} = \begin{bmatrix} 0.1429 & 0.2587 & 0.5714 & 0 & 0 & 0 & 0 \\ 0 & 0 & 0 & 0.1 & 0.9 & 0 & 0 \\ 0 & 0 & 0 & 0 & 0 & 0.6667 & 0.3333 \end{bmatrix}$$

(式 4-5)

从而得到指标层的权重为：

$W = W^{(0)} W^{(1)}$

$= [0.0231, 0.0462, 0.0924, 0.0770, 0.6933, 0.0453, 0.0226]$

即：公交可达站点数量的权重为 0.0231，到最近地铁站点的距离的权重为 0.0462，到最近公交站点的距离的权重为 0.0924，公交线路密度的权重为 0.0770，公共交通最短可达时间的权重为 0.6933，服务人口和就业岗位数的权重为 0.0453，服务的公共服务设施数的权重为 0.0226。

2. 应用熵权法获得指标客观权重

第一，数据的方向调整和标准化。由于本研究中，公共交通可达性由 7 个指标集成，其中公交可达站点数量、公交线路密度 2 个指标是正向指标，值越大表示公共交通可达性越好；而到最近地铁站点的距离、到最近公交站点的距离、公共交通最短可达时间、服务人口和就业岗位数、服务的公共服务设施数 5 个指标是逆向指标，值越大表示公共交通可达性越差。因此，在综合集成时将逆向指标取倒数，使其正向化，再按照以下公式对所有数据进行无量纲化处理：

$$Y_{ij} = \frac{X_{ij} - \min X_{ij}}{\max X_{ij} - \min X_{ij}}$$

(式 4-6)

第二，计算各指标输出的熵值。根据信息论的基本原理，信息是系统有序程度的一种度量，而熵是系统无序程度的一种度量。如果系统处于多种不同的状态，而每种状态出现的概率为 P_i ($i = 1, 2, \cdots, m$) 时，则该系统的熵就定义为：

$$E = -k \sum_{i=1}^{m} P_i \ln P_i \, (j=1,2,\cdots,n) \qquad \text{(式 4-7)}$$

当 $P_i = 1/m(i=1,2,\cdots\cdots,m)$ 时，即各种状态出现的概率相等时，熵取最大值，为：

$$E_{max} = \ln m \qquad \text{(式 4-8)}$$

现有待评项目 m 个，评价指标 n 个，形成原始评价矩阵 $R = (r_{ij})_{min}$ 对于某个指标 r_j 有信息熵：

$$E_j = -k \sum_{i=1}^{m} P_{ij} \ln P_{ij} \, (j=1,2,\cdots,n) \qquad \text{(式 4-9)}$$

其中，常数 $K = (\ln m)^{-1}$。

$$P_{ij} = r_{ij} / \sum_{i=1}^{m} r_{ij} \qquad \text{(式 4-10)}$$

由公式可知：熵值越小，指标值的变异程度越大，相应的对评价结果的影响越大，应当赋予较大的权重，反之亦然。

熵权的计算公式为：

$$Q_i = 1 - E_i / m - \sum_{i=1}^{m} E_i \qquad \text{(式 4-11)}$$

根据上述公式计算了基于 1 443 份样本的公共交通可达性指标数据的熵权，结果见表 4-7。

第三，确定指标的综合权数。如评估者根据自己的目的和要求将指标重要性的权重确定为 $W_j, j=1,2,\cdots,n$，结合指标的熵权 Q_i 就可以得到指标 j 的综合权数：

$$\beta_j = W_j Q_j / \sum_{j=1}^{m} W_j Q_j \qquad \text{(式 4-12)}$$

最后得到公交可达站点数量的权重为 0.0329，到最近地铁站点的距离的权重为 0.0663，到最近公交站点的距离的权重为 0.1318，公交线路密度的权重为 0.0714，公共交通最短可达时间的权重为 0.6391，服务人口和就业岗位数的权重为 0.0438，服务的公共服设施数的权重为 0.0147。

表 4-7 指标的熵权值

指标名称	熵权 Q_i	AHP 权重	复合权重
500 米公交可达站点数量	0.143271	0.0231	0.0230
到地铁站的最短距离(倒数)	0.144339	0.0462	0.0464
到最近公交站点的距离(倒数)	0.143430	0.0924	0.0922
500 米公交线路密度(米/平方米)	0.144763	0.077	0.0775
1500 米可达时间(倒数)	0.144114	0.6933	0.6949
500 米服务设施(平均值)(倒数)	0.139388	0.0453	0.0439
500 米服务人口(平均值)(倒数)	0.140696	0.0226	0.0221

第四节 城市公共交通可达性特征

本节对城市公共交通可达性特征的分析,主要指的是对中观层面整个广州市公共交通可达性的总体分析。

一、公共交通邻近度

首先,分析了广州市 500×500 米栅格范围内的常规公共交通站点的邻近度情况。常规公交站点的邻近度呈现出中心—外围的圈层式结构。广州市中心城区的越秀、荔湾、海珠区和天河区南部具有最高的常规公共交通邻近度值,形成高核心区,常规公共交通邻近度值以此为核心逐渐向外围圈层递减扩散。但也可观察到以高核心区为中心,形成两条常规公共交通邻近度值高的南北和东西向走廊。且除了高核心区外,在外围的番禺区中部、萝岗区南部、花都区南部等也零星的出现的公共交通邻近度值较高的小中心。

其次,按照前文所述的方法,分析了广州市 500×500 米栅格的地铁站点的邻近度情况。步行 1 500 米可达地铁站点的栅格主要沿地铁线路呈廊道式分布。且可达时间呈现出由地铁站点向外圈层式增加的特征,即栅格至地铁站点的邻近度值由地铁站点向外圈层式递减。

二、公共交通通达度

1. 公共交通线路密度

通过分析广州市 500×500 米栅格的公交线路密度,可以看出公共交通线路密度也呈现出中心高、外围低的特征,且主要交通感到公共交通线路密集,栅格点公交线路密度大。

2. 公共交通最短可达时间

首先,计算了公共交通站点的最短可达时间,建立的广州市公共交通数据库共包括公交站点 4 020 个,地铁站点 119 个,为了更全面地分析广州市公共交通可达性情况,本研究考虑了常规公交与地铁联合换乘的情况。在分析前,对部分地铁与常规公交重叠的站点归并。同时,剔除分析出现的明显错误点,最后参与公共交通最短可达时间计算的公交站点共有 4 051 个,每个公交站点的公共交通最短可达时间,表示的是该站点使用公共交通到剩下的 4 050 个站点的最短时间之和(具体计算方法见上节所述)。

通过分析发现,广州市公共交通最短可达时间空间差异明显,范围从 4 857~19 185 小时,如计算平均可达时间,则公共交通最短可达时间最少的是天河城总站为 1.2 小时,可达时间最长的是黄埔造船厂站,需 4.74 小时。公共交通最短可达时间的计算结果见图 4-11。由此可知,广州市中心区的公共交通站点可达性时间最短,可达性好,向外围递减。但在番禺区中部形成公共交通可达时间短、可达性较好的小中心。

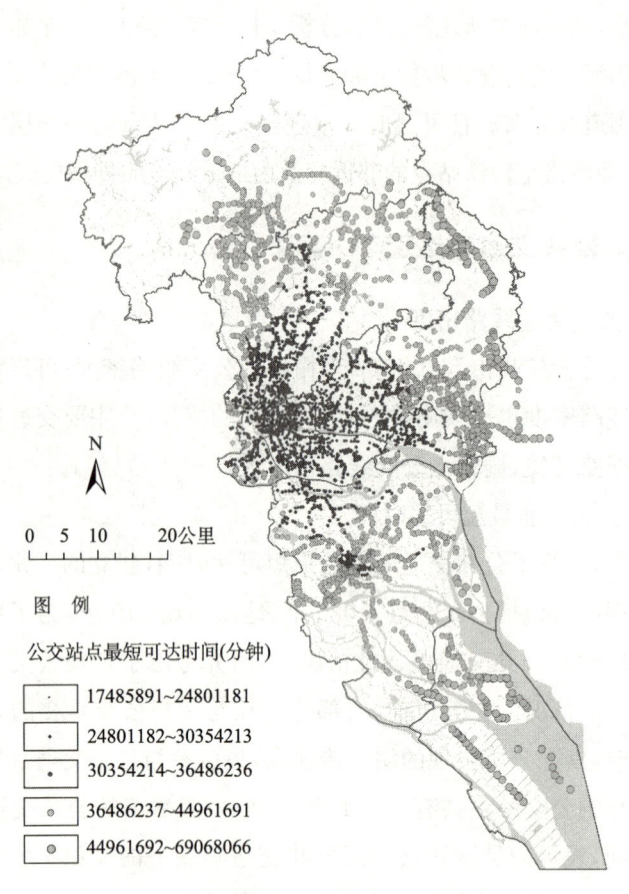

图 4-11 公共交通站点最短可达时间空间分布

第二，计算广州市各 500×500 米栅格点的公共交通最短可达时间。对栅格点公共交通可达时间的计算，分别考虑了步行 500 米到达公共交通站点，和人们步行最大忍受距离 1 500 米到达公共交通站点两种情况。前者，以栅格中心点做 500 米缓冲区，若该缓冲区内没有公交站点，则认为该栅格公交不可达；后者以栅格中心点做 1 500 米缓冲区，若该缓冲区内没有公交站点，则认为该栅格公交不可达。将这两种情况结合起来进行分析,将提高分析的精度。

使用两种到公交站点的最大步行距离计算出的各栅格的可达时间值相差不大,计算平均值后,可达时间范围均在 1.33~4.74 小时以内。由图 4-12 也可知,两种方法计算出来的公交最短可达时间在空间上均呈现出中心可达时间短,外围长的圈层式分布结构。比较基于 500 米和 1 500 米设定的两种栅格到公交站点步行距离的广州市栅格公交最短可达时间,可以发现后者的可达性圈层在前者的基础上明显外拓。基于 1 500 米步行距离计算的公交最短可达时间中,公交可达的栅格达到 14 199 个,占总栅格数 24 140 个的 58.82%,而基于 500 米步行距离计算的公交最短可达时间中,公交可达的栅格仅为 6 777 个,占总栅格数 24 140 个的 28.07%。由此

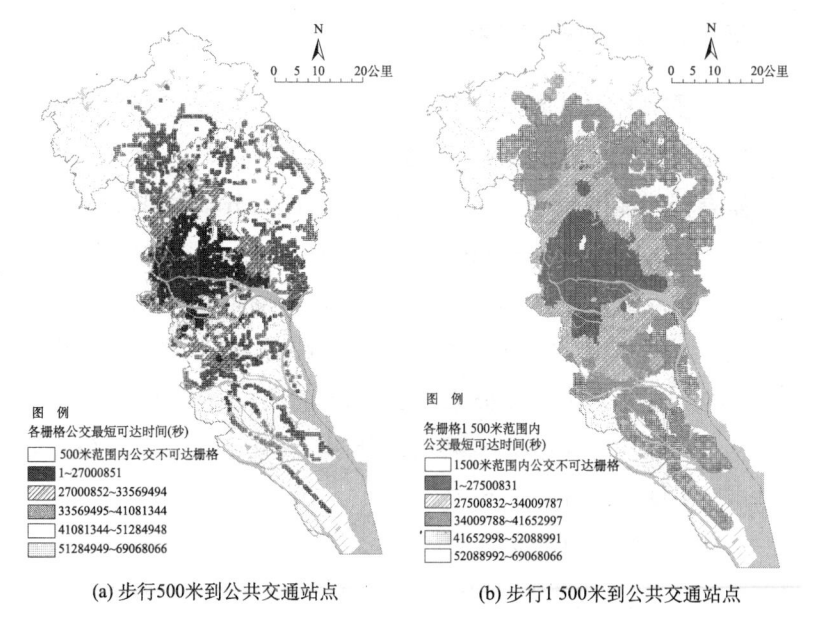

(a) 步行500米到公共交通站点　(b) 步行1 500米到公共交通站点

图 4-12　广州市 500×500 米栅格的最短可达时间空间分布

也可看出,从广州市所有市辖区来看,仅有 58.82% 的区域在 1 500 米步行距离内有公交站点,而在 500 米步行距离内有公交站点的区域更少,仅为 28.07%。

公交不可达的区域主要分布在花都、南沙等外围地区,都会区的公交通达度较好。当统计除花都、南沙以外的荔湾、越秀、天河、海珠、黄埔、萝岗 6 区的公交可达栅格数,可以看到公交可达的栅格数百分比大大增加。基于 1 500 米步行距离计算的公交最短可达时间中,公交可达的栅格仅为 11 579 个,占 6 区总栅格数 14 503 个的 79.84%,即使在基于 500 米步行距离计算的公交最短可达时间中,公交可达的栅格也达到 5 956 个,占 6 区总栅格数 14 503 个的 41.07%。总的来看,公共交通通达性好的区域主要集中在广州市的都会区。

三、公共交通服务容量

1. 公交站点服务的人口

按照前文所述的方法计算了各站点的服务人口,各站点服务人口的差异较大,但与公交站点密度和人口密度的分布不同,公交站点服务人口并未出现中心—外围的圈层模式,而是呈现出中心和外围区域公交站点服务人口多,其余地区相对均衡的特征。由图 4-13 可知,站点服务人口较多的区域主要集中在两类区域:一是人口密集的中心区域,如在越秀区服务人口数最多的公交站点服务人口达 15 841 人;一是公交站点相对稀疏的外围区域。其余地区的公共交通站点服务的人口数差异相对较小。

从各区公共交通站点服务人口的空间分布来看,越秀区由于人口密度非常高,人口数大,虽然有较多的公交站点,但各公交站点平均服务的人口数仍然在各区中最大,达 3 860 人。花都区由于公共交通站点密度低,各站点服务的区域面积大,因此各站点平均服务的

(a) 公交站点泰森多边形人口分区 (b) 公共交通站点服务人口

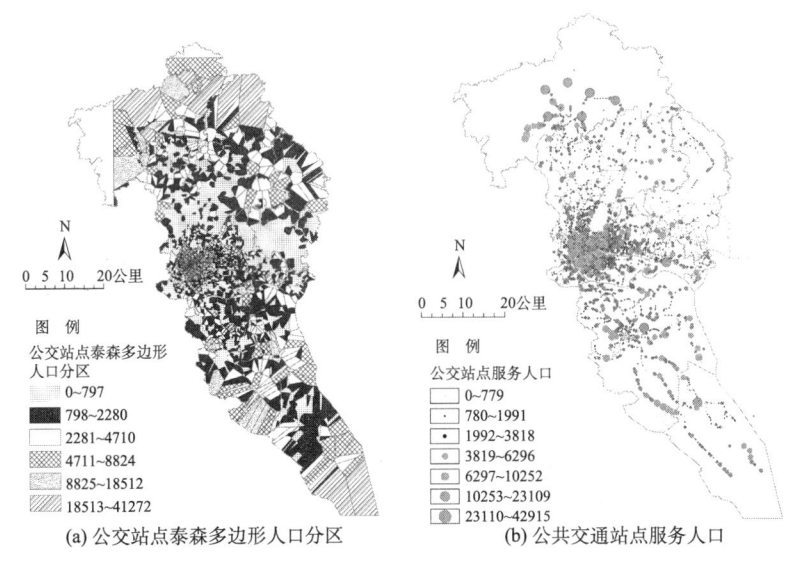

图 4-13　各公共交通站点服务人口空间差异

人口数也较多,达 2 715 人。白云区和萝岗区各公交站点服务的平均人口数最低,分别为 572 人和 921 人(图 4-14)。

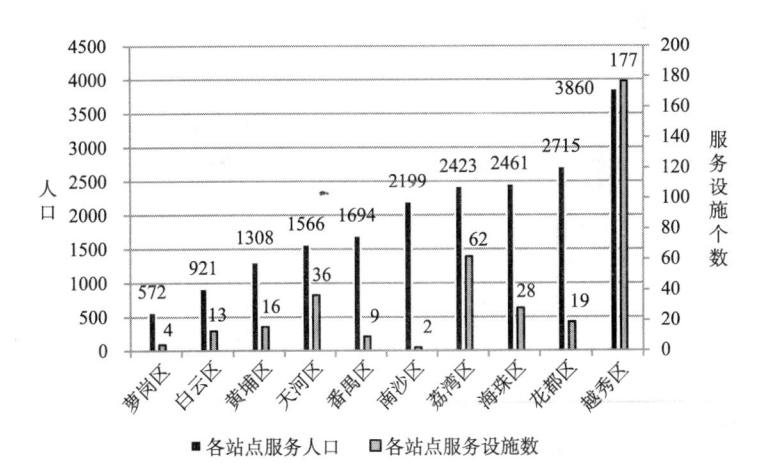

图 4-14　广州市 500×500 米栅格的最短可达时间空间分布

2. 公交站点服务的公共服务设施

服务的公共服务设施数量会影响乘坐公共交通的人流量和公交的拥挤程度等，从而影响公共交通可达性。因此，在这一部分的分析中，主要考虑会吸引人流的服务设施，将公共交通数据库 9 039 个设施点中的供水、供电、燃气等市政基础设施点剔除，将餐饮、对外交通、教育、商业金融、文化娱乐、行政管理、医疗卫生、邮政电信设 8 类共 8 071 个公共设施点纳入分析。

由于公共服务设施主要集中在中心城区，即使在中心城区有很高的公交站点密度，公交站点服务的公共设施数量仍然呈现出中间很高，外围低的空间分异特征。从各区公交站点服务的公共设施数量进一步验证了这样的空间分异情况，在越秀区每个公交站点平均服务的公共设施数量高达 177 个，其次是荔湾区 62 个，天河区 36 个，而最低的南沙区仅为 2 个（图 4-15）。

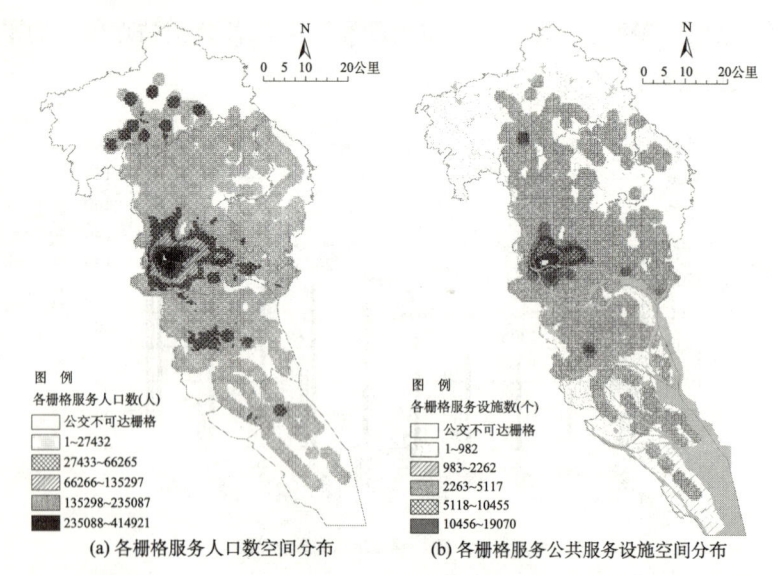

(a) 各栅格服务人口数空间分布　　(b) 各栅格服务公共服务设施空间分布

图 4-15　广州市 500×500 米栅格服务的人口和公共设施分布

最后,以栅格中心点做 1 500 米缓冲区,以求和的方法将公交站点服务人口和服务公共服务设施属性赋予给公交可达栅格。结果见图 4-16。

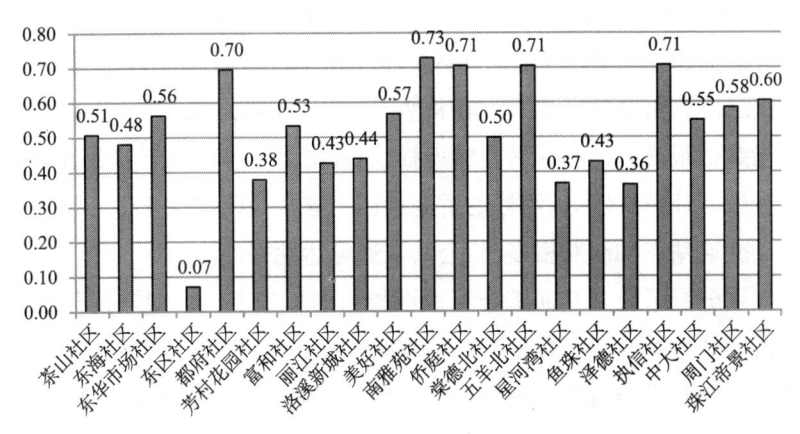

图 4-16　各社区公共交通综合可达性指数平均值

第五节　个体样本的公共交通可达性特征

在中观层面对广州市市辖区的公共交通可达性分析的基础上,本研究还在微观层面从人的角度出发对个体样本的公共交通可达性进行分析,以作为研究公共交通可达性对小汽车拥有和使用影响的基础。

按照第三节所述的方法,在对个人步行 500 米范围内的公交站点数量、公交线路密度、公交站点服务人口数平均值、服务设施个数平均值、到地铁站最短距离、到最近公交站点的距离、公交最短可达时间共 7 个指标进行正向化、标准化后,按照计算得到的权重加权求和,得到 1 443 个样本的公共交通综合可达性指数值。该指数从 0

至1,越大表示公共交通可达性越好。

结果表明,1 443个样本中,公共交通综合可达性指数最高的是0.8003,位于越秀区五羊北社区;公共交通综合可达性指数最低的是0.0556,位于萝岗区东区社区。为了进一步分析各社区样本的公共交通综合可达性指数,根据社区以求平均值的方式获得各社区的公共交通综合可达性指数值,结果见图4-16,可知公共交通综合可达性指数值最高的为越秀区南雅苑社区,其次是越秀区五羊北社区、执信社区、都府社区和天河区的侨庭社区。这些社区均位于中心城区,公共交通站点和线路密度高,公共交通可达性好。

在分析了公共交通综合可达性指数的基础上,进一步分析公共交通综合可达性各指标值分布的空间特征。由表4-8可知,1 443个样本在500米步行范围内公交站点数最大值为14个,样本主要位于越秀区的都府社区,最小值为1,包括丽江花园社区、茶山社区和东海社区的部分样本。从各社区的公共交通可达站点数量来看,位于都府社区、周门社区、五羊北社区、芳村花园社区的样本在500米范围内的公共交通站点数量较多。而茶山社区、东海社区、星河湾社区的样本在500米范围内的公共交通站点数量较少(图4-17)。

表4-8 个体样本公共交通可达性特征的描述性统计(N=1443)

	最大值	最小值	均值	标准差
500米范围内公交站点数	14	1	6	2.59
到地铁站的最短距离(米)	7 903.97	13.18	1 107.09	1 414.72
到最近公交站点的距离(米)	588.48	8.54	184.55	106.61
500米公交线路密度(公里/平方公里)	102.94	0.03	32.12	24.82
公交最短可达时间(小时)	10 666.87	5 547.38	6 642.68	961.00

续表

	最大值	最小值	均值	标准差
500 米范围内公交站点服务人口数平均值（人）	5 043	25	480	563.36
500 米范围内公交站点服务设施数平均值（个）	81	0	11	11.67
综合公共交通可达性指数	0.8003	0.0556	0.5304	0.1489

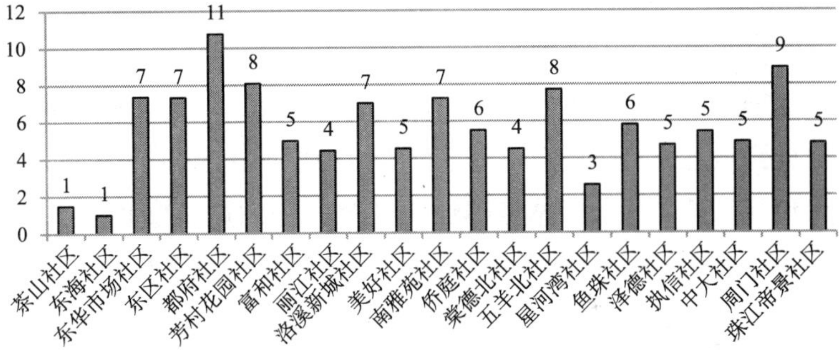

图 4-17 各社区到可达公交站点数量平均值

从到地铁站最短距离指标来看，1 443 个样本中，到地铁站点的距离最远的样本位于萝岗区的东区社区，达到 7 904 米；最近的样本位于越秀区五羊北社区，距离为 13.18 米。从各社区样本到地铁站最短距离的平均值来看，五羊北社区、鱼珠社区、美好社区等距离地铁站很近，而东区社区的样本距离地铁站点很远，其次是泽德社区，距离最短地铁站点 2 503 米（图 4-18）。

从到最近公交站点的距离指标来看，1 443 个样本中，到最近公交站点的距离最远的样本位于越秀区东华市场社区，为 588.48 米；

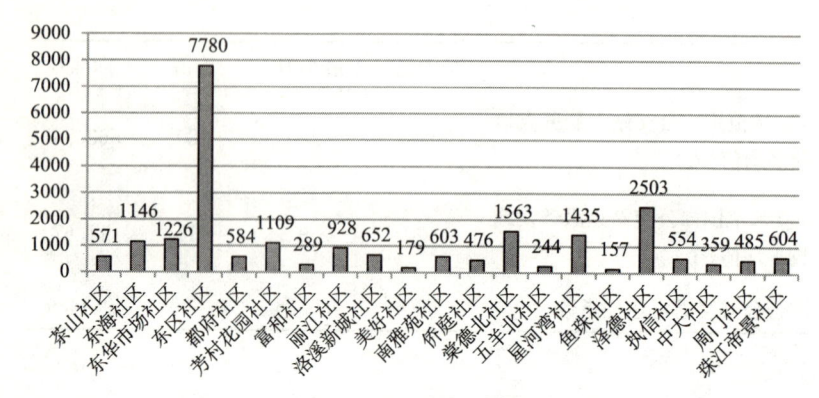

图 4-18　各社区到地铁站最短距离平均值

最近的样本位于棠德北社区，距离为 8.54 米（图 4-19）。总的来看，各社区到最近公交站点的距离平均值均小于 500 米，说明样本周边均可以较快的到达公交站点，但周边公交可达站点的数量却有较大差距，且由于公共交通的特殊性，其受特定运行线路和站点的影响。虽然样本点 500 米范围有公交站点，但乘坐公共交通到达的空间范围仍然受到限制，因此各社区样本的公共交通可达性仍然差别较大。

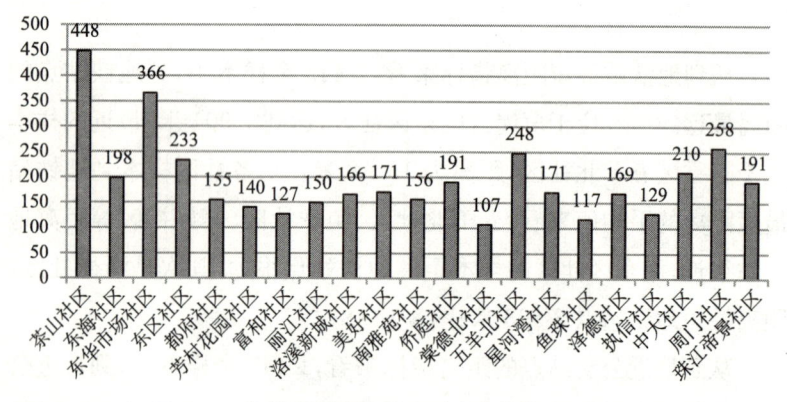

图 4-19　各社区到最近公交站点最短距离平均值

从公交线路密度指标来看,最大值为102.94,位于越秀区的执信社区;最小值为0.0264,位于荔湾区的东海社区(图4-20)。总的来看,各社区的公交线路密度差异较大,执信社区、都府社区公交线路密度最大,分别达到85.64和80.97;其次是南雅苑社区、美好社区、侨庭社区、周门社区,分别达到61.82、59.38、51.14和44.96。公交线路密度高的社区主要位于中心城区。外围的丽江社区、鱼珠社区、东海社区公交线路密度相对较低。

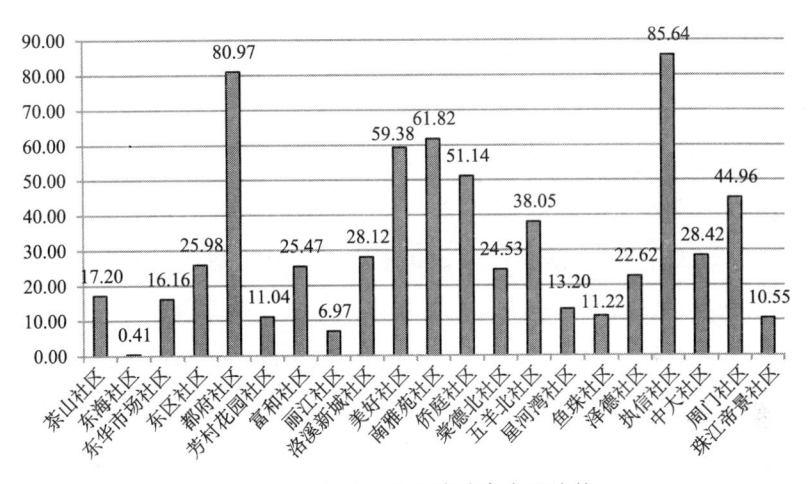

图4-20 各社区公交线路密度平均值

从公交最短可达时间来看,最大值为10 666.87小时,样本位于萝岗区的东区社区;最小值为5 547.38小时,样本位于越秀区的五羊北社区(图4-21)。各社区公交最短可达时间平均值中,东区社区最高,说明从东区社区出发到达所有公交站点所花的时间最多,白云区的泽德社区、番禺区的星河湾社区和荔湾区的芳村花园社区的公交最短可达时间也较大。而南雅苑社区、五羊北社区、侨庭社区、都府社区的公交最短可达时间较少,公交可达性相对较好。

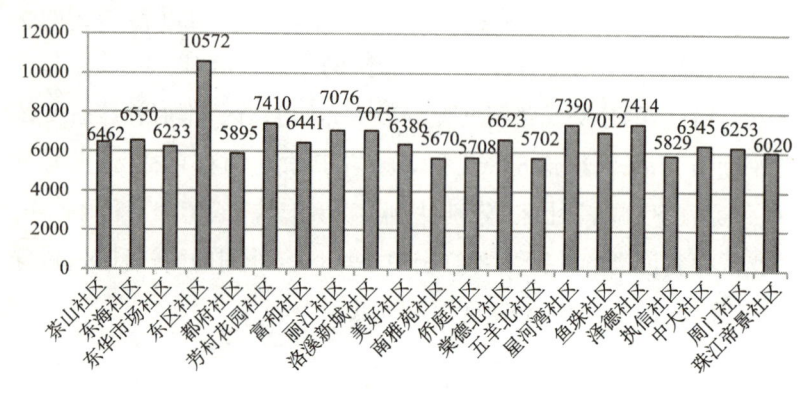

图 4-21　各社区公交最短可达时间平均值

从样本点周边 500 米范围内公交站点服务人口数平均值来看，最小的为每个公交站点服务 25 人，而最多的达每个公交站点服务 5 043 人（图 4-22）。从各社区 500 米范围内公交站点服务人口数平均值来看，茶山社区、中大社区的样本周边公交站点服务的人口数最多。东区社区、芳村花园社区、丽江社区周边的公交站点服务的人口相对较少。

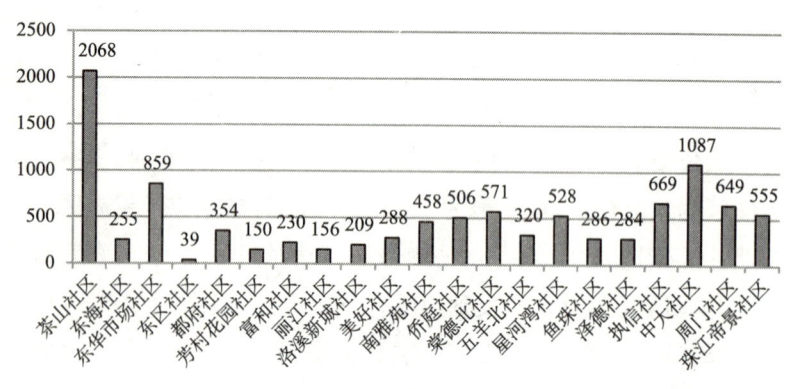

图 4-22　各社区 500 米范围内公交站点服务人口数平均值

从样本点周边 500 米范围内公交站点服务公共服务设施数平均值来看，最多的达每个公交站点服务 81 个设施（图 4-23）。从各社区 500 米范围内公交站点服务设施数平均值来看，执信社区、侨庭社区、都府社区周边的公交站点服务的设施数最多，而东区社区、丽江社区、星河湾社区等周边的公交站点服务的设施数相对较少（图 4-24）。

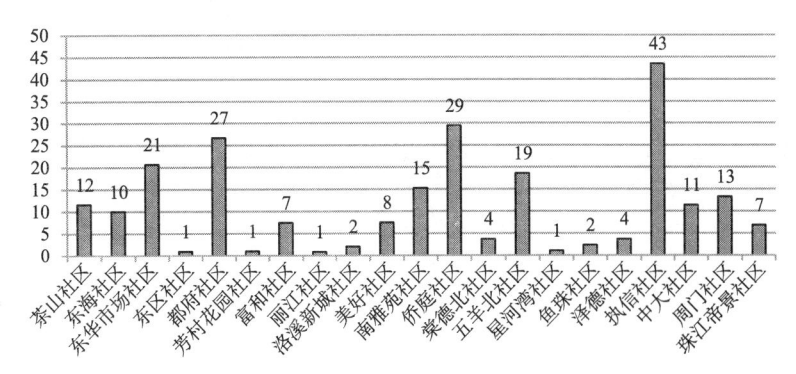

图 4-23　各社区 500 米范围内公交站点服务设施数平均值

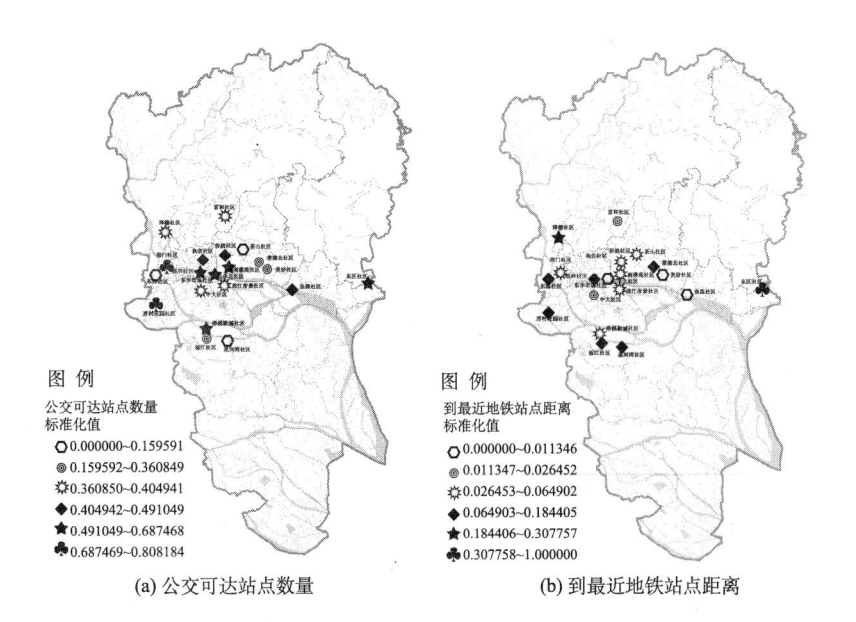

(a) 公交可达站点数量　　(b) 到最近地铁站点距离

142　特大城市公共交通可达性与小汽车出行决策

图例
到最近公交站点距离
标准化值
○ 0.000000~0.063443
◎ 0.063444~0.144611
✿ 0.144612~0.186988
◆ 0.186989~0.301888
★ 0.301889~0.442846
♣ 0.442847~1.000000

(c) 到最近公交站点距离

图例
公共交通最短可达时间
标准化值
○ 0.000000~0.011346
◎ 0.011347~0.026452
✿ 0.026453~0.064902
◆ 0.064903~0.184405
★ 0.184406~0.307757
♣ 0.307758~1.000000

(d) 公交最短可达时间

图例
公交站点服务人口
标准化值
○ 0.000000~0.057893
◎ 0.057894~0.106491
✿ 0.106492~0.138700
◆ 0.138701~0.310528
★ 0.310529~0.516297
♣ 0.516298~1.000000

(e) 公交站点服务人口

图例
公交站点服务设施
标准化值
○ 0.000000~0.034740
◎ 0.034741~0.066868
✿ 0.066869~0.252327
◆ 0.252328~0.465505
★ 0.465506~0.670518
♣ 0.670519~1.000000

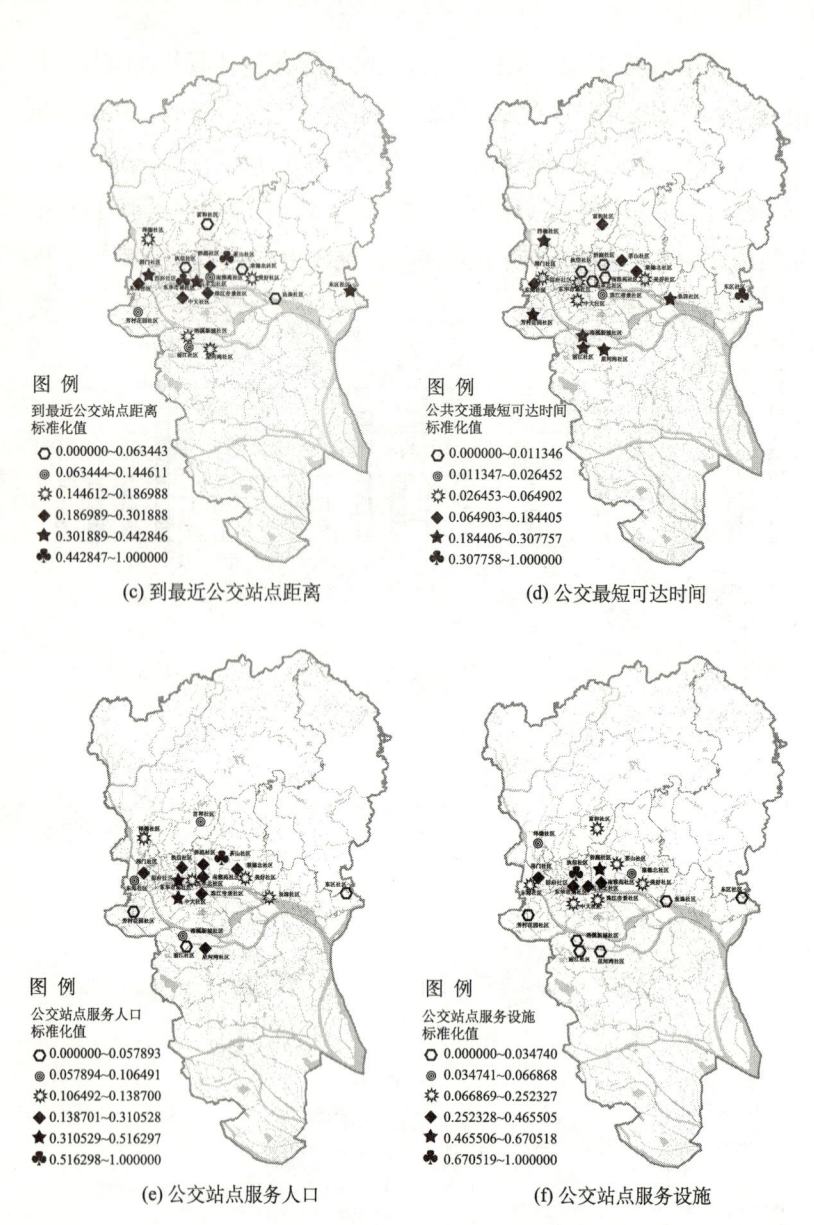

(f) 公交站点服务设施

图 4-24　社区公共交通可达性指标空间分布

第六节 小 结

本章综合考虑步行、换乘、等候、线路走向、服务频率等因素对公共交通可达性的影响,从公共交通邻近度、公共交通通达度、服务容量三个方面选择指标构建公共交通可达性的测度指标体系。三大类指标在一定程度上分别表征了到达公共交通站点的可达性、公共交通旅程可达性和通过公共交通到达目的地的可达性。并基于提出的公共交通可达性各指标测度方法从中观和微观两个层面对广州市公共交通可达性进行分析。

研究结果表明:广州市城市公共交通可达性有较大的空间差异性,呈现出中心—外围的圈层式结构与触角式公共交通廊道并存的特征。从广州市公共交通站点的邻近度、地铁邻近度、公交线路密度、公交最短可达时间等指标来看,均反映出广州市城市公共交通可达性具有中心—外围的圈层式结构,中心区可达性好,外围区域可达性差。除了高核心区外,在外围的番禺区中部、萝岗区南部、花都区南部等也零星地出现了公共交通可达性较高的小中心。此外,以公共交通可达性高值核心区为中心,也形成了部分触角式的公共交通可达性好的廊道。

第五章 基于社区的小汽车拥有和使用特征

本章在第三章对广州市公共交通和小汽车交通演化与现状分析、第四章对广州市公共交通可达性特征分析的基础上,说明抽样样本的总体特征。并基于家庭和个人样本重点讨论了家庭小汽车拥有特征和小汽车使用特征。

第一节 样本总体特征

采用模糊动态聚类分析的方法选取公交线路网密度、公交站点覆盖率、到中心区的距离、人口与就业岗位数密度四个抽样指标抽样出 20 个街道。再综合考虑社区类型、人口规模、密度等情况,在抽样出来的街道中选择 21 个社区进行问卷调查。并根据社区人口,采用 PPS 法,按照社区人口 1%～2% 的比率发放问卷 1 508 个家庭,最后回收有效问卷得到家庭样本 1 443 户,个体样本 2 066 人。

居民的属性特征一般包括居民的个体属性,如年龄、性别、职业、收入、受教育程度;居民的家庭属性,如婚姻状况、家庭结构、家庭生命周期等。由于居民的属性特征会直接影响到居民小汽车的购买、交通方式的选择和出行行为,因此,在此特别对 1 443 份家庭样本和 2 066 份个体样本的总体属性特征进行分析。

一、样本的个人属性

1. 性别

从抽样居民的性别来看,男女人数大致相当,分别为 1 013 人和 1 053 人,男女人数占样本总数的比例分别为 49% 和 51%。从各社区的性别构成来看,除茶山、东华市场、洛溪新城和美好社区外,其他社区的男女比例均较接近(表 5-1)。

表 5-1　问卷调查样本性别构成

社区名称	样本数 男	样本数 女	比率 男	比率 女
茶山社区	42	30	58%	42%
东海社区	24	23	51%	49%
东华市场社区	62	51	55%	45%
东区社区	38	40	49%	51%
都府社区	67	64	51%	49%
芳村花园社区	56	60	48%	52%
富和社区	37	37	50%	50%
丽江社区	105	101	51%	49%
洛溪新城社区	29	43	40%	60%
美好社区	32	46	41%	59%
南雅苑社区	79	77	51%	49%
侨庭社区	60	55	52%	48%
棠德北社区	91	111	45%	55%
五羊北社区	43	37	54%	46%
星河湾社区	32	38	46%	54%
鱼珠社区	36	41	47%	53%

续表

社区名称	样本数 男	样本数 女	比率 男	比率 女
泽德社区	31	37	46%	54%
执信社区	44	48	48%	52%
中大社区	23	26	47%	53%
周门社区	28	33	46%	54%
珠江帝景社区	54	55	50%	50%
总体	1 013	1 053	49%	51%

2. 年龄

从年龄结构看,样本居民中以中青年为主,其中30～39岁的被访者占样本总量的42.9%,18～29岁的被访者占样本总量的30.0%,60岁及以上的老年人比重最小,仅为样本总量的4%(图5-1)。

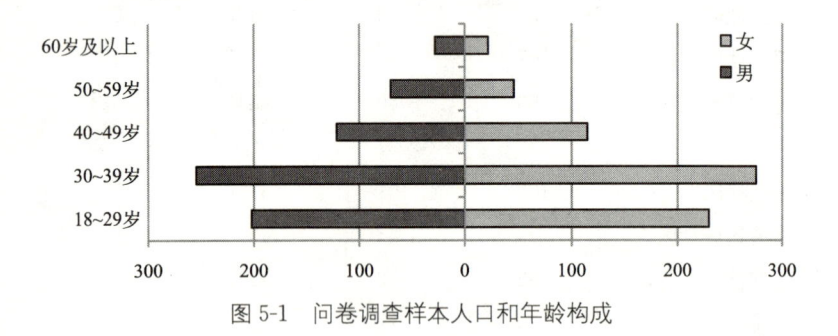

图5-1 问卷调查样本人口和年龄构成

从图5-2来看,泽德、中大、东海和南雅苑社区的18～29岁的青年被访者最多,占各自社区样本总量的比重均在40%以上;美好、五羊北、执信、富和社区的30～39岁的受访者最多,其占比均在55%以上;所有社区中,洛溪新城社区60岁及以上的老年被访者最多,占社区样本总量的 9.7%。

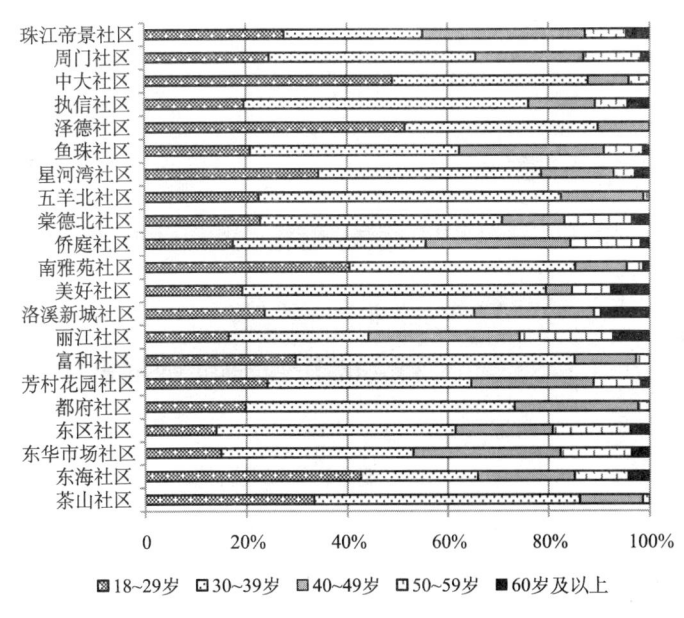

图 5-2　各社区受访者的年龄结构

3. 职业

在问卷调查中,我们将职业分为了国家机关、党群组织、企事业单位管理人员,专业技术与文教科技人员(医生、教师、律师等),事务人员(机关、企业、团体的一般职员),私营业主(企业、商店等私营者),商业、服务业人员,军人,农、林、牧、渔、水利业生产人员,生产运输设备操作建筑工人,学生,离退休人员及无业人员等 11 类。根据调查,每一类职业均有被访者涉及。

为了研究方便,将居民职业分为四大类:白领(包括国家机关、党群组织、企事业单位管理人员,专业技术与文教科技人员,军人)、蓝领(事务人员,商业、服务业人员,农、林、牧、渔、水利业生产人员,生产运输设备操作建筑工人)、私营业主、退休或无业人员(学生、离退休人员和无业人员)。

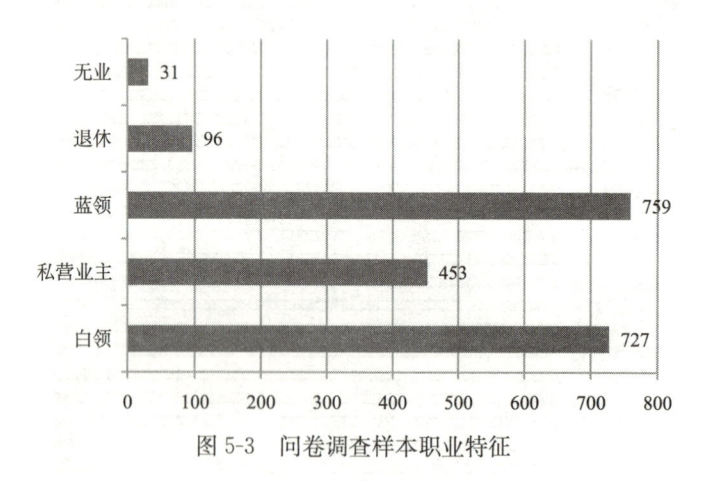

图 5-3 问卷调查样本职业特征

- 无业 31
- 退休 96
- 蓝领 759
- 私营业主 453
- 白领 727

抽样居民中,蓝领和白领职业最多,分别占总样本数的36.7%和35.2%;私营业主其次,占总样本数的21.9%;退休人员占4.6%;无业人员最少,占总样本数的1.5%(图5-3)。

从不同社区的居民职业特征来看,茶山社区、中大社区等大学教职工的居住区,白领居民的比例较大,分别为69.4%和46.9%。芳村花园社区居民以国家机关、党群组织、企事业单位管理人员及专业技术人员为主,白领比较集中,达58.6%。珠江帝景社区由于2005年才建成,住宅较新,且地理区位好,拥有临江景观,也吸引了大量的白领居住,白领比例达到53.2%。侨庭、泽德、周门和鱼珠社区的蓝领居民占社区样本总数的比例最大,分别为55.7%、51.5%、50.8%和50.6%(图5-4)。

4. 受教育程度

在问卷中,本研究将居民受教育程度分为不识字或初识字、小

图 5-4　各社区问卷调查样本职业构成

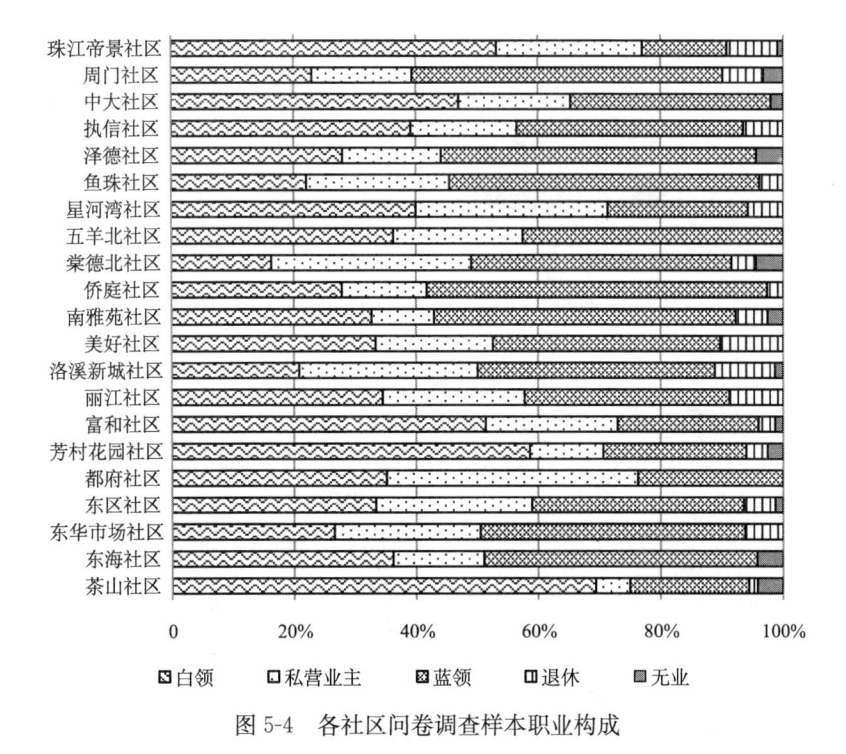

学、初中、高中(含中专、职高)、大专、大学本科、研究生及以上 7 个级别。为便于比较,将居民受教育程度分为高、中、低三个层级:大专、大学本科、研究生及以上的高学历居民,高中、中专、职高等中学历居民,初中及以下学历的低学历居民。

调查样本中学历在大专及以上的高学历居民占绝大多数,占总样本的 58.5%;其次是初中及以下的低学历居民,占总量的 21.3%;中等学历的最少,占总量的 20.2%(图 5-5)。

中大、珠江帝景和五羊北社区以高学历居民为主,高学历居民占各自社区样本总数的比例分别为 79.6%、75.2% 和 70.0%。其次是

图 5-5　问卷调查样本受教育程度

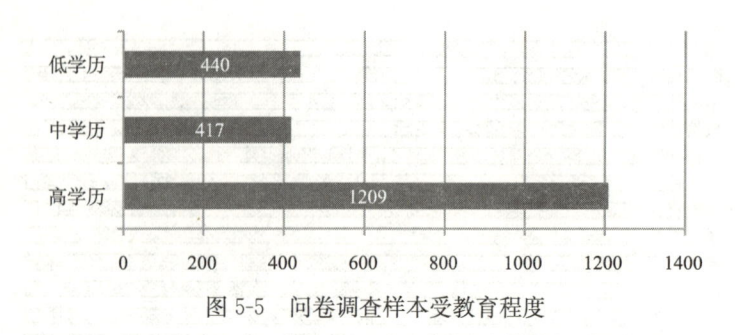

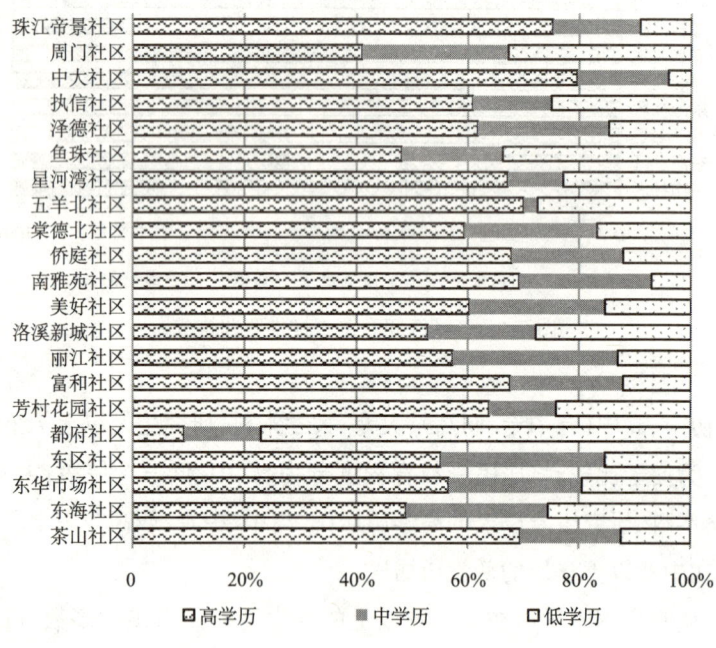

图 5-6　各社区问卷调查样本学历构成

茶山、南雅苑社区,高学历居民比例分别占 69.4% 和 69.2%。而在所有案例社区中,都府社区的低学历居民最多,占总量的 77.1%;鱼珠社区、周门社区低学历的居民比例也较高,分别为33.8%和32.8%(图5-6)。

5. 收入水平

目前,学术界和政府部门都缺乏对城市居民收入水平划分的统一标准。统计局通常将城镇居民的收入按照人口比例进行五等分,最低20%为低收入者,最高20%为高收入者,介乎二者之间的分别是中低收入、中等收入以及中高收入(张艳、柴彦威,2011)。

为了便于研究统计和分析,参考统计局对城市居民收入水平的划分标准,根据家庭人均月收入水平将样本分为三等:中低收入(包括低收入及中低收入样本)、中等收入、高收入(包括中高收入及高收入样本)。

根据2011年《广州市统计年鉴》,2010年广州市城市居民家庭人均年可支配收入为30 658.49元,20%最高与最低收入户人均年可支配收入分别是54 963.48元、11 048.05元。将城市居民人均可支配收入平均到12个月近似替代个人月收入水平,得到全市平均水平为2 555元/月,20%最低收入为921元/月,20%最高收入为4 580元/月。参考以上数值并结合样本个人月收入的分布,采取家庭人均月收入2 000元及以下的样本作为广州市中低收入者,2 000~5 999元为中等收入者,6 000元及以上为高收入者。

从问卷样本收入水平的整体情况来看,主要以中等收入者为主,占66.1%;其次是高收入者,占26.2%;中低收入者样本数最少,为159个,占样本总数的7.7%(图5-7)。

从各社区问卷样本的收入构成来看,珠江帝景社区高收入居民最多,占样本总数的60.6%,中低收入居民仅占3.7%,属于高收入社区。其次,星河湾、芳村花园和五羊北社区的高收入居民也较多,占各自社区样本总数比例分别为45.7%、41.4%和41.4%,且中低

图 5-7　问卷调查样本收入

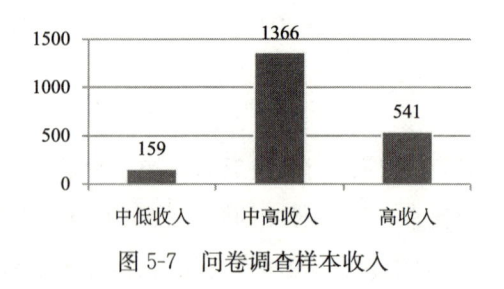

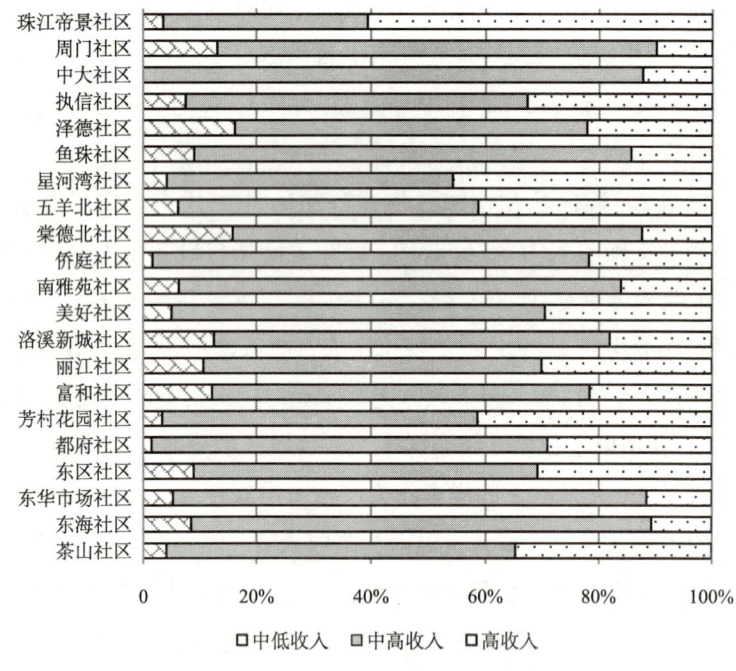

图 5-8　各社区问卷调查样本收入构成

收入居民比例很小,仅为 4.3%、3.5% 和 6.3%,属于高收入社区(图5-8)。茶山、执信、东区社区高收入居民比例较高,且低收入比例较低,属于较高收入社区。

中低收入居民样本数多的社区为泽德、棠德北和周门社区等,分别占各自社区样本总数的 16.2%、15.8%和 13.1%,且高收入居民比例低,分别为 22.1%、12.4%和 9.8%,属于中低收入社区。

二、样本的家庭属性

家庭作为社会生活的基本单元,其特征将直接影响到居民的日常行为模式。从而影响居民交通方式选择和交通出行行为。

1. 家庭结构

对于家庭结构和类型分类的方法有多种。人类学、社会学通常参照 G. P. 默多克提出的方法,将其分为核心家庭、复婚家庭和扩大家庭。其中,核心家庭是指由父母及其未婚子女所组成的家庭模式,又可分为夫妇核心家庭、标准核心家庭和缺损核心家庭;扩大家庭是指由有共同血缘关系的父母和已婚子女,或已婚兄弟姐妹的多个核心家庭组成的家庭模式。而我国城镇居民抽样调查制度执行的则是一种较为细致的分类,以家庭成员和户主的关系为依据,把人口要素和世代层次结合来分类,一般分为 9 种类型:单身户、一对夫妇户、两代单亲户、两代人 1 个小孩、两代人 2 个小孩、两代人多个小孩、与父母、三代人、其他。

在问卷调查时,为了便于被访者理解,将选项设置为 10 类:单身户、一对夫妇、单亲家庭带小孩、一对夫妇 1 个小孩、一对夫妇 2 个小孩、一对夫妇多个小孩、夫妻与父母同住、单身与父母同住、三代人家庭、其他。

为了更好地进行特征描述总结,参考城镇居民抽样调查的家庭结构类型划分标准,结合"核心家庭"的概念和问卷调查结果,按照以下 6 种家庭类型的划分来描述:单身户、夫妇核心家庭(一对夫妇)、缺损核心家庭(单亲家庭带小孩)、标准核心家庭(包括一对夫妇 1 个小孩、一对夫妇 2 个小孩、一对夫妇多个小孩、单身与父母同住），二代直系家庭（指子女婚后未育与父母同住，对应调查中的夫妻与父母同住），三代家庭。

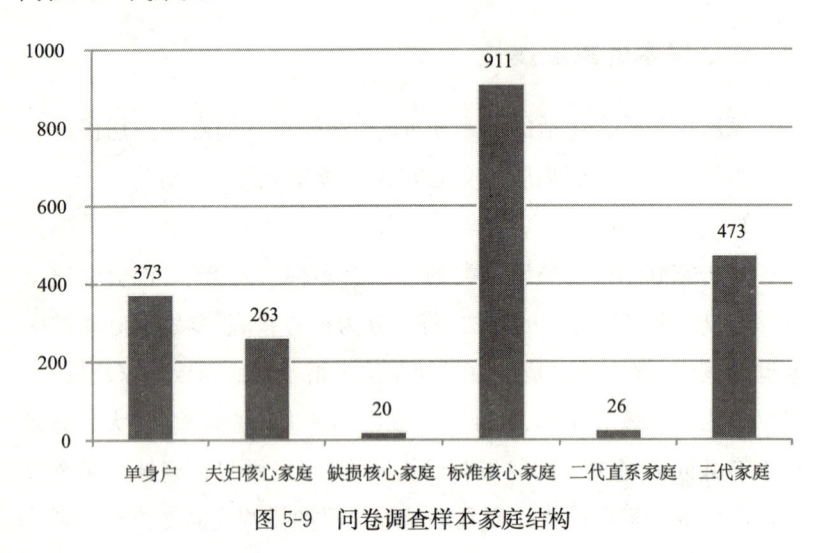

图 5-9 问卷调查样本家庭结构

从样本总体情况来看，以核心家庭为主，共有 1 194 个样本，占样本总数的 57.8%（图 5-9）。其中，标准核心家庭最多，有 911 个样本，占总样本的 44.1%，其次是夫妇核心家庭，缺损核心家庭较少，仅有 20 个样本。三代人家庭也较多，共有 473 个样本，占样本总数的 22.9%，单身户家庭样本 373，占 18.1%。

棠德北、东华市场、东区、美好和侨庭社区的标准核心家庭占各社区样本总量的比重最高，分别达 56.9%、56.6%、56.4%、53.8% 和 53.0%。珠江帝景、都府社区的三代家庭比重最高，分别占 45.0% 和 39.7%。中大、星河湾和泽德社区的单身户家庭占比最高，分别为 32.7%、31.4% 和 29.4%（图 5-10）。

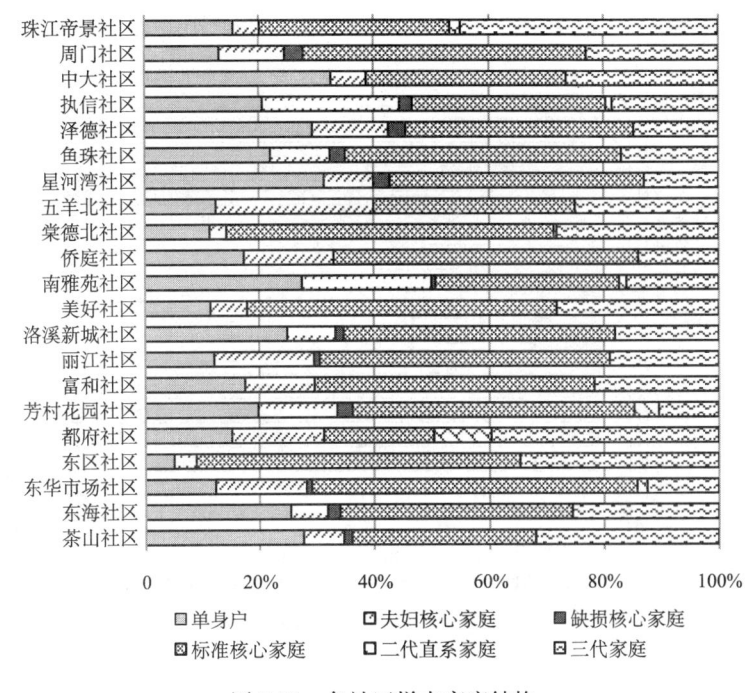

第五章 基于社区的小汽车拥有和使用特征　155

图 5-10　各社区样本家庭结构

图例：□单身户　☒夫妇核心家庭　■缺损核心家庭　⊠标准核心家庭　□二代直系家庭　▨三代家庭

2. 家庭规模

调查样本家庭以 3～4 名成员为主。家庭规模为 3 人的家庭样本为 717 户，占样本总量的 34.7%，规模为 4 人的 363 户，占总量的 17.6%。单身户家庭居第三位，样本量 359 户，占 17.4%（图 5-11）。

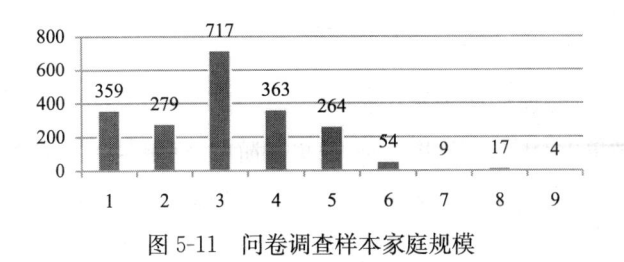

图 5-11　问卷调查样本家庭规模

图 5-12 各社区家庭规模构成

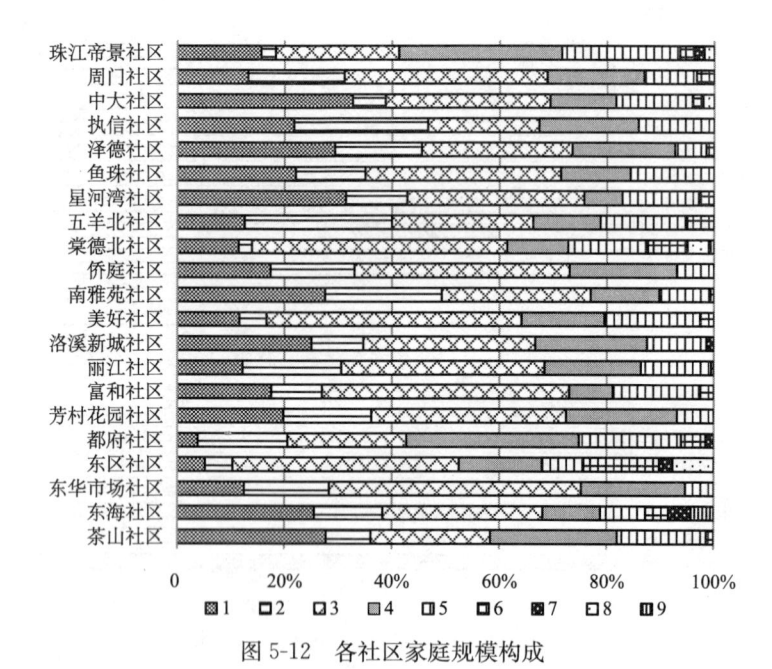

南雅苑、执信、泽德、星河湾社区的家庭规模相对较小(图 5-12)。家庭人口在 2 人及以上的家庭分别占各社区家庭总量的 49.4%、46.7%、45.6% 和 42.9%。东区、珠江帝景和棠德北社区的家庭规模相对较大,家庭人口在 5 人及以上的家庭占总量的比重分别为 32.1%、28.4% 和 27.2%,人口在 2 人及以下的家庭占比分别为 10.3%、18.3% 和 13.9%。

3. 家庭生命周期

从家庭生命周期来看,主要可以分为 6 种类型:单身阶段、新婚阶段、满巢 I 阶段、满巢 II 阶段、满巢 III 阶段、空巢与独居阶段。新婚阶段家庭指的是只有夫妻两人,并且年龄小于 50 岁的家庭;满巢 I 阶段的家庭指的是有学龄前小孩的家庭;满巢 II 阶段指的是有学龄孩子的家庭;满巢Ⅲ阶段家庭指的是有成年孩子的家庭;空巢与独居阶段家庭指的是只有一代的家庭,且成员年龄大于50岁。

从样本总体来看,大多数家庭处于满巢阶段。其中,满巢Ⅱ阶段样本最多,为531户,占总样本的25.7%;其次为满巢Ⅰ阶段,占样本总数的比例为23.6%;满巢Ⅲ阶段的家庭有396户,占19.2%。单身阶段家庭也较多,为372户,占总量的18.0%,空巢与独居的家庭最少,仅有47个,占2.3%(图5-13)。

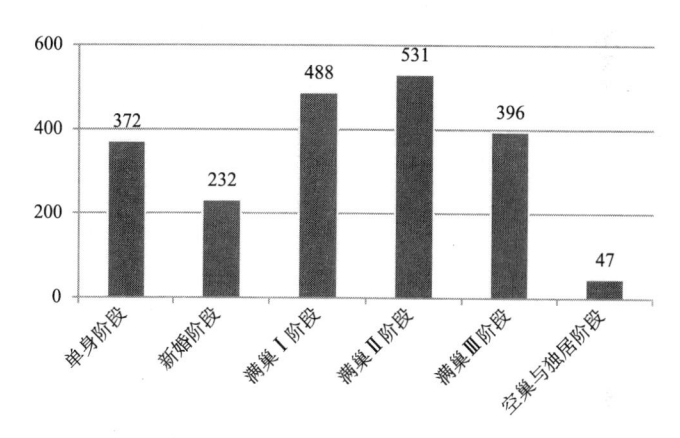

图5-13 问卷调查样本家庭生命周期

各社区中,美好、珠江帝景、东区和富和社区的满巢Ⅰ阶段家庭最多,分别占各社区家庭总样本的46.2%、41.3%、39.7%和39.2%,茶山、鱼珠、东华市场、侨庭社区的满巢Ⅱ阶段家庭所占比重最高,分别占样本总量的37.5%、36.4%、34.5%和31.3%(图5-14)。中大、星河湾和泽德社区的单身阶段家庭最多,分别占34.7%、31.4%和29.4%。

对总体样本进行分析后,可以看出抽样样本总体上男女比例相当,以中青年为主,职业上以白领和蓝领为主,受教育水平以大专和

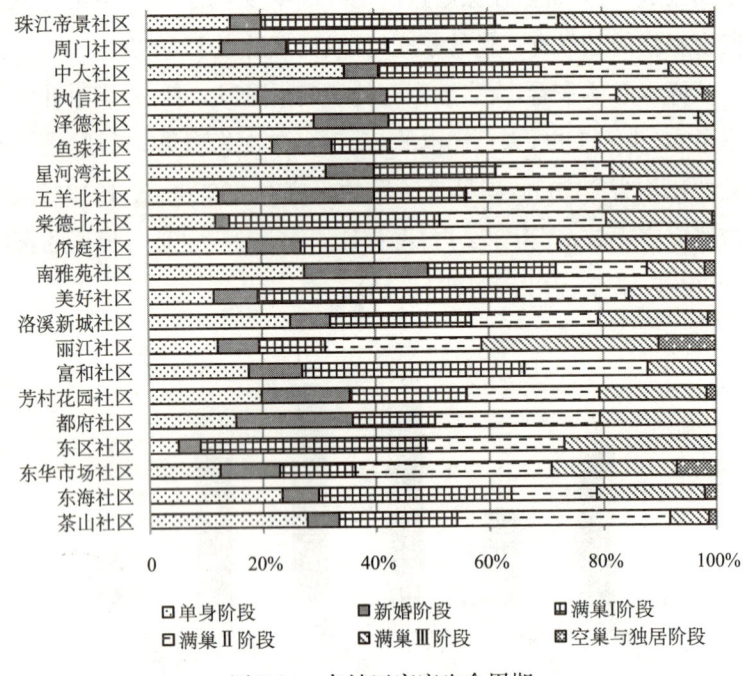

图 5-14 各社区家庭生命周期

大学本科学历居多,收入以中等收入为主,家庭结构以核心家庭为主,大多数处于满巢阶段。

第二节 小汽车拥有特征

一、拥有小汽车家庭的社会经济特征

1. 职业

拥有小汽车的家庭户主职业以白领为主。调查统计发现,在 790 户拥有小汽车的家庭中,户主职业为白领的家庭达 372 户,占总

量的 47.1%(图 5-15)。其次为私营业主家庭,占比为 24.8%。蓝领的比重仅为 24.1%,户主为退休或无业的家庭占比最少。与之形成鲜明对比的是未拥有小汽车的家庭,在这一类家庭中,户主职业为蓝领的比重最高,达 63.1%;其次为私营业主,白领的比重仅为 9.6%。

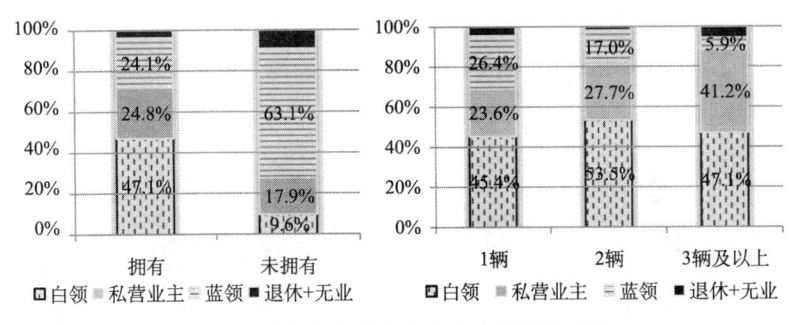

图 5-15 拥有小汽车家庭户主的职业结构

在拥有小汽车的家庭中,拥有数量的不同,其户主职业也存在明显差别。其中,白领职业在家庭拥有汽车数量的差异不大,其占比均在 50%左右。但拥有 3 辆或 3 辆以上小汽车的家庭,户主职业为私营业主的比重最高,达 41.2%,相应地,拥有 1 辆、2 辆小汽车的家庭,户主职业为私营业主的比重分别为 23.6%和 27.7%。这两类家庭户主职业除白领外,蓝领的比重均较高。其中,拥有 1 辆小汽车的家庭,户主职业为蓝领的比重达 26.4%,仅低于白领所占比重。总体而言,小汽车拥有数量越多,户主职业为私营业主比重就越高。

2. 受教育程度

拥有小汽车家庭户主文化程度以高学历为主(图 5-16)。调查显示,在 709 个拥有小汽车家庭户主中,506 个户主拥有高学历,占比达 64.1%。中等学历和低学历的比重分别为 15.8%和 20.1%。相比而言,未拥有小汽车的家庭户主的受教育程度明显更低。户主为高学历的比重不足 50%,为中等学历和低学历的比重分别为 28.0%和 22.1%。

在拥有小汽车家庭中,拥有数量的不同,其户主文化程度也存在一定差异,这一差异主要体现在中等学历所占比重的多少上,而高等学历的户主差异不大。拥有 3 辆及以上的家庭,户主为中等文化程度的比重最高,达 23.5%,低学历的比重仅为 11.8%。相应地,拥有 2 辆小汽车的家庭,户主为低学历的比重较高,达 28.9%,而中等学历的比重仅为 10.1%。

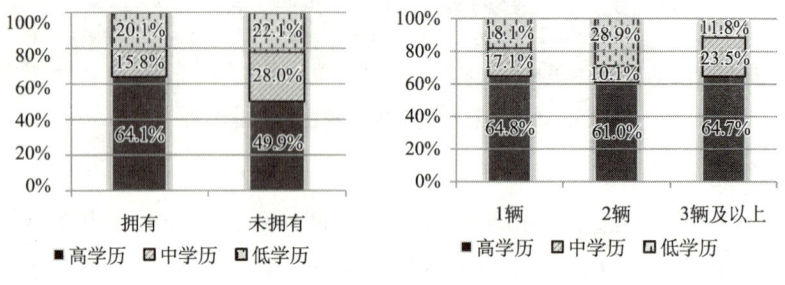

图 5-16 拥有小汽车家庭户主的文化程度

3. 收入水平

拥有小汽车的家庭收入水平以中高收入为主(图 5-17)。调查发现,在拥有小汽车的家庭中,收入水平在中高等级的占 60.5%,高收入家庭占 37.0%。中低收入家庭只占拥有小汽车家庭总量的 2.5%。相对而言,不买小汽车的家庭中,中低收入的比重明显更高(19.1%)。高收入家庭不买小汽车的比重明显更低(1.4%)。

在家庭拥有小汽车的数量与家庭收入水平的关系密切相关。拥有 1 辆小汽车的家庭收入水平以中高收入为主,比重为 69.7%。拥有 2 辆、3 辆小汽车的家庭收入水平明显更高,高收入家庭占比分别

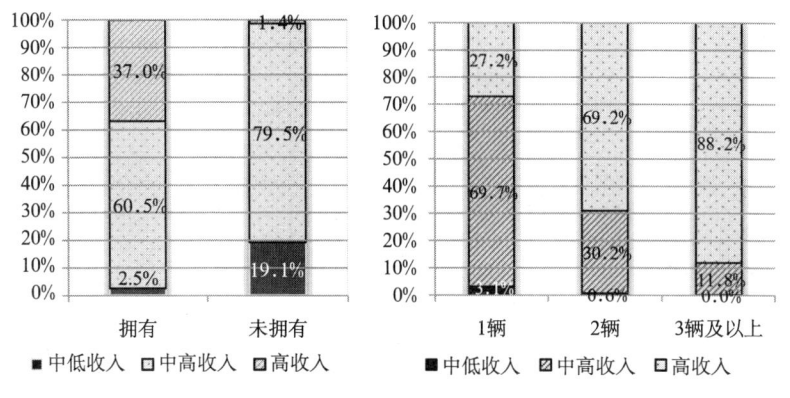

图 5-17 拥有小汽车家庭户主的收入水平

达到 69.2% 和 88.2%。中高收入家庭拥有 2 辆、3 辆小汽车的比重极小(分别为 30.2% 和 11.8%)。

4. 家庭结构

那些已购买小汽车的家庭,其家庭结构以标准核心家庭为主,即一对夫妇带小孩或单身与父母同住。调查的 790 户拥有小汽车的家庭中,有 356 户为标准核心家庭,占比高达 45.1%。其次为三代家庭,占总量的 23.5%;单身户家庭的比重居第三位,为 18.1%。而那些未购买小汽车的家庭,家庭结构为单身户的比重最高,达 34.6%;其次为标准核心家庭,为 33.4%。三代家庭的比重为 15.8%。

家庭拥有小汽车数量不同,其家庭结构也有所差异(图 5-18)。总体而言,拥有小汽车数量越多的家庭,单身户结构的比重越小,三代家庭的比重越高。拥有 3 辆及以上汽车的家庭,三代家庭所占比重达 35.3%,拥有 1 辆、2 辆汽车的家庭这一比例分别为 21.3% 和 30.8%。拥有 3 辆及以上汽车的家庭,单身户结构的比重仅为 11.8%,拥有 1 辆、2 辆汽车的家庭这一比例分别为 19.4%

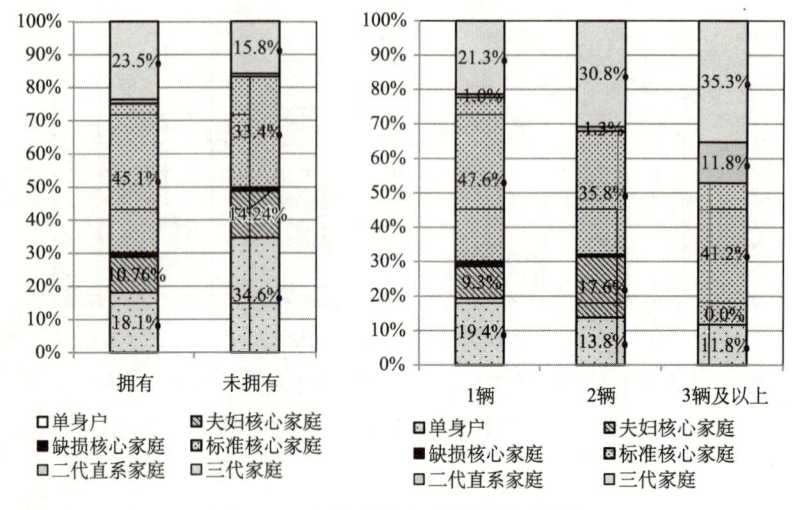

图 5-18 拥有小汽车家庭的家庭结构

和 13.8%。

5. 就业人数

拥有小汽车的家庭就业人数更多(图 5-19)。调查过程中发现,所有家庭的就业人数多为 1～2 人,但拥有小汽车的家庭,其就业人数多为 2 人,占 62.8%;仅有 1 个就业人员的进展 20.9%,而未购买小汽车的家庭,有 41.3% 的家庭就业人数为 1 人。据统计发现,那些拥有小汽车的家庭,其平均就业人数为 1.98 人,而未购买小汽车的家庭,平均就业人数为 1.68 人。

家庭拥有小汽车的数量越多,其就业人数也越多。如图所示,拥有 3 辆及以上汽车的家庭,就业人数为 3 个的比重达 41.2%,明显高于拥有 1 辆和 2 辆小汽车的家庭,而就业人数为 1 个的比重仅为 11.8%,也低于另两类家庭。据统计发现,拥有 3 辆及以上汽车的家庭,平均就业人数为 2.41 人,明显高于拥有 1 辆和 2 辆小汽车家庭

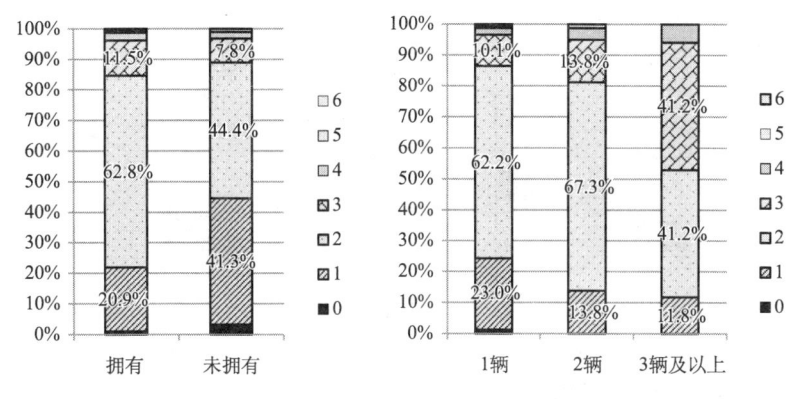

图 5-19 拥有小汽车家庭的就业人数

1.93 人和 2.11 人。

6. 家庭生命周期

拥有小汽车的家庭,生命周期以满巢阶段为主。其中,处于满巢Ⅱ阶段的家庭(即有学龄孩子的家庭)所占比重最高,达 24.8%;其次为满巢Ⅰ阶段(有学龄前小孩的家庭),占 23.1%;满巢Ⅲ阶段(即有成年孩子的家庭)所占比重为 19.0%。相应地,未拥有小汽车的家庭,生命周期处于单身阶段的比重最高,达 34.6%,其次为处于满巢Ⅱ阶段和满巢Ⅰ阶段。

在拥有小汽车的家庭中,拥有数量的不同,其家庭所处生命周期也存在一定差异。总体上,拥有数量越多,单身阶段所占比重越小,满巢Ⅲ阶段所占比重越高。如图 5-20 所示,拥有 3 辆及以上汽车的家庭,单身阶段所占比重为 11.1%,明显低于拥有 1 辆家庭的 17.9%。满巢Ⅲ阶段所占比重高达 44.4%,明显高于拥有 1 辆和 2 辆汽车家庭的 18.5% 和 18.2%。

7. 社区购车特征

不同社区的购车家庭比重具有显著差异。其中,都府社区的购

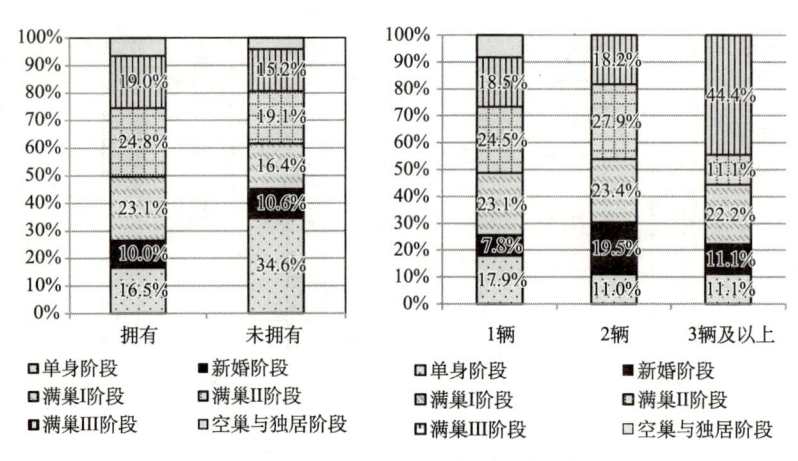

图 5-20　拥有小汽车家庭的生命周期

车比重最高,在调查的 80 户社区家庭中,有 69 户家庭已拥有小汽车,占比高达 86.3%(图 5-21)。购车家庭比重在 70% 以上的社区还有鱼珠、星河湾、芳村花园、珠江帝景、周门、五羊北和执信社区。东海和中大社区的购车比重最低,为 20% 左右。此外,南雅苑、棠德北、侨庭和泽德社区的购车比重也较低,均在 40% 以下。

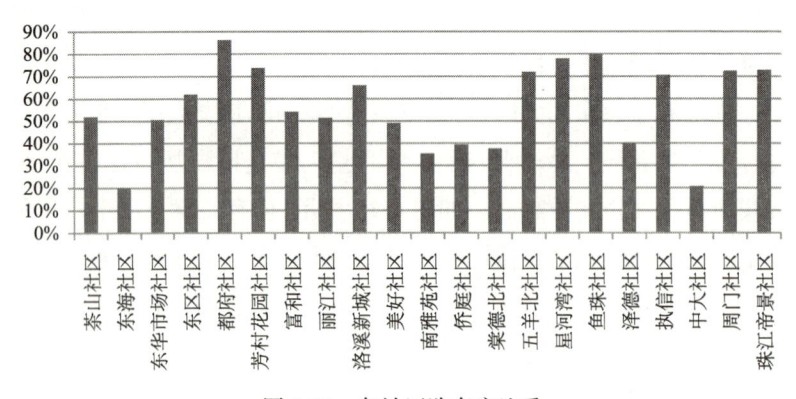

图 5-21　各社区购车户比重

二、购车意向及原因分析

大部分家庭未来没有购车意向。调查统计发现，935户家庭未来并不打算购买小汽车，占总量的65.0%（图5-22）。有意向购买小汽车的家庭仅占总量的35.0%。其中，未来1年内有购车意向的家庭为192户，占全部家庭的13.4%，占有购车意向家庭的38.2%。未来3年内有购车意向的家庭为161户，占有购车意向家庭的32.0%。

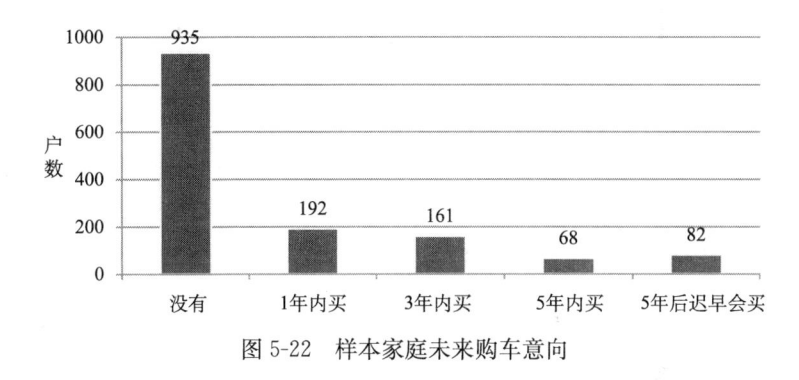

图5-22 样本家庭未来购车意向

工作需要是影响家庭未来购买小汽车的最主要原因。据调查发现，有45.9%的打算购买小汽车的受访者认为工作的需要是促使其购买的首要原因。提高个人自由度、节省时间也是导致家庭购买小汽车的重要原因。据统计显示，未来买车第二个、第三个要考虑因素就是提高个人自由度、节省时间。

养车费用过高是家庭放弃购买小汽车的最主要原因。其中，有25.7%的不打算购买小汽车的受访者将原因首先归于养车成本太高，其次是使用公共交通舒适方便，这一比重也达23.0%（图5-23）。道路的拥挤也是促使家庭放弃购买小汽车的另一重要因素，比重为

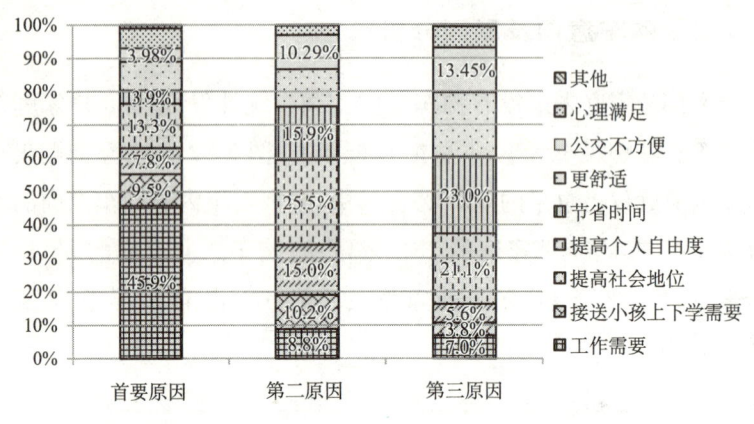

图 5-23 打算购买小汽车的三个主要原因

22.8%。此外,停车不便也导致许多家庭打消了买车的念头(图 5-24)。据统计显示,放弃购买小汽车的第二个、第三个重要原因中,停车不便的考虑分别占 22.5% 和 21.7%。总体而言,小汽车的维护与使用成本过高是导致家庭放弃买车的主要因素。

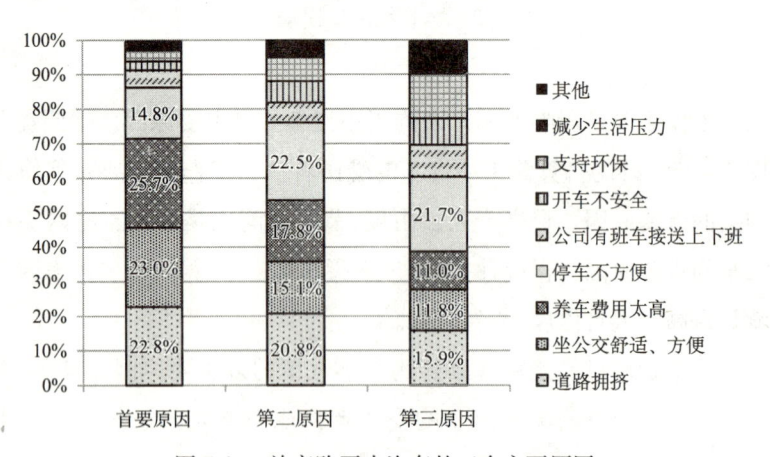

图 5-24 放弃购买小汽车的三个主要原因

第三节 小汽车使用特征

一、小汽车出行目的

上下班是小汽车出行的最主要目的(图5-25)。据调查发现,有814个受访者家庭的小汽车出行目的为上下班,占总量的57.6%,以生活购物和娱乐为目的的小汽车出行有251人,占总量的17.8%,接送小孩上下学的出行样本量仅为19人,占总量的1.3%。

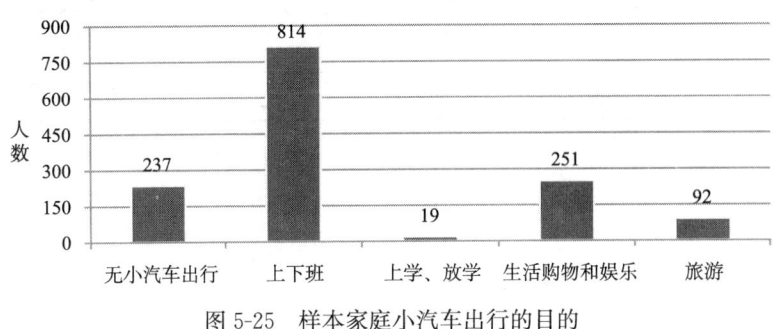

图 5-25 样本家庭小汽车出行的目的

不同社区家庭的小汽车出行目的明显不同。尽管上下班是各社区家庭出行的主要目的,但其占比差异巨大(图5-26)。例如,五羊北、执信、星河湾和鱼珠社区超过70%的小汽车出行都以上下班为目的,而都府、中大、棠德北、美好、东华市场等社区以上下班为目的的出行比重均在50%以下。以生活购物和娱乐为主要目的的小汽车出行在部分社区占据重要地位。例如,中大社区的这一比重高达54.5%,其他如都府、富和、泽德等社区的这一比重均在25%以上。

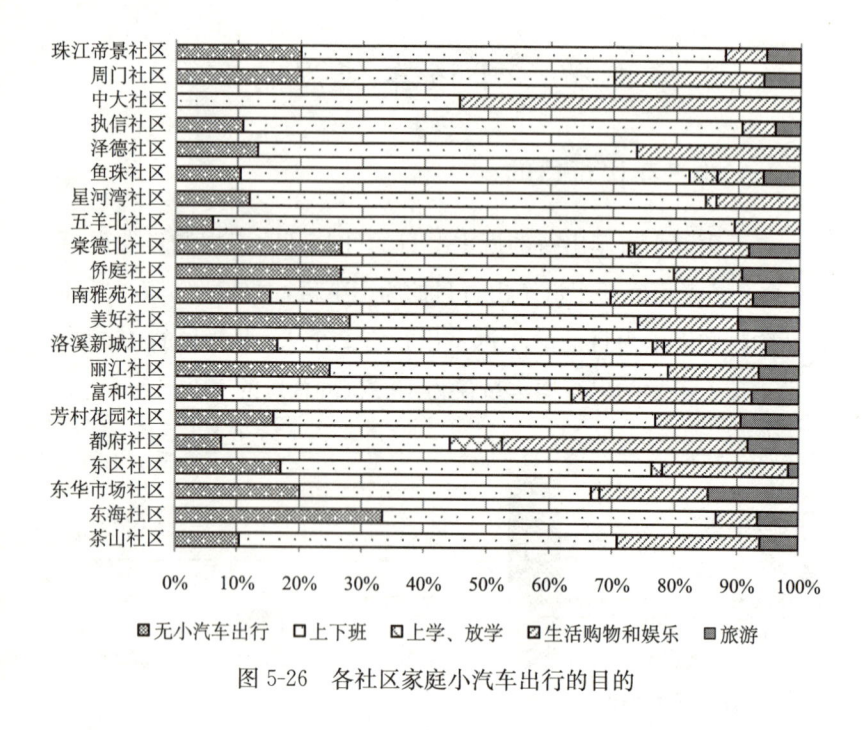

图 5-26 各社区家庭小汽车出行的目的

二、交通出行方式

拥有小汽车的家庭,交通出行方式主要以小汽车为主。但仍有相当部分家庭成员使用公共汽车、地铁等交通方式(图 5-27)。据调查发现,821 个拥有小汽车的家庭成员使用小汽车出行,占总量的 58.1%。使用公共汽车和地铁的分别占总量的 19.3% 和 6.4%。步行出行的也占一定比重,为 11.0%。

各社区拥有小汽车的家庭其成员的交通出行方式具有一定差异(图 5-28)。部分社区以小汽车出行为主导,如五羊北、执信、星河湾、鱼珠、珠江帝景等社区,其小汽车出行比重均在 65% 以上。一些社区的小汽车出行比例相对较低,如中大社区,拥有小汽车家庭使用

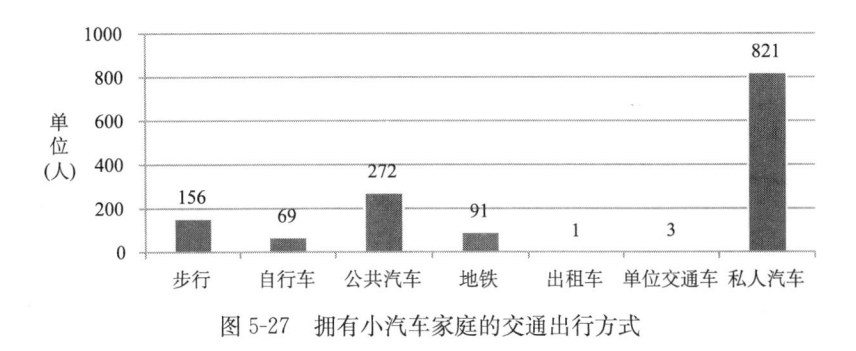

第五章 基于社区的小汽车拥有和使用特征　169

图 5-27　拥有小汽车家庭的交通出行方式

小汽车出行的比重仅为 36.4%，使用公共汽车和地铁的比重均达到 27.3%。此外，棠德北、东华市场、东海等社区的公共交通出行比例也较高，而小汽车出行比例相对较小。

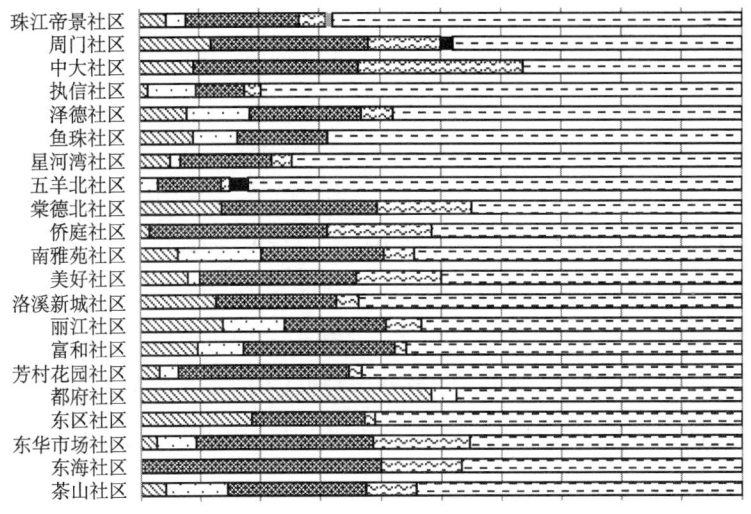

图 5-28　各社区拥有小汽车家庭的交通出行方式构成

三、年均行驶里程

大部分家庭小汽车出行的年均行驶里程在 10 000 公里以下（图 5-29）。据调查发现，67.7%的家庭小汽车年均行驶里程不足 10 000 公里。行驶里程在 50 000 公里以上的小汽车出行极少，其占比仅为 8.7%。

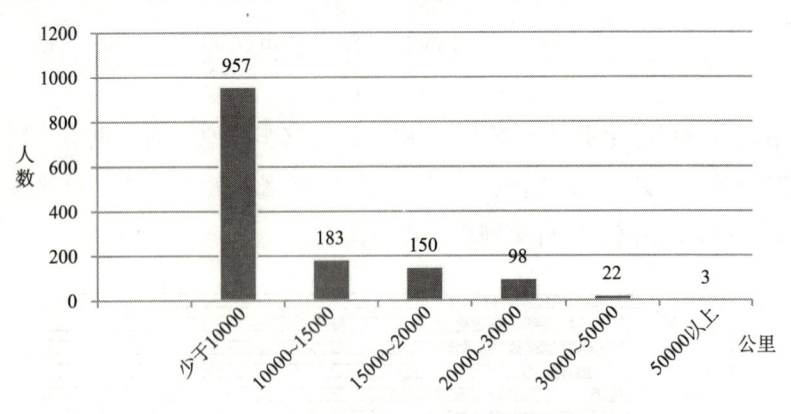

图 5-29 家庭使用小汽车的年均行驶里程

社区间家庭小汽车出行的年均行驶里程差异较大。其中，都府、中大、五羊北、棠德北、东华市场、周门社区的小汽车年均行驶里程较短（图 5-30）。行驶里程少于 10 000 公里以上的比重均在 80%以上。星河湾、珠江帝景、东区、泽德、富和等社区的小汽车年均行驶里程较长，如星河湾社区小汽车行驶里程在 20 000 公里以上的比重占总量的 30.5%，远高于其他社区。

四、周出行频率

超过半数小汽车每周出行五天（图 5-31）。据统计显示，731 个

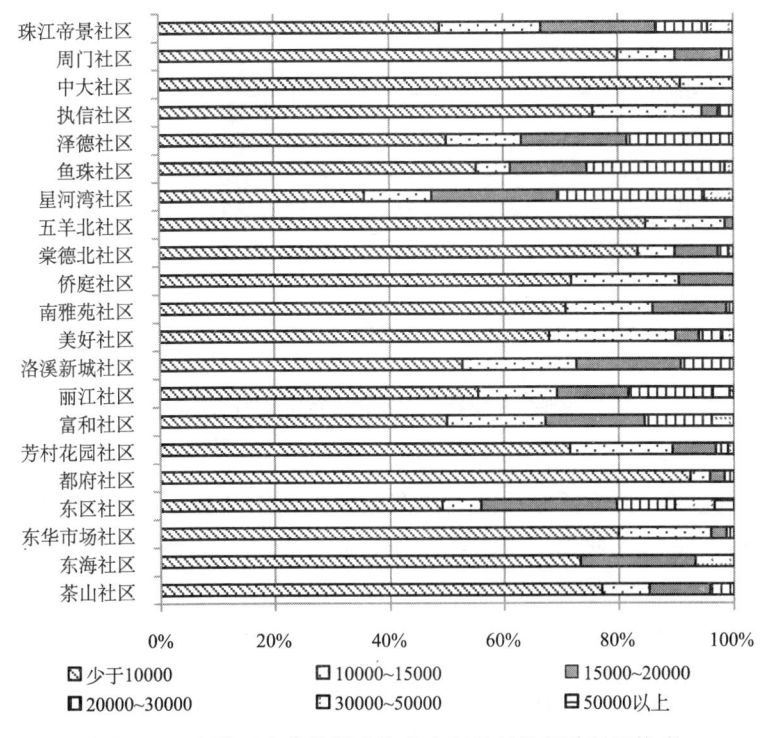

第五章 基于社区的小汽车拥有和使用特征　　171

图 5-30　各社区家庭使用小汽车出行的年均行驶里程构成

样本家庭小汽车每周出行 5 天,占总量的 51.7%。这与前文关于小汽车出行目的以上下班为主的结论大致相符。不使用小汽车的比重也较高,占比达 16.8%。每周仅出行一次的比重为 14.7%。

不同社区的小汽车出行频率存在明显差别(图 5-32)。其中,五羊北、执信、星河湾、鱼珠、珠江帝景、泽德等社区的小汽车出行频率较高,每周出行天数在 5 天以上的比重均在 60% 以上。其中,五羊北社区的这一比重最高,达 27.3%。东海、美好、棠德北、侨庭等社区的小汽车出行频率较低,如东海社区小汽车家庭不适用小汽车的

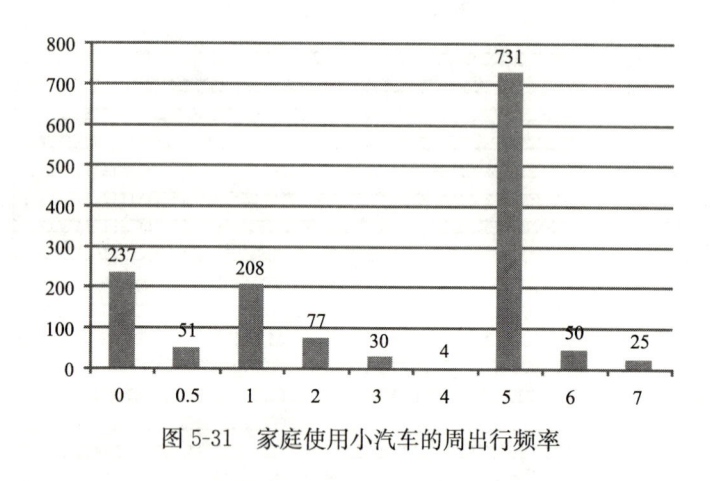

图 5-31　家庭使用小汽车的周出行频率

比重达 33.3%。侨庭社区小汽车家庭不适用和两周使用一次的比重分别达 26.6% 和 7.8%。

五、工作日出行频率

多数家庭小汽车工作日出行为 1 次,工作日出行 1 次的受访者占所有小汽车拥有家庭的 40.1%,工作日中不出行的概率也较高,比重达 39.1%。工作日出行 3 次以上的受访者极少,仅占总量的 8.4%(图 5-33)。

中大、棠德北、美好、东华市场等社区的家庭小汽车工作日出行频率较低。这些社区小汽车工作日不出行的比重均超过 50%。如中大社区的这一比重为 54.5%。而芳村花园、星河湾、洛溪新城、鱼珠、东区等社区的家庭小汽车工作日出行日数多为 1 次,其所占比重均在 50% 以上。其中,芳村花园的比重最高,达 61.1%(图 5-34)。

图 5-32　各社区家庭使用小汽车的周出行频率

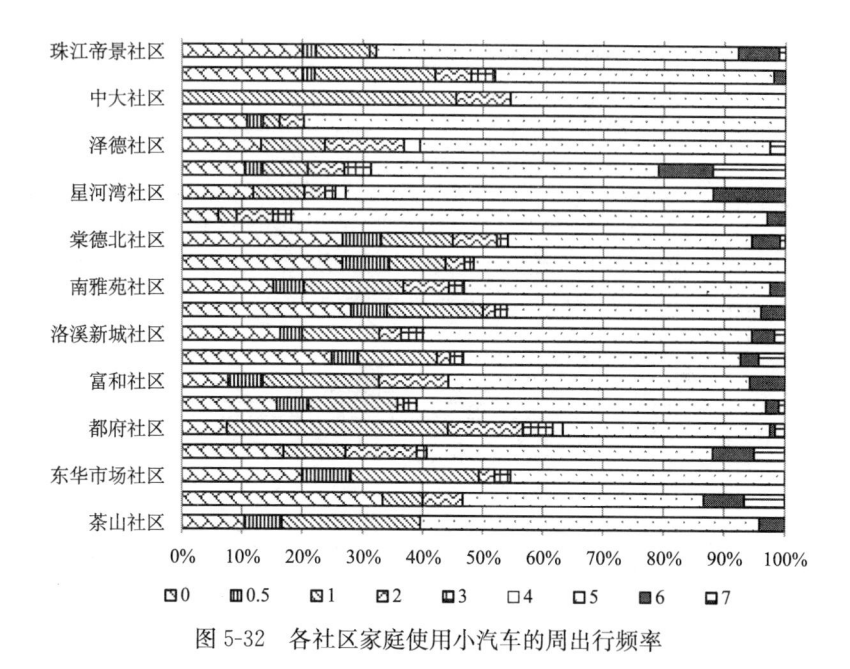

图 5-33　家庭使用小汽车的工作日出行频率

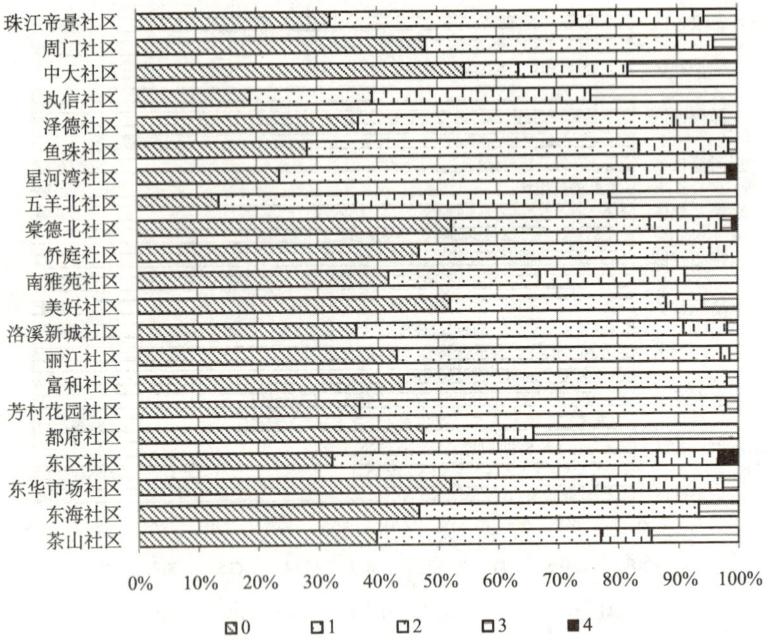

图 5-34 各社区家庭使用小汽车的工作日出行频率

第四节 小 结

本章首先从性别、年龄、职业、受教育程度等方面分析了样本的个人属性特征,从家庭结构、家庭规模、家庭生命周期等方面分析了样本的家庭属性特征,便于从总体上把握问卷样本的属性特征。

其次,对拥有小汽车的家庭进行分析,结果表明:拥有小汽车的家庭户主职业以白领为主,但拥有 2 辆及以上小汽车的家庭,户主职业为私营业主的比重最高;拥有小汽车家庭户主文化程度以高学历为主;拥有 1 辆小汽车的家庭收入水平以中高收入为主,拥有 2 辆及以上小汽车的家庭以高收入家庭为主；那些已购买小汽车的家庭，其家庭结构以标准核心家庭为主；拥有小汽车的家庭就业人数更多；拥有小汽车的家庭，生命周期以满巢Ⅱ阶段和满巢Ⅰ阶段最多。

最后，对小汽车使用的特征进行分析，可以发现：上下班是小汽车出行的最主要目的；拥有小汽车的家庭，交通出行方式主要以小汽车为主，但仍有相当部分家庭成员使用公共汽车、地铁等交通方式；大部分家庭小汽车出行的年均行驶里程在 10 000 公里以下；由于小汽车出行的主要目的是上下班，超过半数小汽车每周出行 5 天。

第六章　公共交通可达性对小汽车拥有的影响

中国改革开放 30 年来在经济、政治、社会等方面发生了剧烈的变迁,从根本上改变了城市发展的动力基础和作用机制,并强烈影响了城市空间的演化。伴随城市土地与住房市场化改革逐渐推进、郊区化与城市空间扩张不断加快、单位制度与单位大院的解体等,城市内部居住空间的组织正经历着显著变化,这直接导致了城市交通需求格局的变化。随着小汽车迅速进入城市家庭,资源配置自由度、流动性不断增加带来了交通需求的迅猛增加,由此引发的交通拥挤、交通污染严重、交通事故频繁、停车设施严重不足等一系列城市交通问题,严重影响了城市功能的正常发挥和城市的可持续发展。

伴随着公交优先概念的推广,中国许多城市不断加大公共交通投资,实施公交优先措施,希望通过公共交通的发展,吸引更多居民选择公交出行,从而在一定程度上抑制私人小汽车的发展。虽然已有文献表明在发达国家改善公共交通的服务质量能在一定程度上有效减少家庭小汽车拥有量（Cullinane, 2002; Bhat, Guo, 2007; Gao et al., 2008; Matas et al., 2009）,然而在中国小汽车短期内迅速增长的特殊背景下,公共交通发展和家庭小汽车拥有情况均与发达国家有显著的差异,究竟什么是影响家庭小汽车拥有的主要因素,公共交通可达性水平对家庭小汽车拥有是否有影响等问题很难从现有文献中得到明确回答。

第六章 公共交通可达性对小汽车拥有的影响

本部分基于"城市公共交通可达性对小汽车拥有和使用的影响"问卷调查数据,从家庭的微观视角出发,在交通方式选择的研究框架下,分别构建家庭小汽车拥有的二元 logit 和多元 logit 模型,探讨个人与家庭因素、区位与建成环境特征、公共交通可达性、态度与偏好对家庭是否购买小汽车,以及购买几辆小汽车的影响,以期全面系统地掌握家庭小汽车拥有影响因素的作用机制。

第一节 变量选择

从以往研究成果得知,影响小汽车拥有的因素众多,既有经济原因和社会原因,也有个人和家庭的价值取向等。本部分以交通区位论、空间相互作用理论、需求理论、随机效用理论与时空限制理论等为基础,结合相关实证研究成果,充分考虑中国城市小汽车交通发展的背景,将影响小汽车拥有的因素分为:个体特征、家庭因素、态度与偏好、区位与建成环境、公共交通可达性五大类。由于小汽车拥有决策是家庭行为,本部分主要是以家庭为基本分析单元。

首先,充分考虑可能的影响因素,选取了 23 个解释变量纳入分析(表 6-1)。

其次,对初步选取的 23 个解释变量进行相关性分析,避免多重共线性问题。据分析发现,家庭构成变量与家庭规模变量,到 CBD 的距离、到最近地铁站点距离 2 个变量与最短公交可达时间变量,周边公交站点服务设施数、服务人口数变量与人口及就业岗位数密度变量存在多重共线性,相关系数分别为:0.92、0.92、0.86、0.85、0.78。为了保证模型估计参数的准确性,剔除 5 个变量:家庭构成、到 CBD 的距离、到最近地铁站点距离、周边公交站点服务设施数、服务人口数。

表 6-1 初步选取的变量及意义

类别	变量名称(简写)	变量解释
个体特征	职业 job	白领=1,私营业主=2,蓝领=3,退休人员=4,无业人员=5
	受教育程度 edu	高学历=1,中学历=2,低学历=3
	是否有驾照 lic	虚拟变量,否=0,是=1
家庭因素	家庭人均月收入 inc	中低收入=1,中高收入=2,高收入=3
	家庭结构 com	单身户=1,夫妇核心家庭=2,缺损核心家庭=3,标准核心家庭=4,二代直系家庭=5,三代家庭=6
	家庭规模 mem	全家总人数,单位:人
	家庭生命周期 cyc	单身阶段=1,新婚阶段=2,满巢Ⅰ阶段=3,满巢Ⅱ阶段=4,满巢Ⅲ阶段=5,空巢与独居阶段=6
	家庭就业人口数 work	家庭有工作的人数,单位:人
	是否有学龄前儿童 prec	虚拟变量,否=0,是=1
	是否有学龄儿童 chi	虚拟变量,否=0,是=1
态度与偏好	拥有小汽车的原因 cau	刚性需求(工作,接送小孩上下学,无便捷公交)=1,弹性需求(提高自由度及舒适)=2,心理需要(提高社会地位,心理满足)=3
	喜欢的交通方式 ways	虚拟变量,否=0,是=1

续表

类别	变量名称(简写)	变量解释
区位及建成环境	到CBD的距离 cbd	以珠江新城的西塔作为广州市CBD的中心点,单位:米
	路网密度 road	街道道路网长度/街道总面积,单位:米/平方米
	土地利用多样性指数 mix	以样本居住的街道为基本单元,范围为从0至1
	人口与就业岗位数密度 popm	个体居住地所属的街道人口与就业岗位数之和与街道土地总面积的比值,单位:人/平方公里
公共交通可达性	公交可达站点数量 pro	样本点周边500米范围内的公交站点数量,单位:个
	公共交通邻近度 bus	到最近的公交站的距离,单位:米
	地铁邻近度 sub	到最近的地铁站的距离,单位:米
	公交线路密度 pubm	样本点周边500米范围内的公交线路密度
	公交最短可达时间 time	从样本出发至所有公交站点的最短时间之和,单位:小时
	周边公交站点服务人口数 popu	以个人为中心点,500米范围内所有公交站点服务人口的平均值
	周边公交站点服务设施数 fac	以个人为中心点,500米范围内所有公交站点服务设施的平均值

注释:学龄儿童以小学和初中年龄段为依据,根据我国实际情况,将学龄前儿童确定为0~16岁儿童。

同时，考虑到家庭是否有学龄前儿童和是否有学龄儿童可以在生命周期变量中得到反映。其中，满巢Ⅰ阶段家庭即表示有学龄前儿童的家庭，满巢Ⅱ阶段家庭表示有学龄儿童的家庭。因此，剔除家庭是否有学龄前儿童和是否有学龄儿童2个变量。

最终选取的解释变量为16个，变量的统计性描述分析见表6-2。

第一，个人特征。由于本部分主要分析的是家庭小汽车拥有的影响因素，是否拥有小汽车属于家庭决策行为，性别特征仅能表示被访者的个体属性，因此未将性别变量纳入模型。户主的年龄主要是反映出家庭的生命周期特性，从而影响家庭小汽车拥有的决策行为，考虑到家庭生命周期变量对家庭小汽车拥有决策的解释力更强，因此在家庭因素中使用了生命周期变量，未将被访者的年龄变量纳入模型。在个体特征中，仅选择了户主的职业、受教育程度和是否有驾照3个解释变量。

第二，家庭因素。根据需求理论与随机效用理论，家庭小汽车拥有决策不是独立的个体行为，而是家庭层面上"盘算"的结果。家庭的社会经济属性特征是影响小汽车拥有决策的重要因素。几乎所有的实证研究都表明，家庭特征对家庭小汽车拥有具有显著影响（Gardenhire and Sermons，1999；Karlaftis and Golias，2002；Whelan，2007）。根据研究需要和实际情况，不同文献中选择的家庭特征变量有所差异。本研究通过对已有研究中解释变量进行总结，选取进入模型的家庭因素解释变量主要包括家庭人均月收入、家庭规模、家庭生命周期及家庭就业人口数。

第三，态度与偏好。除了个人与家庭特征、区位与建成环境特征和公交服务水平会影响家庭小汽车拥有外，个人和家庭的价值取向、态度偏好等也是影响家庭小汽车拥有决策的重要因素。已有研究表明，尽管在亚洲的交通系统中提供了多样化的交通选择，亚洲发展中

表 6-2 变量的统计性描述

类别	变量名称（简写）	变量性质	最大值	最小值	均值	标准差
个体特征	职业 job	离散变量	白领=30.15%，私营业主=21.69%，无业人员=4.57%		蓝领=41.72%，退休人员=1.87%	
	受教育程度 edu	连续变量	高学历=57.66%	中学历=21.34%	低学历=21%	
	是否有驾照 lic	离散变量	否=45.95%	是=54.05%		
家庭因素	家庭人均月收入 inc	连续变量	中低收入=10.06%，中高收入=69.14%，高收入=20.80%			
	家庭规模 mem	连续变量	9	2	2.92	1.48
	家庭生命周期 cyc	离散变量	单身阶段=25.50%，新婚阶段=10.46%，满巢 I 阶段=20.72%，满巢 II 阶段=22.94%，满巢 III 阶段=17.81%，空巢与独居阶段=2.56%			
	家庭就业人口数 work	连续变量	6	0	1.84	0.82

续表

类别	变量名称(简写)	变量性质	最大值	最小值	均值	标准差
态度与偏好	拥有小汽车的原因 cau	离散变量	刚性需求＝54.82%,弹性需求＝29.38%,心理需要＝15.80%			
	最喜欢的交通方式 ways	离散变量	否＝50.66%,是＝49.34%			
区位与建成环境	路网密度 road	连续变量	0.02	0.00	0.01	0.00
	土地利用多样性指数 mix	连续变量	0.98	0.36	0.79	0.15
	人口及就业岗位数密度 popm	连续变量	116 094.60	1 162.39	35 075.66	37 526.05
公共交通可达性	公交可达站点数量 pro	连续变量	14.00	0.00	5.73	2.65
	离最近公交站点距离 bus	连续变量	588.48	8.54	184.55	106.61
	公交线路密度 pubm	连续变量	0.10	0.00	0.03	0.02
	公交最短可达时间 time	连续变量	38 400 744.74	19 970 557.94	23 764 407.30	3 418 347.18

国家的出行者仍然表现出对私人交通工具的较大的偏好(ADB,2009)。拥有交通工具经常被认为是地位的象征(Goodwin,1997)。因此,本研究中选取了拥有小汽车的原因、最喜欢的交通方式2个解释变量来表征个人和家庭对小汽车拥有的态度及偏好。

第四,区位与建成环境。区域的城市空间环境特征历来是分析小汽车拥有与使用原因的焦点。已有研究中,通常涉及多种尺度的居住环境变量,宏观尺度上涉及城市规模、城市空间结构,中观尺度上如土地利用模式、土地利用混合程度、人口和就业密度、到中心城市的邻近度等变量,也有学者专门探讨了街区环境设计特征对家庭小汽车拥有的影响。在区位与建成环境特征方面,本研究中主要选择了路网密度、到CBD的距离、土地利用混合程度、人口与就业岗位数密度变量,但考虑到模型的多重共线性问题,剔除了到CBD的距离变量。因此,最后进入分析模型的区位与建成环境特征变量主要包括路网密度、土地利用混合程度、人口与就业岗位数密度3个变量。

需要说明的是,已有研究中学者采用了各种指标来表征土地利用多样性,如职住比率(Boarnet and Sarmiento, 1998; Ewing et al., 1994)、各种土地利用类型的平衡程度(Frank and Pivo, 1994; Kockelman, 1997)等。本研究参照已有研究中(Cervero and Kockelman 1997; Chu,2002)使用较多的土地利用多样性指数指标,用熵的形式来表征土地利用和空间多样性。具体计算方法如下:

$$\text{mix} = -\sum_{i=1}^{n} p_i \ln p_i / \ln n \qquad (式6-1)$$

式中:mix表示土地利用多样性指数,p_i表示的是第i种土地所占的比例,n表示评价区域内拥有的土地种类数。本研究中使用的土地利用类型主要包括居住用地、商业用地、行政办公用地、绿地、工业用地及其他。土地利用混合指数的范围从 0 到 1,当土地利用混合指数等于 0 时表示该评价区域内只有一种单一的土地利用性质(如单纯的居住用地),当土地利用混合指数等于 1 时表示该评价区域土地利用和空间多样性最好。

本研究各类型土地利用面积数据,主要以街道为基本单元,使用 Google earth 截取最新的高清卫星影像图,对照广州市三维地图及实地调研情况进行识别和使用 arcgis10.0 计算得出。

第五,公共交通可达性。本研究中的公共交通可达性是一个综合集成的指标,反映了区域公共交通的服务质量。在发达国家的实证研究表明居住在公共交通可达性高的区域对每个家庭小汽车拥有量具有消极影响(Kim, 2004; Bento et al., 2005; Giuliano and Dargay, 2006; Potoglou and Kanaroglou, 2008; Chen et al., 2008)。公共交通可达性是否对家庭小汽车拥有产生影响是本研究讨论的重点,综合选取了公交可达站点数量、离最近公交站点距离、公交线路密度、公交最短可达时间 4 个解释变量来反映公共交通可达性情况。

第二节 方法和模型

基于消费者效用最大化假设,McFadden(1974)提出了离散选择理论,认为消费者在有限不联系方案集合中选择某一方案的概率取决于该方案的效用大于其他方案效用的概率,因此可以推断一个样本总体中选择不同方案的个体比重。离散选择模型应用非常广泛,可以解决交通需求、职业选择、居住地选择、商品需求等问题。

由于家庭交通工具拥有决策中,建模的数据有离散变量,常规的回归模型不适宜于这类决策选择情形,因此需要使用离散选择模型来进行分析。根据被解释变量的个数和因变量取值的不同,离散选择模型可分为二元选择模型和多元选择模型。本研究中综合使用了二元选择模型和多元选择模型,其中二元选择模型侧重于对是否购买小汽车的选择决策进行分析,而多元选择模型可以进一步分析购买小汽车的数量。在家庭交通工具拥有决策研究中,一般使用Logit和Probit模型,其中Logit模型的使用更为普遍,因此本研究采用Logit模型来进行模型构建。

需要说明的是,在关于家庭小汽车拥有的研究中,使用多元离散选择模型时一个关键问题是需要确定使用有序反应模型还是无序反应模型。已有文献中,较多学者使用了无序反应的模型,如多元Logit和Probit模型(Purvis,1994;Bhat and Pulugurta,1998;Ryan and Han,1999;Potoglou and Kanaroglou,2008)。也有部分学者使用了有序反应的Logit和Probit模型(Kim and Kim,2004;Chu,2002)。Bhat(1998)专门比较了两种模型在小汽车拥有研究中的应用并进行了实证研究,结果表明:"无序反应结构是恰当的模型选择机制,在家庭小汽车拥有的研究中应当使用无序反应的模型,而不应当使用有序反应模型。"因此,本研究中使用多元离散选择模型分析家庭小汽车拥有的影响因素使用的是MNL模型。

一、二元Logit模型

对于二元选择问题可以建立如下计量经济学模型:

$$Y = x\beta + \mu \quad \quad (\text{式 6-2})$$

其中,Y的观测值是0或1,由于$x_i\beta$并没有处于[0,1]范围内的限制,因此考虑如下模型:

$$y_i^* = x_i\beta + \mu_i \quad \mu_i \sim IID(0,\sigma^2) \quad \quad (\text{式 6-3})$$

$$y_i = \begin{cases} 1, & y_i^* > 0 \\ 0, & 其他 \end{cases}$$

由于这里考虑的正态分布和逻辑分布都为对称分布,因此有

$$P(y_i = 1) = P(y_i^* > 0) = P(x_i\beta + \mu_i > 0)$$
$$= P(\mu_i > -x_i\beta)$$
$$= P(\mu_i < x_i\beta) = F(x_i\beta) \quad (式\ 6\text{-}4)$$

其中,F 为概率分布函数,(6-3)式得到的概率应该在 0-1 之间。因为只有两个选择,故有

$$P(y_i = 1) + P(y_i = 0) = 1 \quad (式\ 6\text{-}5)$$
$$P(y_i = 0) = 1 - P(y_i = 1) = 1 - F(x_i\beta) \quad (式\ 6\text{-}6)$$

在 F 服从标准正态分布时,称模型为 probit 模型。在 F 服从逻辑分布时,称模型为 Logit 模型。

本研究中,家庭小汽车拥有情况成为被解释变量,0 表示家庭没有小汽车,1 表示家庭拥有小汽车,则二元 logit 模型可以表示为:

$$\text{logit}(p) = ln[p/(1-p)] = \beta_0 + \beta_1 x_1 + \beta_0 x_1$$
$$+ \beta_2 x_2 + \cdots + \beta_m x_m \quad (式\ 6\text{-}7)$$
$$p/(1-p) = e^{\beta_0 + \beta_1 x_1 + \beta_0 x_1 + \beta_2 x_2 + \cdots + \beta_m x_m} \quad (式\ 6\text{-}8)$$
$$p = e^{\beta_0 + \beta_1 x_1 + \beta_0 x_1 + \beta_2 x_2 + \cdots + \beta_m x_m} / (1 + e^{\beta_0 + \beta_1 x_1 + \beta_0 x_1 + \beta_2 x_2 + \cdots + \beta_m x_m})$$

$$(式\ 6\text{-}9)$$

式中 p 为家庭拥有小汽车发生的概率,$0 \leqslant p \leqslant 1$,拥有小汽车概率与没有小汽车概率之比为 p/(1−p),m 为解释变量的个数。

二、多元 Logit 模型

在式 6-2 中,当被解释变量存在两种以上的选择时,就可得到多元离散选择模型。在多元离散选择模型中,由于 Logit 模型更适用于效用最大化时的分布选择,所以应用最多的多元离散选择模型是

Logit 模型(MNL, Multinomial Logit Model)(李子奈,2000)。

设可供选择方案的全集为 C,其中有 J 个元素,每个决策个体均以 C 中的一个子集 C_n 作为其选择集合。由于每个决策个体的属性不同,各决策个体的选择子集是不同的。对于给定 C_n(n 为第 n 个决策者),有 J_n 个元素个数,且满足 $J_n \leqslant J$。决策个体总是根据自己的偏好选择效用最高的方案,因此方案的选择取决于效用的概率。为了模拟决策个体的选择模式,需要对某个方案确定一个效用值,反映出决策个体选择该方案的概率。因此,对于面临 J 中选择的第 i 个决策个体,假设其选择 j 的效用为:

$$U_{ij} = \beta x_{ij} + \varepsilon_{ij} \quad (式 6-10)$$

式中,β 为待定系数,x_{ij} 为决策个体属性,ε_{ij} 为随机误差项,若该决策者实际选择了 j 方案,且 U_{ij} 是效用最大方案,$P(U_{ij} > U_k)$(对于所有其他 $k \neq j$)。令 y_i 为决策个体多重选择的随机变量,$P(y_i = j)$ 表示决策个体多重选择的概率,则:

$$P(y_i = j) = \frac{e^{x_i \beta_j}}{\sum_j e^{x_i \beta_j}} \quad (式 6-11)$$

其中,i 为样本数。为了研究方便,进行标准化处理,令 $\beta_0 = 0$,于是有

$$P(y_i = j) = \frac{e^{x_i \beta_j}}{1 + \sum_{k=1}^{j} e^{x_i \beta_j}} \quad j = 1, 2, \cdots, J \quad (式 6-12)$$

$$P(y_i = 0) = \frac{1}{1 + \sum_{k=1}^{j} e^{x_i \beta_j}} \quad (式 6-13)$$

这里 J=1 时为二元 Logit 模型,J=2 时为三元 Logit 模型。多元 Logit 模型可用极大似然方法进行估计,用牛顿迭代法得到参数的估计量。

本研究中将家庭小汽车拥有量设为三类：0辆、1辆、2辆及以上,分别用0、1、2表示。三种选择构成的选择集用C表示,则家庭小汽车拥有量选择的多元Logit模型表示为：

$$P(y_i=j)=\frac{e^{x_i\beta_j}}{1+\sum_{j=1}^{j}e^{x_i\beta_j}} i,j\in C,j=1,2,3 \quad (式6-14)$$

对于多元logit模型,其实质仍是两两之间的比较,本研究中的假设备择项共有：0、1、2三项,分别代表家庭没有小汽车、家庭有1辆小汽车、家庭有2辆及以上小汽车。以家庭拥有1辆小汽车作为参照组,多元logistic模型可以表示为：

$$\text{logit}(p_{0/1})=ln[p(y=0|x)/p(y=2|x)]=\beta_1 x$$
(式6-15)

$$\text{logit}(p_{2/1})=ln[p(y=2|x)/p(y=2|x)]=\beta_3 x$$
(式6-16)

式中,β_1、β_3,表示家庭没有小汽车、家庭拥有2辆及以上小汽车与家庭拥有1辆小汽车相比,回归元变动一个单位,几率比变动的对数值。对参数值取指数函数,就可以得到机会比变动的百分比。

第三节 对是否拥有小汽车的影响

一、影响因素的总体分析

从回归结果可以看出,对数似然函数值Log likelihood为−520.41633,卡方检验LR Chi2(23)=901.9600,p=0.0000,由此可见卡方检验能够在99％的置信度下显著成立,说明方程整体拟合较好。Pseudo R^2=0.4643,说明模型中自变量对因变量变异的解释能力达46.43％,模型拟合度较好(表6-3)。

表 6-3 二元 Logit 模型回归结果

变量	回归系数	标准差	z 统计量	显著性	[95% Conf.	Interval]
受教育程度 edu	0.1622	0.1213	1.3400	0.1810	−0.0755	0.3999
是否有驾照 lic	1.9796	0.1648	12.0200	0.0000	1.6567	2.3025
家庭人均月收入 inc	2.0601	0.2591	7.9500	0.0000	1.5523	2.5679
家庭规模 mem	0.3346	0.1069	3.1300	0.0020	0.1251	0.5440
家庭就业人口数 work	−0.0779	0.1176	−0.6600	0.5070	−0.3083	0.1525
路网密度 road	0.3547	0.1045	3.4000	0.0010	0.1500	0.5595
土地利用多样性指数 mix	−0.1454	0.1000	−1.4500	0.1460	−0.3415	0.0507
人口和就业岗位密度 popm	−0.2721	0.1461	−1.8600	0.0630	−0.5585	0.0142
最喜欢的交通方式 ways	0.6425	0.1642	3.9100	0.0000	0.3207	0.9643
公交可达站点数量 pro	0.2063	0.1125	1.8300	0.0670	−0.0143	0.4269
离最近公交站点距离 bus	−0.1398	0.0932	−1.5000	0.1340	−0.3225	0.0430
公交线路密度 pubm	0.3820	0.1203	3.1800	0.0010	0.1462	0.6178
公交最短可达时间 time	0.2046	0.1128	1.8100	0.0700	−0.0165	0.4257
白领 job1	1.6712	0.2219	7.5300	0.0000	1.2363	2.1062

续表

变量	回归系数	标准差	z统计量	显著性	[95% Conf.	Interval]
私营业主 job2	0.8036	0.1929	4.1700	0.0000	0.4255	1.1817
退休人员 job4	2.2138	0.4471	4.9500	0.0000	1.3375	3.0902
单身阶段 cyc1	−0.1665	0.3671	−0.4500	0.6500	−0.8860	0.5531
新婚阶段 cyc2	−0.6306	0.3582	−1.7600	0.0780	−1.3326	0.0714
满巢Ⅰ阶段 cyc3	−0.5944	0.2853	−2.0800	0.0370	−1.1536	−0.0352
满巢Ⅱ阶段 cyc4	−0.5818	0.2712	−2.1400	0.0320	−1.1134	−0.0501
空巢与独居阶段 cyc6	−0.3144	0.6663	−0.4700	0.6370	−1.6203	0.9914
刚性需求 cau1	1.8464	0.2549	7.2400	0.0000	1.3467	2.3460
弹性需求 cau2	0.8931	0.2632	3.3900	0.0010	0.3773	1.4090
常数 cons	−8.1906	0.7647	−10.7100	0.0000	−9.6894	−6.6919

Logit 回归中的回归系数(βi)表示某一自变量改变一单位时,因变量发生与不发生之间的概率之比的对数变化值,即发生比(Odds Ratio)的对数值。由于系数为对数,故不能像线性回归那样将其直接解释为自变量对因变量的影响程度。因此,需要将其转换为发生比(也叫几率比)和边际影响后,系数才更有明确的意义,结果见表 6-4。其中,发生比的表示含义是解释变量每变化一个单位,被解释变量发生比的变化。而边际影响表示的是:当保持其他所有解释变量在平均值时,某个解释变量在平均值上变化一个单位,被解释变量变化的概率,如果所对应的是虚拟变量,则反映该变量从 0 到 1 所产生的离散变化。

总的来看,模型的 16 个解释变量中除受教育程度、家庭就业人口数、公交可达站点数量、公共交通邻近度 4 个变量对家庭是否拥有小汽车的影响不显著外,8 个变量(是否有驾照、家庭人均月收入、家庭规模、路网密度、土地利用多样性指数、最喜欢的交通方式、公交线路密度、职业、拥有小汽车的原因)在 99% 的置信度水平下表现为显著,4 个变量(户主职业、人口和就业岗位数密度、公交最短可达时间、家庭生命周期)在 95% 的置信度水平下表现为显著。

二、个人及家庭因素的影响

1. 从数值上看影响家庭是否拥有小汽车最重要的因素是家庭收入

对于城市大部分家庭而言,家庭因素尤其是经济收入是最基本的影响因素。模型结果表明,家庭人均月收入每增加一个单位,家庭拥有小汽车的发生比是原来的 7.85 倍。当保持其他所有解释变量不变时,家庭人均月收入在平均值上每增加一个单位,家庭拥有小汽车的可能性在平均值上增加 48.05%。这说明了家庭人均月收入的

表 6-4 二元 Logit 模型发生比和边际效应结果

解释变量	发生比(Odds Ratio)			边际影响(dy/dx)		
	发生比	标准差	显著性	边际效应(%)	标准差	显著性
受教育程度 edu	1.1761	0.1426	0.1810	3.78	0.0282	0.1800
是否有驾照 lic	7.2399	1.1928	0.0000	44.14	0.0328	0.0000
家庭人均月收入 inc	7.8466	2.0329	0.0000	48.05	0.0581	0.0000
家庭规模 mem	1.3973	0.1493	0.0020	7.8	0.0249	0.0020
家庭就业人口数 work	0.9250	0.1087	0.5070	−1.82	0.0274	0.5070
路网密度 road	1.4258	0.1490	0.0010	8.27	0.0244	0.0010
土地利用多样性指数 mix	0.8647	0.0865	0.1460	−3.39	0.0233	0.1460
人口和就业岗位数密度 popm	0.7618	0.1113	0.0630	−6.35	0.0341	0.0620
最喜欢的交通方式 ways	1.9012	0.3121	0.0000	14.88	0.0373	0.0000
公交可达站点数量 pro	1.2292	0.1383	0.0670	4.81	0.0262	0.0670
离最近公交站距离 bus	0.8696	0.0811	0.1340	−3.26	0.0217	0.1340
公交线路密度 pubm	1.4652	0.1763	0.0010	8.91	0.0281	0.0020
公交最短可达时间 time	1.2270	0.1384	0.0700	4.77	0.0263	0.0700
白领 job1	5.3187	1.1803	0.0000	33.99	0.0372	0.0000

续表

解释变量	发生比(Odds Ratio)				边际影响(dy/dx)		
	发生比	标准差	显著性	边际效应(%)	标准差	显著性
私营业主 job2	2.2336	0.4309	0.0000	17.34	0.0383	0.0000
退休人员 job4	9.1505	4.0914	0.0000	32.84	0.0341	0.0000
单身阶段 cyc1	0.8466	0.3108	0.6500	−3.92	0.0873	0.6530
新婚阶段 cyc2	0.5323	0.1907	0.0780	−15.34	0.0887	0.0840
满巢 I 阶段 cyc3	0.5519	0.1575	0.0370	−14.3	0.0698	0.0400
满巢 II 阶段 cyc4	0.5589	0.1516	0.0320	−13.96	0.0661	0.0350
空巢与独居阶段 cyc6	0.7302	0.4865	0.6370	−7.57	0.1644	0.6450
刚性需求 cau1	6.3367	1.6153	0.0000	41.53	0.0523	0.0000
弹性需求 cau2	2.4428	0.6430	0.0010	19.49	0.0534	0.0000

提高,大大增加了家庭拥有小汽车的倾向。这一结论也与已有的许多研究结果相似,文献研究清晰地表明家庭收入是在家庭层面决定小汽车拥有量的重要因素(Bhat and Pulugurta, 1998; Shay and Khattak, 2005),收入越大,家庭更可能拥有 1 辆或更多的小汽车(Gardenhire and William, 1999; Whelan, 2007; Anne, 2010)。这是因为购买和维持小汽车使用是一项昂贵的消费,当一个家庭有足够大的收入时,小汽车拥有通常被认为是一个优先考虑的实现目标。通过调查访谈,也发现多数家庭购车是在经济条件允许的情况下以提高出行质量和个人自由度为目的。当问到"可能会促使您放弃买小汽车的首要因素"时,有 25.7% 的不打算购买小汽车的受访者将原因首先归于养车成本太高,可知居民在购车时更多的考虑了经济因素。

2. 有驾照对家庭拥有小汽车具有重要显著的正效应

从模型结果来看户主是否拥有驾照与家庭小汽车的拥有密切相关。按照分类 0 代指无驾照家庭,1 代指有驾照家庭。当分类从 0 增加到 1 时,拥有小汽车的发生比是没有驾照家庭的 7.24 倍。当保持其他所有解释变量不变时,有驾照家庭拥有小汽车的可能性高于没有驾照家庭 44.14%。这一研究结果,在已有文献中也曾被证实:家庭拥有驾驶证的驾驶员数量是小汽车拥有量的主要决定因素。(Chu, 2002; Kim and Kim, 2004; Scott and Axhausen, 2005; Potoglou and Kanaroglou, 2008)。

3. 户主受教育程度和家庭就业人口数对家庭是否拥有小汽车没有显著影响

模型结果显示,受教育程度和家庭就业人口数对家庭拥有小汽车的概率没有显著影响。已有实证研究,对于户主受教育程度是否会影响家庭小汽车拥有,结论并不一致,大多研究认为一般来说,受教育程度越高的消费者，社会地位也高，家庭收入也越大，因此消费能力更强，也更可能购买小汽车（Kockelman，1997；Stead，2001；Schwanen et al.，2002；Krizek，2003）。但也有实证研究表明受教育程度对家庭小汽车的拥有不具有显著影响（Van and Witlox，2010）。本研究的模型结果表明，家庭就业人口数对家庭是否拥有小汽车没有显著影响。这说明家庭就业人口的多少和家庭收入的高低并没有必然联系。

4. 家庭规模对家庭是否拥有小汽车具有显著影响

模型结果表明，家庭每增加一个人，家庭拥有小汽车的发生比是原来的1.40倍。当保持其他所有解释变量在平均值不变时，家庭每增加一个人，家庭拥有小汽车的可能性在平均值上增加7.80%。这一结论与已有研究结论相似，已有研究表明，家庭规模越大，越可能拥有小汽车（Kockelman，1997；Karlaftis and Golias，2002；Dargay and Hanly，2004）。

5. 与蓝领相比，白领、私营业主和退休人员家庭拥有小汽车的概率更大

白领家庭拥有小汽车的概率是蓝领家庭的5.32倍，私营业主家庭拥有小汽车的概率是蓝领家庭的2.23倍，退休人员家庭拥有小汽车的概率是蓝领家庭的9.15倍。当保持其他所有解释变量在平均值不变时，白领家庭拥有小汽车的可能性高于蓝领家庭34%，私营业主家庭拥有小汽车的可能性高于蓝领家庭17.34%，退休人员家庭拥有小汽车的可能性高于蓝领家庭32.84%。由于样本中无业人员所占的比例太少，仅有27份，因此被模型剔除。

6. 家庭生命周期对家庭是否拥有小汽车有显著影响

与满巢Ⅲ阶段家庭（有成年孩子的家庭）相比，新婚阶段、满巢Ⅰ阶段（有学龄前小孩的家庭）和满巢Ⅱ阶段家庭（有学龄孩子的家庭）

家庭拥有小汽车的概率均更小，即满巢Ⅲ阶段家庭比新婚阶段、满巢Ⅰ阶段和满巢Ⅱ阶段家庭更容易购买小汽车。新婚阶段家庭购买小汽车的概率是满巢Ⅲ阶段家庭的 53.23%，满巢Ⅰ阶段家庭购买小汽车的概率是满巢Ⅲ阶段家庭的 55.19%，满巢Ⅱ阶段家庭购买小汽车的概率是满巢Ⅲ阶段家庭的 55.89%。当保持其他所有解释变量在平均值不变时，新婚阶段家庭拥有小汽车的可能性低于满巢Ⅲ阶段家庭 15.34%，满巢Ⅰ阶段家庭拥有小汽车的可能性低于满巢Ⅲ阶段家庭 14.30%，满巢Ⅱ阶段家庭拥有小汽车的可能性低于满巢Ⅲ阶段家庭 13.96%。思考出现这类情况的原因，主要是满巢Ⅲ阶段家庭孩子已经成年，部分甚至已经有独立收入，夫妻双方一般也工作多年，收入稳定，家庭负担最轻，因此拥有小汽车的比率也最高。单身阶段、空巢与独居阶段家庭与满巢Ⅲ阶段家庭相比，拥有小汽车的概率不显著。

根据一般的理解，家庭有学龄前儿童和学龄儿童将增加家庭的交通需求，因此拥有小汽车的可能性会更大。但从本研究的模型结果可看出家庭是否有学龄前儿童和学龄儿童对家庭是否拥有小汽车影响不大，这一结论与 Kim(2004) 年的结论一致。原因是虽然家庭有学龄前儿童和学龄儿童将增加交通需求，但在中国由于教育和培养孩子的各方面费用较高，也会给家庭带来较重的经济负担，而家庭收入是否能支撑汽车使用成本是家庭小汽车拥有决策的决定性因素，这些相互交织的复杂关系，导致家庭有学龄前儿童和学龄儿童对家庭小汽车拥有的影响不显著。因此，家庭有没有小孩并不是家庭小汽车拥有量的显著影响因素。

三、态度和偏好的影响

研究发现，个人和家庭的态度与偏好也会对家庭小汽车拥有产生重要影响。部分个人和家庭对小汽车有特别的偏爱,他们购买小汽车不仅仅是因为有交通上的需求,还因为他们认为小汽车是身份与地位的象征、喜欢驾驶小汽车、使用小汽车更自由等。当被访者被问到"如果可以自由选择,你喜欢哪种出行方式?"时,1 443个样本家庭中,有674个样本家庭选择了小汽车,其中有442个家庭拥有小汽车。从表6-5的模型结果也可以看出,0表示被访家庭最喜欢的交通方式不是小汽车,1表示是从0到1增加1个单位,家庭拥有小汽车的可能性将增加14.88%。最喜欢的交通方式是小汽车的家庭拥有小汽车的发生比是其他家庭的1.90倍。

在问卷中,当被访者被问到"您拥有小汽车或可能会促使您购买小汽车的原因"时,我们设置了工作需要、接送小孩上下学需要、提高社会地位、提高个人自由度、节省时间、更舒适、公交不方便、心理满足、其他共9个选项。在模型中,将拥有小汽车的原因答案精简为3个:刚性需求、弹性需求、心理需求。将工作需要、接送小孩上下学需要归类为刚性需求,提高个人自由度、节省时间、更舒适、公交不方便归类为弹性需求,提高社会地位、心理满足归类为心理需求。

模型结果表明,与心理需求相比,刚性需求和弹性需求对家庭拥有小汽车的影响更大,有购买小汽车刚性需求的家庭拥有小汽车的发生比是仅有心理需求家庭的6.33倍,有购买小汽车弹性需求的家庭拥有小汽车的发生比是仅有心理需求家庭的2.44倍。当保持其他所有解释变量在平均值不变时,有购买小汽车刚性需求的家庭拥有小汽车的可能性高于仅有心理需求家庭41.53%,有购买小汽车弹性需求的家庭拥有小汽车的可能性高于仅有心理需求家庭19.49%。

四、区位和建成环境特征的影响

1. 路网密度对家庭是否拥有小汽车有显著正效应

模型结果表明,路网密度每增加一个单位,家庭拥有小汽车的发生比是原来的1.43倍。当保持其他所有解释变量在平均值不变时,路网密度每增加1个单位,家庭拥有小汽车的可能性在平均值上增加7.80%。进一步分析可能的原因,主要是因为路网密度越高的区域,土地价格越高,相应的也导致房价高,因此居住在这些区域的人群,相对来说收入较高,购买小汽车的可能性较大。

2. 土地利用多样性指数对家庭是否拥有小汽车的影响不显著

模型结果表明,土地利用多样性指数对家庭是否拥有小汽车的影响不显著,但还是能看出其对家庭小汽车拥有的负向效应。这与Van Acker and Witlox(2010)的研究结论相似。可能的原因是,一方面土地利用多样性高的区域,配套服务、娱乐设施相对完善,公共交通服务质量相对也较好,使得人们步行、使用自行车或公共交通的可能性增加,在一定程度上降低了家庭拥小汽车的趋向;但另一方面,土地利用多样性高的区域土地价格相对较高,主要吸引了高收入的家庭,因此也有可能拥有更多的小汽车。两种关系的相互交织作用,使得土地利用多样性指数对于家庭小汽车拥有的影响不显著。

3. 人口和就业岗位数密度越高,家庭拥有小汽车的概率越低

人口和就业岗位数密度对家庭小汽车拥有产生显著的负效应。人口和就业岗位数密度每增加1个单位,家庭拥有小汽车的发生比是原来的0.76倍。当保持其他所有解释变量在平均值不变时,人口和就业岗位数密度每增加1个单位,家庭拥有小汽车的可能性在平均值上减少3.39%。这与已有研究"人口密度和就业密度对家庭小汽车拥有具有重要的消极影响"结论一致(Giuliano and Dargay,

2006；Chen,2008；Potoglou and Kanaroglou,2008；Salon ,2009）。原因是在人口就业密度高的区域,一方面道路拥挤、停车设施缺乏等使得小汽车的使用成本更高,在一定程度上抑制了家庭购买小汽车的需求;另一方面,类似于土地利用多样性对家庭小汽车拥有的影响,密度高的区域配套服务、娱乐设施相对完善,公共交通服务质量相对也较好,使得人们步行、使用自行车或公共交通的可能性增加,在一定程度上降低了家庭拥有小汽车的趋向。

五、公交可达性的影响

1. 公交可达性各指标的影响

第一,使用公交到达所有站点的时间越长,家庭拥有小汽车的概率越大。模型结果表明,使用公交到达所有站点的时间越长,家庭拥有小汽车的概率越大,且在95%的置信度下显著成立。当使用公交到达所有站点的时间增加1个单位,家庭拥有小汽车的发生比是原来的1.23倍。当保持其他所有解释变量在平均值不变时,使用公交到达所有站点的时间增加1个单位,家庭拥有小汽车的可能性在平均值上增加4.77%。由于某个样本点使用公交到达所有站点的花费时间越长,表明该样本点的公共交通可达性越差,因此从公交站点最短可达时间指标反映出公共交通可达性对家庭小汽车拥有具有显著负效应。

分别计算有汽车家庭与无汽车家庭样本的平均公交最短可达时间,结果见图6-1。可见无汽车家庭的平均公交最短可达时间为6 545.58小时,而有汽车家庭的平均公交最短可达时间为6 647.22小时,后者明显高于前者。

进一步将有汽车家庭与无汽车家庭样本分开,然后分别按照公交最短可达时间由大到小进行排序绘制成散点图,结果见图6-2。

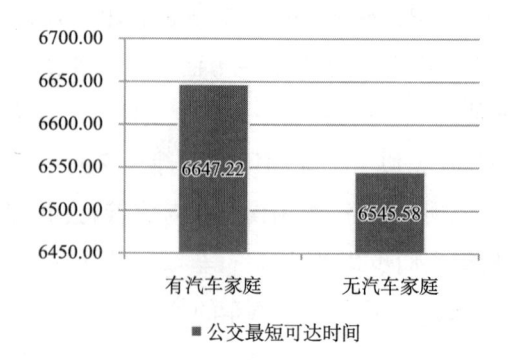

图 6-1 有汽车与无汽车家庭公交最短可达时间平均值

其中,灰色点表示无汽车家庭,黑色点表示有汽车家庭,可以看出黑色的点构成的斜线明显高于灰色点形成的斜线,表明有汽车家庭的公交最短可达时间大于无汽车家庭。进一步佐证了模型结果中公交最短可达时间对家庭小汽车产生显著影响的结论,公交最短可达时间越大,表明公交可达性越差,家庭购买小汽车的概率也就越大。

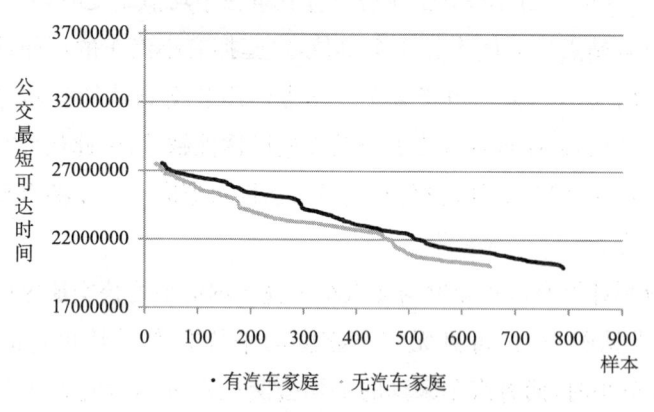

图 6-2 所有样本公交最短可达时间

第二，到最近公交站点的距离对家庭小汽车的拥有影响不显著，但具有负向作用。从模型结果看，到最近公交站点的距离对家庭小汽车拥有的影响不显著。为了进一步分析到最近公交站点的距离对家庭小汽车拥有的影响，分别计算有汽车家庭与无汽车家庭到最近公交站点距离的平均值，结果见图 6-3，可见，有汽车家庭到最近公交站点距离的平均值为 185.61 略高于无汽车家庭到最近公交站点距离的平均值(183.26)，但二者差别甚小。

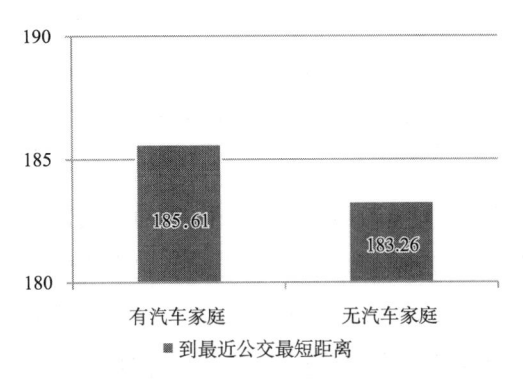

图 6-3 有汽车与无汽车家庭到最近公交站点距离平均值

但进一步将有汽车家庭与无汽车家庭样本分开，然后分别按照到最近公交站点距离由大到小进行排序绘制成散点图后(图 6-4)，可以看出黑色的点构成的曲线高于灰色点形成的曲线，表明有汽车家庭到最近公交站点距离大于无汽车家庭。在一定程度上显示出模型中表明到最近公交站点距离对家庭小汽车拥有的负向作用。

第三，公交可达站点数量和公交线路密度对家庭小汽车的拥有产生正效应。根据模型结果，公交可达站点数量和公交线路密度对家庭小汽车的拥有产生显著正向效应，且结果显著。这表明家庭样本点周边 500 米范围内公交站点数量越多，公交线路越密，家庭拥有

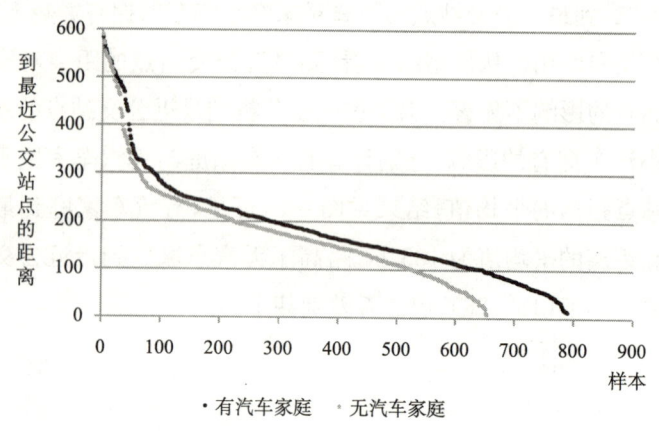

图 6-4　所有样本到最近公交站点的距离

小汽车的概率更大。这一结论与我们预期的相反,进一步分析可能的原因,为公交线路网密度越高,公交站点越密集的区域,土地价格越高,相应的也导致房价高。因此,居住在这些区域的人群,相对来说收入较高,购买小汽车的可能性较大。例如,公交线路密度高,排名前两位的社区执信社区与都府社区均位于城市中心区,也是高收入群体居住区。

2. 公交综合可达性指数的影响

通过对公交可达性各指标对家庭小汽车拥有的影响,可以看出公交最短可达时间对小汽车拥有产生了显著影响,但到最近公交站点的距离却影响不显著,公交可达站点数量和公交线路密度又对家庭小汽车的拥有产生正效应。因此,还需要进一步分析综合考虑各指标的公交综合可达性指数究竟是否会对家庭小汽车拥有产生影响。

将公共交通可达性的分解指标换成公交综合可达性指数构建模型,结果见表 6-5。

第六章 公共交通可达性对小汽车拥有的影响

表 6-5 公交综合可达性指数对家庭小汽车拥有的二元 Logit 模型结果

解释变量	发生比(Odds Ratio)				边际影响(dy/dx)		
	发生比	标准差	显著性	边际效应(%)	标准差	显著性	
受教育程度 edu	1.2892	0.1516	0.0310	5.9483	0.0275	0.0300	
是否有驾照 lic	7.1296	1.1501	0.0000	43.9531	0.0322	0.0000	
家庭人均月收入 inc	7.3087	1.8750	0.0000	46.5792	0.0579	0.0000	
家庭规模 mem	1.3326	0.1384	0.0060	6.7238	0.0243	0.0060	
家庭就业人口数 work	0.9494	0.1089	0.6510	−1.2163	0.0269	0.6510	
路网密度 road	1.1359	0.1077	0.1790	2.9846	0.0222	0.1790	
土地利用多样性指数 mix	0.8911	0.0853	0.2280	−2.7004	0.0224	0.2280	
人口和就业岗位数密度 popm	1.1818	0.1510	0.1910	3.9111	0.0300	0.1920	
最喜欢的交通方式 ways	1.8771	0.3033	0.0000	14.6400	0.0369	0.0000	
公交综合可达性指数 zhkd	0.2444	0.2010	0.0870	−32.9905	0.1926	0.0870	
白领 job1	5.0581	1.0927	0.0000	33.3141	0.0368	0.0000	

续表

解释变量	发生比(Odds Ratio)			边际影响(dy/dx)		
	发生比	标准差	显著性	边际效应(%)	标准差	显著性
私营业主 job2	2.2828	0.4359	0.0000	17.8640	0.0379	0.0000
退休人员 job4	9.6672	4.2341	0.0000	33.4964	0.0328	0.0000
单身阶段 cyc1	0.9034	0.3242	0.7770	−2.3920	0.0850	0.7780
新婚阶段 cyc2	0.6394	0.2227	0.1990	−10.8254	0.0861	0.2090
满巢Ⅰ阶段 cyc3	0.6250	0.1733	0.0900	−11.2974	0.0678	0.0950
满巢Ⅱ阶段 cyc4	0.5991	0.1598	0.0550	−12.3059	0.0651	0.0590
空巢与独居阶段 cyc6	0.5910	0.3814	0.4150	−12.8511	0.1611	0.4250
刚性需求 cau1	5.9608	1.4811	0.0000	40.3934	0.0516	0.0000
弹性需求 cau2	2.0735	0.5313	0.0040	16.2257	0.0540	0.0030

从模型结果来看,其他解释变量的变化与表 6-5 模型结果相比,变化不大。仅有 3 个解释变量在显著性上发生变化,其中受教育程度由公交可达性各指标模型结果中的不显著,变化为在公共交通综合可达性指数模型中对家庭小汽车拥有产生显著影响。受教育程度越高,家庭拥有小汽车的概率越大,且在 95% 的置信度下显著成立。当受教育程度每增加 1 个单位时,家庭拥有小汽车的发生比是原来的 1.29 倍。当保持其他所有解释变量在平均值不变时,受教育程度每增加 1 个单位,家庭拥有小汽车的可能性在平均值上增加5.95%。发生变化的另外 2 个解释变量是路网密度和人口和就业岗位数密度,由公交可达性各指标模型结果中的显著,变化为在公共交通综合可达性指数模型中对家庭小汽车拥有产生不显著影响。其余解释变量变化较小,仅在发生比和边际效应的数值上发生变化。该模型的拟合优度为 45%,具有一定的解释能力。

  模型表明,公共交通综合可达性指数对家庭小汽车拥有产生显著负效应影响。公共交通综合可达性指数越大,公共交通可达性越好,家庭拥有小汽车的概率越小,在 90% 的置信度下显著成立。当公共交通综合可达性指数每增加 1 个单位,家庭拥有小汽车的发生比是原来的 0.24 倍。当保持其他所有解释变量在平均值不变时,公共交通综合可达性指数每增加 1 个单位,家庭拥有小汽车的可能性在平均值上减少 32.99%。由此可见,公共交通可达性对家庭小汽车拥有有显著抑制作用。

  为了进一步分析公共交通综合可达性指数对家庭小汽车拥有的影响,分别计算有汽车家庭与无汽车家庭的公共交通综合可达性指数平均值,结果见图 6-5,可见,有汽车家庭公共交通综合可达性指数平均值为 0.5252,低于无汽车家庭公共交通综合可达性指数平均值 0.5367。从平均值上亦可看出,有汽车家庭的公共交通可达性要

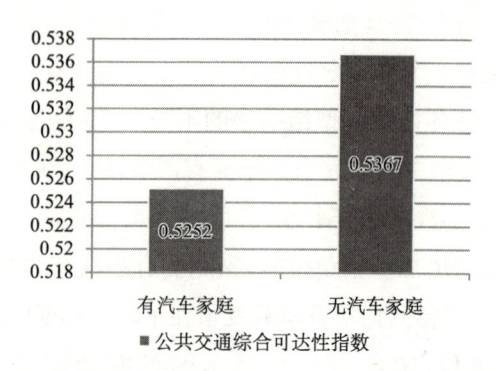

图 6-5　有汽车与无汽车家庭公共交通综合可达性指数平均值

差于无汽车家庭。

第四节　对拥有小汽车数量的影响

将家庭小汽车拥有量设为三类：0 辆、1 辆、2 辆及以上,分别用 0、1、2 表示,其中没有小汽车的家庭样本数为 627,有 1 辆小汽车家庭的样本数为 614,有 2 辆及更多小汽车家庭的样本数为 178。本部分构建了三元 logit 模型,分析家庭小汽车数量的影响因素和各因素的作用机制。以期在厘清了公共交通可达性怎样影响家庭是否购买小汽车的基础上,进一步回答公共交通可达性是否对家庭小汽车拥有数量产生影响这一问题。并分别以公交综合可达性指数和公交可达性各指标反映公共交通可达性,构建公交综合可达指数 logit 模型和公交可达性各指标 logit 模型来进行分析。

1. 公交综合可达性指数 logit 模型结果分析

首先以家庭拥有 1 辆小汽车为参照组,分析家庭没有小汽车与有 1 辆小汽车的影响因素,模型结果见表 6-6。总的来看,模型结果

表 6-6　家庭无小小汽车与拥有 1 辆小汽车模型结果（公交综合可达性指数）

解释变量	发生比(Odds Ratio)			边际影响(dy/dx)		
	发生比	标准差	显著性	边际效应(%)	标准差	显著性
受教育程度 edu	1.2462	0.1496	0.0670	5.4950	0.0300	0.0670
是否有驾照 lic	6.8359	1.1174	0.0000	44.6428	0.0327	0.0000
家庭人均月收入 inc	6.2814	1.6573	0.0000	45.8776	0.0660	0.0000
家庭规模 mem	1.2886	0.1333	0.0140	6.3304	0.0258	0.0140
家庭就业人口数 work	0.9789	0.1116	0.8510	−0.5329	0.0285	0.8510
路网密度 road	1.1287	0.1080	0.2060	3.0221	0.0239	0.2060
土地利用多样性指数 mix	0.8801	0.0835	0.1780	−3.1890	0.0237	0.1780
人口和就业岗位数密度 popm	1.1758	0.1483	0.1990	4.0433	0.0315	0.1990
最喜欢的交通方式 ways	1.5563	0.2545	0.0070	11.0080	0.0404	0.0060
公交综合可达性指数 zhkd	0.2367	0.1938	0.0780	−35.9774	0.2044	0.0780
白领 job1	5.1494	1.1169	0.0000	38.0735	0.0429	0.0000
私营业主 job2	2.2206	0.4323	0.0000	19.5632	0.0458	0.0000

续表

解释变量	发生比(Odds Ratio)			边际影响(dy/dx)		
	发生比	标准差	显著性	边际效应(%)	标准差	显著性
退休人员 job4	9.6833	4.2246	0.0000	43.5556	0.0480	0.0000
单身阶段 cyc1	0.8923	0.3200	0.7510	−2.8410	0.0892	0.7500
新婚阶段 cyc2	0.6106	0.2173	0.1660	−12.0457	0.0838	0.1510
满巢Ⅰ阶段 cyc3	0.6347	0.1769	0.1030	−11.1974	0.0671	0.0950
满巢Ⅱ阶段 cyc4	0.6214	0.1667	0.0760	−11.7167	0.0646	0.0700
空巢与独居阶段 cyc6	0.5814	0.3698	0.3940	−13.1238	0.1458	0.3680
刚性需求 cau1	5.8601	1.4881	0.0000	41.4601	0.0523	0.0000
弹性需求 cau2	2.1071	0.5478	0.0040	18.4008	0.0625	0.0030

与分析家庭是否拥有小汽车的影响因素的模型结果较为类似。从回归结果可以看出,对数似然函数值 Log likelihood 为 －517.64708,卡方检验 LR Chi2(23)＝719.94, p＝0.0000,由此可见卡方检验能够在 99％ 的置信度下显著成立,说明方程整体拟合较好。Pseudo R^2＝0.4102,说明模型中自变量对因变量变异的解释能力达 41.02％,模型拟合度较好。

其次,以家庭拥有 1 辆小汽车为参照组,分析家庭有 1 辆小汽车与有 2 辆及更多小汽车的影响因素,模型结果见表 6-7。模型的对数似然函数值 Log likelihood 为 －231.54895,卡方检验 LR Chi2(23)＝135.09, p＝0.0000,由此可见卡方检验能够在 99％ 的置信度下显著成立,Pseudo R^2＝0.2258,说明模型中自变量对因变量变异的解释能力达 22.58％,模型有一定的解释能力。

通过对两个模型结果的比较分析,可以发现以下特征。

第一,公交综合可达性指数对家庭是否拥有小汽车产生显著影响,但对家庭拥有更多数量的小汽车无显著影响。表 6-7 的模型结果表明:公共交通综合可达性指数越大,公共交通可达性越好,家庭从没有小汽车到拥有 1 辆小汽车的概率越小,结果在 90％ 的置信度下显著成立。当公共交通综合可达性指数每增加 1 个单位,家庭从没有小汽车到拥有 1 辆小汽车的发生比是原来的 0.24 倍。当保持其他所有解释变量在平均值不变时,公共交通综合可达性指数每增加 1 个单位,家庭从没有小汽车到拥有 1 辆小汽车的可能性在平均值上减少 35.98％。

由此可见,公共交通可达性对家庭从没有小汽车到拥有 1 辆小汽车的倾向有显著抑制作用。由图 6-6 散点亦可看出,无汽车家庭的公交综合可达性指数略高于有 1 辆汽车家庭。图 6-7 也表明,没有小汽车的家庭的公交综合可达性指数平均值为 0.5376,高于拥有

表 6-7 家庭有 1 辆与 2 辆及多辆小汽车模型结果(公交综合可达性指数)

解释变量	发生比(Odds Ratio)			边际影响(dy/dx)		
	发生比	标准差	显著性	边际效应(%)	标准差	显著性
受教育程度 edu	1.3221	0.2291	0.1070	5.7571	0.0357	0.1070
是否有驾照 lic	1.8764	0.7235	0.1030	11.6643	0.0628	0.0630
家庭人均月收入 inc	9.3193	2.7834	0.0000	46.0177	0.0603	0.0000
家庭规模 mem	1.2803	0.1821	0.0820	5.0936	0.0293	0.0820
家庭就业人口数 work	0.9814	0.1722	0.9150	−0.3876	0.0362	0.9150
路网密度 road	0.9976	0.1512	0.9870	−0.0492	0.0312	0.9870
土地利用多样性指数 mix	1.0876	0.1748	0.6010	1.7305	0.0331	0.6010
人口和就业岗位数密度 popm	1.1961	0.2742	0.4350	3.6919	0.0473	0.4350
公交综合可达性指数 zhkd	5.4955	7.5929	0.2170	35.1289	0.2843	0.2170
白领 job1	0.7082	0.2681	0.3620	−7.0896	0.0775	0.3600
私营业主 job2	1.4602	0.5215	0.2890	8.0830	0.0791	0.3070
退休人员 job4	2.3286	2.3167	0.3960	19.6963	0.2482	0.4270
单身阶段 cyc1	1.0003	0.5365	1.0000	0.0058	0.1106	1.0000
新婚阶段 cyc2	2.1790	1.0372	0.1020	17.6284	0.1117	0.1140
满巢 I 阶段 cyc3	0.7437	0.2870	0.4430	−5.9023	0.0742	0.4260
满巢 II 阶段 cyc4	0.7389	0.2741	0.4150	−6.0459	0.0717	0.3990
刚性需求 cau1	1.6590	1.1777	0.4760	9.8655	0.1298	0.4470
弹性需求 cau2	0.7785	0.5795	0.7370	−5.0043	0.1440	0.7280

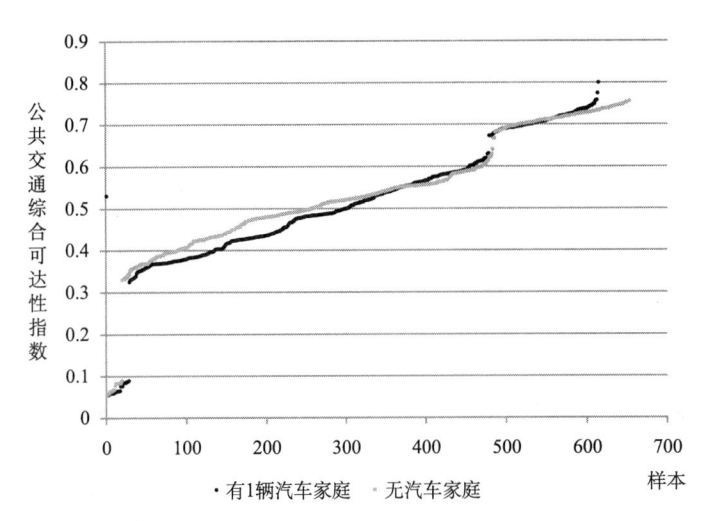

图 6-6　有 1 辆汽车与无汽车家庭公交综合可达性指数

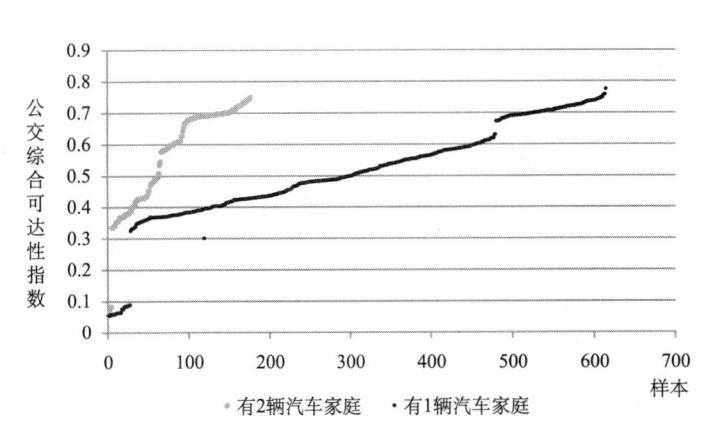

图 6-7　有 1 辆汽车与有 2 辆及以上汽车家庭公交综合可达性指数

1 辆小汽车的家庭的公交综合可达性指数平均值 0.5105。

但是,当家庭已经拥有 1 辆小汽车后,决策是否再购买更多小汽车时,公共交通可达性却没有显著影响。图 6-7、6-8 也可看出有 2

辆及更多汽车家庭的公共交通综合可达性指数高于有 1 辆汽车家庭,其平均值甚至高于没有汽车家庭。

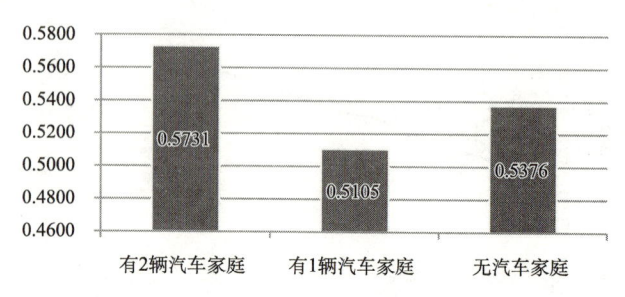

图 6-8　无汽车、有 1 辆、有 2 辆及以上汽车家庭公交综合可达性平均值

这一发现与国外较多实证研究中认为"改善公共交通的服务质量能在一定程度有效减少家庭小汽车拥有量,居住在公共交通可达性高的区域对每个家庭小汽车拥有量具有消极影响"(Schimek, 1996;Kim and Kim ,2004;Bento et al. ,2005;Giuliano and Dargay,2006;Bhat and Guo,2007;Potoglou and Kanaroglou,2008; Matas and Raymond,2008,2009;Salon ,2009)的结论不完全相同。本研究结论表明:不能简单地认为公共交通可达性的提高能有效减少家庭小汽车拥有量,应当进一步的细化区分,公共交通可达性对家庭从没有小汽车到拥有 1 辆小汽车的决策倾向有显著抑制作用,但当家庭已经拥有 1 辆小汽车后,小汽车使用一旦超过两年,其自身属性将由奢侈品转变为生活必需品,家庭对小汽车的依赖性大大加强。因此,对于这类家庭,单纯依靠公交自身的改善很难提高吸引力,限制和引导小汽车合理使用的交通需求管理措施更为重要(何保红, 2005)。

第二,家庭收入始终是影响家庭是否拥有小汽车和拥有小汽车数量的最主导因素。无论是从家庭没有小汽车与家庭拥有 1 辆小汽车的 Logit 模型还是家庭拥有 1 辆小汽车与 2 辆及多辆小汽车的 Logit 模型结果来看,家庭收入始终是最主导因素,边际效应最大。在没有小汽车与拥有 1 辆小汽车家庭的 Logit 模型结果中(表 6-6),家庭人均月收入每增加 1 个单位,家庭从没有小汽车到拥有 1 辆小汽车的发生比是原来的 6.28 倍。当保持其他所有解释变量在平均值不变时,家庭人均月收入每增加 1 个单位,家庭从没有小汽车到拥有 1 辆小汽车的可能性在平均值上增加 45.88%。

在拥有 1 辆小汽车与拥有 2 辆及更多小汽车家庭的 Logit 模型结果中(表 6-7),这种效应则更加明显。当家庭拥有 1 辆小汽车后,决策是否拥有 2 辆或更多小汽车,几乎完全由家庭人均月收入和家庭规模所决定。在表 6-7 的模型结果中,只有这两个解释变量显著,22.58% 的模型贡献度几乎完全由这两个变量所决定。可以看到,家庭人均月收入每增加 1 个单位,家庭从没有小汽车到拥有 1 辆小汽车的发生比是原来的 9.32 倍。当保持其他所有解释变量在平均值不变时,家庭人均月收入每增加 1 个单位,家庭从没有小汽车到拥有 1 辆小汽车的可能性在平均值上增加 46.02%。

总的来看,对于中国城市大部分家庭而言,家庭因素尤其是经济收入是家庭小汽车拥有量最基本的影响因素。

第三,家庭规模是影响家庭小汽车数量的重要因素。无论是从家庭没有小汽车与家庭拥有 1 辆小汽车的 Logit 模型还是家庭拥有 1 辆与 2 辆及多辆小汽车的 Logit 模型结果来看,家庭规模都是重要影响因素。

在没有小汽车与拥有 1 辆小汽车家庭的 Logit 模型结果中(表 6-8),家庭规模每增加 1 个单位,家庭从没有小汽车到拥有 1 辆小汽车的发生比是原来的 1.29 倍。当保持其他所有解释变量在平均值不变时,家庭规模每增加 1 个单位,家庭从没有小汽车到拥有 1 辆小汽车的可能性在平均值上增加6.33%。

在拥有1辆与拥有2辆及更多小汽车家庭的Logit模型结果中（表6-9），家庭规模每增加1个单位，家庭从没有小汽车到拥有1辆小汽车的发生比是原来的1.28倍。当保持其他所有解释变量在平均值不变时，家庭规模每增加1个单位，家庭从没有小汽车到拥有1辆小汽车的可能性在平均值上增加5.09%。

由此可见，家庭规模越大，家庭小汽车拥有数量越多的概率越大。这一结论和Kockelman(1997)与Karlaftis(2002)的实证研究结论类似，由于家庭内部决策和每一个家庭成员的行为相关，在越大的家庭越需要超过1辆的小汽车，即对小汽车的需求会越大。

2. 公交可达性各指标logit模型结果分析

为了进一步探明公共交通可达性中各因素对于家庭小汽车拥有数量的影响，使用样本家庭500米周边公交可达站点数量、离最近公交站点距离、样本家庭500米周边公交线路密度、公交最短可达时间4个指标纳入模型。其中，无小汽车与拥有1辆小汽车家庭Logit模型中，对数似然函数值Log likelihood为-505.53118，卡方检验LR Chi2(23)=744.17，p=0.0000，由此可见卡方检验能够在99%的置信度下显著成立，Pseudo R^2=0.4240，说明模型中自变量对因变量变异的解释能力达42.40%，模型拟合度较好。

拥有1辆与拥有2辆及更多小汽车家庭的Logit模型中，对数似然函数值Log likelihood为-224.41263，卡方检验LR Chi2(23)=149.36，p=0.0000，由此可见卡方检验能够在99%的置信度下显著成立，Pseudo R^2=0.2497，说明模型中自变量对因变量变异的解释能力达24.97%，模型有一定的解释能力。

表 6-8 无小汽车与拥有 1 辆小汽车家庭模型结果（公交可达性各指标）

解释变量	发生比(Odds Ratio) 发生比	标准差	显著性	边际效应(%)	边际影响(dy/dx) 标准差	显著性
受教育程度 edu	1.1536	0.1422	0.2460	3.5671	0.0308	0.2460
是否有驾照 lic	6.9731	1.1629	0.0000	45.0314	0.0332	0.0000
家庭人均月收入 inc	6.6143	1.7554	0.0000	47.1518	0.0664	0.0000
家庭规模 mem	1.3560	0.1442	0.0040	7.6010	0.0266	0.0040
家庭就业人口数 work	0.9526	0.1113	0.6780	−1.2116	0.0292	0.6780
路网密度 road	1.3987	0.1483	0.0020	8.3753	0.0265	0.0020
土地利用多样性指数 mix	0.8615	0.0854	0.1330	−3.7221	0.0248	0.1330
人口和就业岗位数密度 popm	0.8025	0.1148	0.1240	−5.4926	0.0357	0.1240
最喜欢的交通方式 ways	1.5832	0.2635	0.0060	11.4305	0.0411	0.0050
公交可达站点数量 pro	1.1895	0.1316	0.1170	4.3309	0.0276	0.1170
离最近公交站点距离 bus	0.8370	0.0793	0.0600	−4.4418	0.0236	0.0600
公交线路密度 pubm	1.3674	0.1590	0.0070	7.8101	0.0290	0.0070
公交最短可达时间 time	1.2294	0.1387	0.0670	5.1537	0.0282	0.0670

续表

解释变量	发生比(Odds Ratio)			边际影响(dy/dx)		
	发生比	标准差	显著性	边际效应(%)	标准差	显著性
白领 job1	5.4275	1.2105	0.0000	39.1514	0.0436	0.0000
私营业主 job2	2.1664	0.4248	0.0000	18.9931	0.0464	0.0000
退休人员 job4	9.0529	4.0201	0.0000	42.9468	0.0511	0.0000
单身阶段 cyc1	0.8583	0.3150	0.6770	−3.8057	0.0911	0.6760
新婚阶段 cyc2	0.5093	0.1871	0.0660	−16.2062	0.0826	0.0500
满巢Ⅰ阶段 cyc3	0.5720	0.1640	0.0510	−13.6717	0.0679	0.0440
满巢Ⅱ阶段 cyc4	0.5879	0.1603	0.0510	−13.0361	0.0651	0.0450
空巢与独居阶段 cyc6	0.7070	0.4617	0.5950	−8.5186	0.1565	0.5860
刚性需求 cau1	6.3701	1.6652	0.0000	43.1544	0.0528	0.0000
弹性需求 cau2	2.4917	0.6676	0.0010	22.3938	0.0631	0.0000

第六章 公共交通可达性对小汽车拥有的影响　217

表6-9 家庭有1辆与2辆及多辆小汽车模型结果（公交可达性各指标）

解释变量	发生比(Odds Ratio) 发生比	标准差	显著性	边际影响(dy/dx) 边际效应(%)	标准差	显著性
受教育程度 edu	1.1491	0.2097	0.4460	2.8253	0.0371	0.4460
是否有驾照 lic	2.0402	0.8185	0.0760	12.7944	0.0618	0.0380
家庭人均月收入 inc	10.5676	3.2877	0.0000	47.9371	0.0621	0.0000
家庭规模 mem	1.2840	0.1868	0.0860	5.0828	0.0296	0.0860
家庭就业人口数 work	0.9619	0.1741	0.8300	−0.7904	0.0368	0.8300
路网密度 road	1.1250	0.1740	0.4460	2.3946	0.0314	0.4460
土地利用多样性指数 mix	1.0295	0.1725	0.8620	0.5915	0.0341	0.8620
人口和就业岗位数密度 popm	0.6695	0.1848	0.1460	−8.1579	0.0559	0.1440
公交可达站点数量 pro	1.5599	0.2682	0.0100	9.0399	0.0347	0.0090
离最近公交站点距离 bus	1.1666	0.1551	0.2470	3.1323	0.0270	0.2460
公交线路密度 pubm	1.6066	0.2997	0.0110	9.6401	0.0378	0.0110
公交最短可达时间 time	0.7506	0.1394	0.1220	−5.8330	0.0376	0.1210
白领 job1	0.7092	0.2754	0.3760	−6.9644	0.0784	0.3750

续表

解释变量	发生比(Odds Ratio)			边际影响(dy/dx)		
	发生比	标准差	显著性	边际效应(%)	标准差	显著性
私营业主 job2	1.5985	0.5913	0.2050	9.9645	0.0814	0.2210
退休人员 job4	3.5304	3.4849	0.2010	29.8489	0.2398	0.2130
单身阶段 cyc1	0.7130	0.3964	0.5430	−6.5488	0.1019	0.5200
新婚阶段 cyc2	1.8106	0.8839	0.2240	13.0727	0.1144	0.2530
满巢 I 阶段 cyc3	0.6469	0.2527	0.2650	−8.4051	0.0712	0.2380
满巢 II 阶段 cyc4	0.6391	0.2438	0.2410	−8.6721	0.0700	0.2160
刚性需求 cau1	1.7411	1.2311	0.4330	10.5796	0.1256	0.4000
弹性需求 cau2	0.8792	0.6549	0.8630	−2.5751	0.1466	0.8610

对比两个模型,结果类似于 6.4.1 中公交综合可达指数 logit 模型结果。同样可以观察到公交可达性各指标对家庭从无小汽车到拥有 1 辆小汽车产生显著影响,但一旦家庭已经拥有 1 辆小汽车后,公交可达性各指标对于家庭拥有更多数量的小汽车无显著影响。

在没有小汽车与拥有 1 辆小汽车家庭的 Logit 模型结果中,4 个公共交通可达性指标中,有 3 个指标显著:离最近公交站点距离、样本家庭 500 米周边公交线路密度、公交最短可达时间。其中,公交最短可达时间越长,表明公交可达性越差,家庭从无小汽车到拥有 1 辆小汽车的概率也越大。当使用公交到达所有站点的时间增加 1 个单位,家庭从无小汽车到拥有 1 辆小汽车的发生比是原来的 1.23 倍。当保持其他所有解释变量在平均值不变时,使用公交到达所有站点的时间增加 1 个单位,家庭从无小汽车到拥有 1 辆小汽车的可能性在平均值上增加 5.15%。离最近公交站点距离、样本家庭 500 米周边公交线路密度两个变量与预期相反,模型结果表明离最近公交站点距离越近,样本家庭 500 米周边公交线路密度越大的家庭样本,反而从无小汽车到拥有 1 辆小汽车的可能性更大。对于其原因,如前文所述,公交线路网密度越高,公交站点越密集的区域,土地价格越高,相应的也导致房价高。因此,居住在这些区域的人群,相对来说收入较高,购买小汽车的可能性较大。

在拥有 1 辆与 2 辆及更多小汽车家庭的 Logit 模型中,4 个公交可达性指标没有一个有显著影响,这也进一步佐证了一旦家庭已经拥有 1 辆小汽车后,公交可达性对于家庭拥有更多数量的小汽车无显著影响这一结论。

第五节 不同类型社区的分析

一、社区类型的划分

选取土地利用多样性指数、路网密度、到 CBD 的距离、人口就业密度、公交最短可达时间、公交线路密度、地铁邻近度、公共交通站点数量、到最近公交站点的距离 9 个指标,综合考虑区位与土地利用特征和公共交通可达性两大类因素,对本研究中选取的 21 个社区进行聚类,划分出不同类型,观察公共交通可达性对不同类型社区小汽车拥有和使用的影响。

由于参与聚类变量较多,不便于对类别特征的总结和命名,首先使用主成分分析法(Principal Component Analysis)将区位与土地利用特征、公共交通可达性两大类 9 个变量按照特征根 >1 的主因子选择原则,选入 4 个公因子(表 6-10),累计方差贡献率达到 88.89%。使用 SPSS16.0 采用球形检验法检验相伴概率为 0.000,小于显著性水平 0.05,因此拒绝零假设,认为所选数据适合做因子分析。

由主成分载荷矩阵可看出:第一主成分与公交最短可达时间、地铁邻近度、到 CBD 的距离有较大的正相关,说明第一主成分在一定程度上集中反映了区域层面的区位及公共交通可达性特征;第二主成分在人口就业密度、土地利用多样性指数、公交线路密度上具有较大的载荷,说明第二主成分在集中反映的是建成环境的特征;第三主成分与 500 米步行范围内公交站点数量、到最近公交站点的距离有较大的正相关,说明第三主成分在一定程度上集中反映了社区层面的公共交通可达性特征;第四主成分主要与路网密度相关,说明第四主成分在一定程度上反映的是交通通达度。

表 6-10 变量主成分载荷矩阵

变量	主成分			
	1	2	3	4
土地利用多样性指数	−0.408	0.784	−0.089	0.134
路网密度	−0.103	0.136	0.053	0.961
公交最短可达时间	0.968	−0.542	−0.086	−0.221
公交线路密度	−0.240	0.776	0.580	0.001
地铁邻近度	0.943	−0.217	−0.035	−0.157
公共交通站点数量	0.124	0.525	0.854	0.387
到最近公交站点的距离	0.064	−0.057	−0.885	0.024
到 CBD 的距离	0.916	−0.519	−0.064	−0.079
人口就业密度	−0.343	0.822	0.491	0.657

资料来源：Extraction Method: Principal Component Analysis. Rotation Method: Promax with Kaiser Normalization.

其次，使用区域层面的区位和公交可达性、建成环境、社区层面的公交可达性、交通通达度 4 个主成分数据，采用 K-Means 的聚类方法对 21 个案例社区聚为 3 类。聚类结果见表 6-11。

表 6-11 社区聚类分析

变量	Cluster		
	1	2	3
区域层面的区位和公交可达性	3.92369	−0.04441	−0.47805
建成环境	−0.68290	−0.53043	1.08265
社区层面的公交可达性	0.20686	−0.41653	0.74401
交通通达度	−0.86770	−0.25779	0.60272

分析聚类后社区的特征并进行命名如下。

第一类是公交可达性较差的社区,包括东区社区、丽江社区、洛溪新城、星河湾社区。这类社区从区域层面的区位和公交可达性来看,离CBD远,到地铁站点的距离远、公交最短可达时间长;从建成环境特征来看,土地利用多样性指数低、公交线路密度低、人口就业密度低,交通通达度低。

第二类是公交可达性一般的社区,包括茶山社区、东海社区、芳村花园社、富和社区、美好社区、棠德北社区、鱼珠社区、泽德社区、珠江帝景社区、中大社区。这类社区与第一类和第三类社区相比,公交可达性、土地利用多样性指数、公交线路密度、人口就业密度、交通通达度等指标值居中。

第三类是公交可达性好的社区,包括东华市场社区、都府社区、南雅苑社区、侨庭社区、五羊北社区、执信社区、周门社区。这类社区从区域层面的区位和公交可达性来看,到CBD的距离近,到地铁站点的距离近、公交最短可达时间短;从建成环境特征来看,土地利用多样性指数高、公交线路密度高、人口就业密度高、交通通达度高。

二、不同社区公交可达性的影响

1. 公交可达性主成分分析

为了进一步分析各指标的公交可达性是否会对不同类型社区家庭拥有小汽车产生影响,使用主成分的分析方法,基于1 443个家庭的问卷数据,对公共交通可达性的5个观察变量:公交最短可达时间、公交线路密度、公交站点数量、到最近公交站点的距离、到最近地铁站点的距离进行分析。

使用SPSS16.0采用球形检验法检验相伴概率为0.000,小于显著性水平0.05,因此拒绝零假设,认为所选数据适合做因子分析。

按照特征根＞1的主因子选择原则,选入2个主因子,累计方差贡献率达到72.49%,能解释公共交通可达性水平。由主成分载荷矩阵可看出,第一主成分与公交最短可达时间、地铁邻近度有较大的正相关,说明第一主成分在一定程度上集中反映了区域层面的公共交通可达性特征;第二主成分在500米步行范围内公交站点数量、到最近公交站点的距离、500米步行范围内公交线路密度上具有较大的载荷,说明第二主成分在一定程度上代表着社区层面的公共交通可达性特征(表6-12)。

表 6-12　公交可达性主成分荷载矩阵

	Component 1	Component 2
公共交通邻近度	−0.050	0.846
到最近公交站点的距离	0.027	−0.664
地铁邻近度	0.932	−0.069
公交线路密度	−0.454	0.716
公交最短可达时间	0.973	−0.228

资料来源:Extraction Method: Principal Component Analysis. Rotation Method: Promax with Kaiser Normalization.

2. 不同类型社区模型结果

使用Stata10.0软件,分别使用三种类型的社区家庭问卷数据,运用Forward Stepwise(Wald)回归方法进行二元Logit模型回归,该方法的原理是让变量以逐步进入的方式纳入回归方程,其纳入回归方程的标准是分值统计量的显著水平,从回归方程中删除变量的标准是Wald统计量的概率(表6-13)。

表 6-13 不同社区 Logit 模型结果比较

	公交可达性较差 社区 model 1		公交可达性一般 社区 model 2		公交可达性好 的社区 model 3	
	回归系数	显著性	回归系数	显著性	回归系数	显著性
受教育程度 edu	0.1749	0.5620	0.1348	0.4790	−0.0808	0.7710
是否有驾照 lic	1.8608	0.0000	1.6452	0.0000	3.1050	0.0000
家庭人均月收入 inc	0.8660	0.0530	2.6041	0.0000	3.2046	0.0000
家庭规模 mem	0.2538	0.3440	0.3723	0.0090	0.6015	0.0260
家庭就业人口数 work	−0.3295	0.2680	−0.0732	0.6630	0.1053	0.7050
路网密度 road	0.3776	0.1010	0.0455	0.7560	0.4416	0.1790
土地利用多样性指数 mix	2.7740	0.1190	0.1356	0.3190	1.1636	0.0000
人口和就业岗位数密度 popm	3.8945	0.1930	−0.5701	0.0000	−0.6052	0.0230
最喜欢的交通方式 ways	0.7928	0.0420	0.7828	0.0020	0.3931	0.2250
区域公共交通可达性 quyukdx	−1.4867	0.2040	−0.4739	0.0940	−2.4082	0.0220
社区公共交通可达性 sqkdx	0.2488	0.5070	0.3944	0.0110	0.3229	0.2460
白领 job1	2.1873	0.0000	1.8653	0.0000	1.6148	0.0000

续表

	公交可达性较差 社区 model 1		公交可达性一般 社区 model 2		公交可达性好 的社区 model 3	
	回归系数	显著性	回归系数	显著性	回归系数	显著性
私营业主 job2	1.8716	0.0000	0.6545	0.0270	0.0700	0.8680
退休人员 job4	2.2923	0.0130	3.3920	0.0000	2.2603	0.0290
单身阶段 cyc1	-0.0658	0.9420	0.1632	0.7690	0.0131	0.9870
新婚阶段 cyc2	-1.2979	0.1800	0.1039	0.8580	-1.1626	0.0900
满巢Ⅰ阶段 cyc3	-0.6997	0.2880	-0.0912	0.8260	-1.1307	0.0780
满巢Ⅱ阶段 cyc4	-0.8139	0.1650	-0.3301	0.4170	-0.5271	0.3590
空巢与独居阶段 cyc6	-0.8198	0.5260	-0.9741	0.5860	-0.8282	0.5830
刚性需求 cau1	2.2086	0.0000	1.0558	0.0150	2.8660	0.0000
弹性需求 cau2	1.2085	0.0410	0.1474	0.7530	1.6663	0.0010
常数	-7.4028	0.0000	-9.0424	0.0000	-10.1314	0.0000
Pseudo R^2	0.4757		0.4697		0.5950	

首先,考虑将选取的所有变量均纳入模型,包括职业、受教育程度、户主是否有驾照、家庭人均月收入、家庭规模、家庭就业人口数、家庭生命周期、道路网密度、土地利用混合程度、人口和就业岗位数密度、区域公共交通可达性、社区公共交通可达性、喜欢的交通方式、拥有小汽车的原因。三种类型的社区得到的模型结果见表6-13。

其次,分别对不同类型社区的三个模型进行修正,逐步删除p值大的变量,得到的最后模型结果如下。

第一种类型社区是公交可达性较差的社区(表6-14)。逐步删除p值大不显著的家庭生命周期—受教育程度—家庭就业人口数—家庭规模—路网密度—社区公共交通可达性等变量。从回归结果可以看出,对数似然函数值Log likelihood为-520.41633,卡方检验LR Chi2(23)=155.11,p=0.0000,由此可见卡方检验能够在99%的置信度下显著成立,说明方程整体拟合较好,Pseudo R^2=0.3991。

表6-14 公交可达性较差社区模型(model 1)回归结果

解释变量	回归系数(Coef.)	发生比(Odds Ratio)	边际效应(dy/dx)	显著性
是否有驾照 lic	2.1841	8.8828	0.4619	0.0000
家庭人均月收入 inc	1.1862	3.2747	0.2556	0.0030
土地利用多样性指数 mix	4.1156	61.2896	0.8868	0.0050
人口和就业岗位数密度 popm	6.2594	522.9297	1.3488	0.0080
区域公交可达性 quyukdx	-2.4311	0.0879	-0.5238	0.0090
白领 job1	1.9480	7.0148	0.3421	0.0000
私营业主 job2	1.9327	6.9083	0.3286	0.0000
退休人员 job4	2.0684	7.9124	0.2867	0.0010

第二种类型社区是公交可达性一般的社区(表6-15)。回归结

果的对数似然函数值 Log likelihood 为－235.94298,卡方检验 LR Chi2(10)＝385.05,p＝0.0000,由此可见卡方检验能够在 99％ 的置信度下显著成立,说明方程整体拟合较好,Pseudo R^2＝0.4493。

表 6-15　公交可达性一般社区模型(model 2)回归结果

解释变量	回归系数 (Coef.)	发生比 (Odds Ratio)	边际效应 (dy/dx)	显著性
是否有驾照 lic	1.7320	5.6519	0.3990	0.0000
家庭人均月收入 inc	2.5559	12.8824	0.6220	0.0000
家庭规模 mem	0.3353	1.3983	0.0816	0.0000
人口和就业岗位数密度 popm	－0.5846	0.5573	－0.1423	0.0000
最喜欢的交通方式 ways	0.8133	2.2554	0.1935	0.0010
区域公交可达性 quyukdx	－0.5372	0.5844	－0.1307	0.0490
白领 job1	1.7569	5.7945	0.3833	0.0000
私营业主 job2	0.7546	2.1268	0.1738	0.0090
退休人员 job4	3.4604	31.8286	0.4226	0.0000

第三种类型社区是公交可达性好的社区(表 6-16)。回归结果的对数似然函数值 Log likelihood 为－142.61022,卡方检验 LR Chi2(10)＝406.50,p＝0.0000,由此可见卡方检验能够在 99％ 的置信度下显著成立,说明方程整体拟合较好,Pseudo R^2＝0.5877。

3. 结果分析

基于以上三种不同类型社区的二元 Logit 模型结果,主要有以下几点结论。

第一,区域层面的公交可达性对是否拥有小汽车有显著负效应,且对公交可达性较差社区影响最大。无论是对于公交可达性较差社

表 6-16 公交可达性好的社区模型(model3)回归结果

解释变量	回归系数 (Coef.)	发生比 (Odds Ratio)	边际效应 (dy/dx)	显著性
是否有驾照 lic	3.1288	22.8472	0.6197	0.0000
家庭人均月收入 inc	3.1164	22.5652	0.6390	0.0000
家庭规模 mem	0.5346	1.7067	0.1096	0.0000
路网密度 road	0.5131	1.6704	0.1052	0.0970
土地利用多样性指数 mix	1.2275	3.4128	0.2517	0.0000
人口和就业岗位数密度 popm	−0.5635	0.5692	−0.1155	0.0260
区域公交可达性 quyukdx	−2.0310	0.1312	−0.4165	0.0360
白领 job1	1.6079	4.9923	0.2741	0.0000
退休人员 job4	2.0787	7.9944	0.2544	0.0200
新婚阶段 cyc2	−0.8355	0.4337	−0.1876	0.0510
满巢 I 阶段 cyc3	−0.7718	0.4622	−0.1735	0.0970
刚性需求 cau1	2.8219	16.8086	0.5459	0.0000
弹性需求 cau2	1.5879	4.8933	0.2722	0.0020

区、公交可达性一般社区还是对于公交可达性好的社区来说,区域层面的公交可达性始终对家庭是否拥有小汽车有显著负效应。

从模型 1 的结果可以看出,对于公交可达性较差社区来说,区域层面的公交可达性每增加 1 个单位,家庭拥有小汽车的发生比是原来的 0.0879 倍。当保持其他所有解释变量不变时,区域层面的公交可达性在平均值上每增加 1 个单位,家庭拥有小汽车的可能性在平均值上减少 52.38%。

模型 2 的结果表明,在公交可达性一般的社区,区域层面的公交可达性每增加 1 个单位,家庭拥有小汽车的发生比是原来的 0.5844

倍。当保持其他所有解释变量不变时,区域层面的公交可达性在平均值上每增加1个单位,家庭拥有小汽车的可能性在平均值上减少13.07%。

模型3的结果表明,公交可达性好的社区,区域层面的公交可达性每增加1个单位,家庭拥有小汽车的发生比是原来的0.1312倍。当保持其他所有解释变量不变时,区域层面的公交可达性在平均值上每增加1个单位,家庭拥有小汽车的可能性在平均值上减少41.65%。

由此可知改善区域性的公共交通可达性,如乘坐地铁的方便程度和公交网络的通达程度将直接影响到居民是否拥有小汽车的决策,在一定程度上可以影响到家庭的小汽车拥有量。尤其是对于公交可达性较差社区家庭影响最大,效果会更显著。

第二,社区层面的公交可达性对是否拥有小汽车无显著影响。从三种不同类型社区的模型结果来看,社区层面的公交可达性对家庭是否拥有小汽车均无显著影响。这表明单纯地改善家庭居住地步行范围内的公交站点数量、公交线路密度和到最近公交站点的距离不会影响到家庭决策是否拥有小汽车。家庭在考虑是否拥有小汽车时更多的是关注大区域层面的公共交通可达性和便捷程度。

第三,收入对于不同类型社区来说,始终是影响家庭是否拥有小汽车的主要因素。从三种不同类型社区的模型结果来看家庭人均月收入均对家庭是否拥有小汽车产生显著影响,也就是家庭收入越高,拥有小汽车的概率越大。三个模型的结果中,收入对家庭是否拥有小汽车的边际效应分别为25.56%、62.20%、63.90%。

第四,建成环境对不同类型社区家庭是否拥有小汽车的影响差异大。人口和就业岗位数密度对于公交可达性一般社区、公交可达性好的社区家庭是否拥有小汽车有显著负效应,表明在这两类社区人口和就业岗位数密度越大，家庭拥有小汽车的概率越大。但人口和就业岗位数密度对于公交可达性较差社区却产生的是显著正效应。可能的原因是由于在郊区由于开发强度远低于中心城区，公共服务配套设施等集中在人口和就业岗位数密度较大的区域，这些区域也是中高收入群体集中居住的区域，因此对于公交可达性较差社区来说，居住在人口和就业岗位数密度较大的区域，家庭拥有小汽车的概率越大。

与关于西方发达国家的实证研究结论不同，在广州土地利用多样性指数无论对哪一类型的社区均不产生显著负效应。甚至在公交可达性较差的社区和公交可达性好的社区模型中，土地利用多样性指数对家庭是否拥有小汽车产生了显著的正效应，这是由于土地利用多样性往往和房地产价格密切相关，土地利用多样性高的社区主要吸引了高收入的家庭，因此也就拥有更多的小汽车。

第六节 小 结

本章分析了各因素对家庭小汽车拥有的影响，探讨了公共交通可达性对小汽车拥有的影响，并得出了如下结论。

公共交通可达性对家庭是否拥有小汽车有显著影响，但对有车家庭拥有更多数量的小汽车无影响。公共交通可达性对家庭从没有小汽车到拥有1辆小汽车的倾向有显著抑制作用，但对于有车家庭决策是否再购买更多小汽车却没有显著影响。这一发现与国外较多实证研究中认为"改善公共交通的服务质量能在一定程度有效减少家庭小汽车拥有量"的结论不完全相同。本研究认为应进一步细化、区分公共交通可达性对小汽车拥有的影响，公共交通可达性对家庭从没有小汽车到拥有1辆小汽车的决策倾向有显著抑制作用。但对于有车家庭来说,小汽车使用一旦超过两年,家庭对小汽车的依赖性大大加强。对于这类家庭,单纯依靠公交自身的改善很难提高吸引力,限制和引导小汽车合理使用的交通需求管理措施更为重要。

区域层面的公交可达性对是否拥有小汽车有显著负效应,且在不同类型社区有差异。家庭在考虑是否拥有小汽车时更多的是关注大区域层面的公共交通可达性和便捷程度。对于家庭是否拥有小汽车产生作用的主要是区域层面的公交可达性,改善区域性的公共交通可达性,如乘坐地铁的方便程度和公交网络的通达程度,将直接影响到居民是否拥有小汽车的决策,在一定程度上可以影响到家庭的小汽车拥有量。尤其是对于公交可达性较差社区的家庭影响最大,效果会更显著。社区层面的公交可达性(如家庭居住地步行范围内的公交站点数量、公交线路密度和到最近公交站点的距离)对家庭是否拥有小汽车均无显著影响。这表明单纯地改善不会影响到家庭决策是否拥有小汽车。

第七章　公共交通可达性对小汽车使用的影响

随着城市化进程的迅速推进,城市交通拥堵问题日益严峻。通过限制机动车与提高公共交通服务能力来调整居民出行方式结构,已成为各城市治理交通拥堵的共同思路和一致目标(杨励雅等,2011)。然而,城市居民出行方式选择行为是一个综合决策的过程,影响因素繁多,公共交通可达性对其究竟有无影响,影响有多大? 居民小汽车出行的影响因素之间的作用机理是什么? 这些问题都难以从已有研究中得到回答。

因此,本部分以广州市为案例,基于"城市公共交通可达性对小汽车拥有和使用的影响"问卷调查数据,从个人的微观视角出发,构建结构方程模型,探讨个人与家庭因素、区位与土地利用特征、公共交通可达性、家庭小汽车拥有量对小汽车使用的影响与作用机理。

第一节　概念框架和变量

一、概念框架

至今,许多已有研究都试着去明确城市空间环境和出行行为间的关系,在这些研究中,1977 年 Ben-Akiva 和 Atherton 首先提出小汽车拥有量是城市空间环境和出行行为关系的中间变量,小汽车拥有量被认为是由诸如就业地和居住区位选择等长期决策所影响的中期决策,同时,小汽车拥有量又会影响个人和家庭的日常小汽车使用的短期决策。然而,大部分实证研究并未将小汽车拥有量作为中间变量,而主要是作为一个外生变量,和空间与社会经济变量一起来解释出行行为(Bagley and Mokhtarian,2002;Dieleman et al.,2002;Krizek,2003;Schwanen et al.,2002)。也有一些研究认为小汽车拥有量是内生变量,但仅解释了不同的空间和社会经济变量对它的影响(Bhat and Guo,2007;Cao et al.,2007a;Dargay,2002;Giuliano and Dargay,2006)。仅有部分研究在方法上将小汽车拥有量作为内生变量来分析建成环境和出行行为的关系(Cao et al.,2007b;Scheiner and Holz-Rau,2007;Schimek,1996;Simma and Axhausen,2003)。

通过对已有研究的综述,可以假设在城市空间环境和小汽车出行行为间存在以下三种可能的效应(图7-1)。

第一种模型是小汽车出行行为直接被城市空间环境、社会经济与人口统计变量、小汽车拥有量所影响。这类模型并未将小汽车拥有量作为中间变量,没有直接反映出城市空间环境和社会经济与人口统计变量对出行行为的影响,因为在解释变量间并没有包含任何关系。这类模型可以用回归分析来完成。

第二种模型部分地考虑了居民自我选择的因素,认为社会经济和人口统计变量会对城市空间环境产生作用。

第三种模型是本研究中使用的分析模型,将小汽车拥有量作为中间变量分析小汽车使用的影响。小汽车拥有量和城市空间环境直接决定了小汽车出行行为,同时小汽车拥有量本身也在被城市空间环境所影响。因此,可以认为城市空间环境在一定程度上通过小汽车拥有量这个中间变量来影响出行行为。

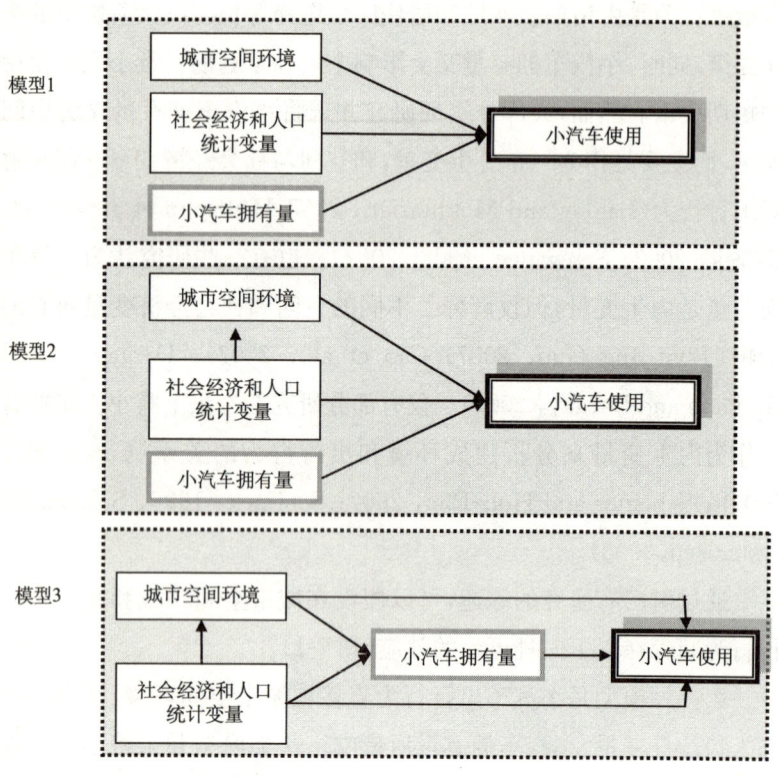

图 7-1 分析小汽车使用的概念模型

基于以上分析,本研究以第三种模型为基本思路构建分析小汽车使用的概念模型,将个人和家庭特征作为外生变量,区位与土地利用特征、公共交通可达性和家庭小汽车拥有量作为中介变量,分析各因素对小汽车使用的影响机理。

二、特征变量的选取

特征变量的选择是指对影响小汽车出行的因素选取。梳理以往研究成果选取的变量,结合中国城市小汽车交通发展的背景,本研究

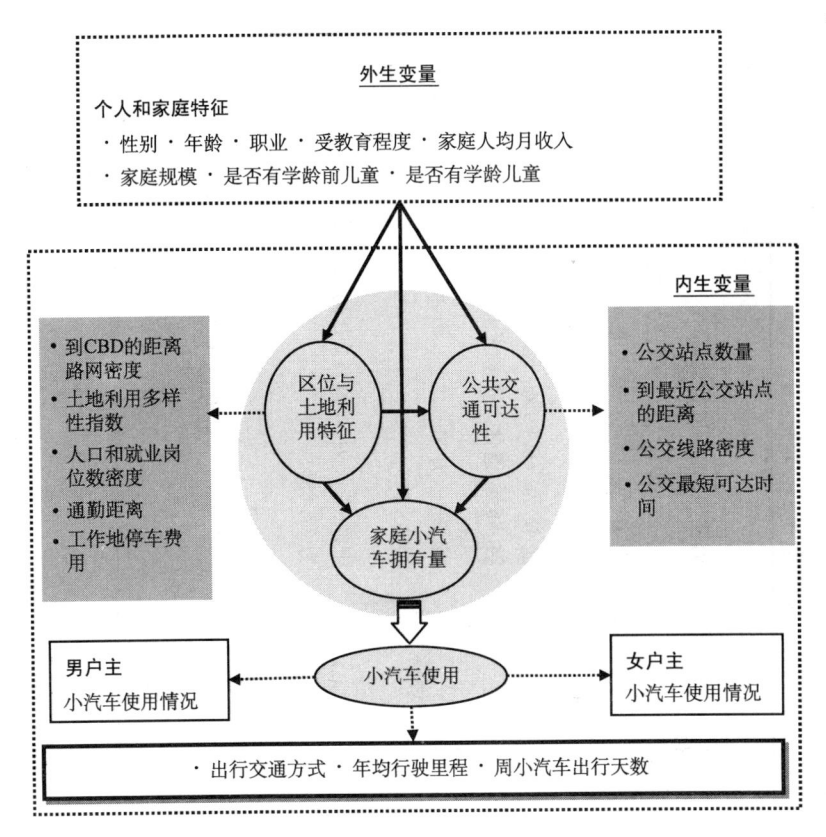

图 7-2 小汽车使用影响机理研究的概念模型

选取了个人与家庭特征、区位与土地利用特征、公共交通可达性、家庭小汽车拥有量作为解释变量,将小汽车使用作为被解释变量(图 7-2)。

被解释变量——小汽车使用作为潜变量,主要由出行交通方式、年均行驶里程、周小汽车出行天数 3 个观测变量来表征(表 7-1)。

解释变量中个人与家庭特征作为外生变量,选取了性别、年龄、职业、受教育程度、家庭人均月收入、家庭规模、是否有学龄前儿童、是否有学龄儿童 8 个变量来表征。区域土地利用特征选取了 6 个观

表 7-1 变量的统计性描述（N=1 413）

类别	变量名称（简写）	变量性质	最大值	最小值	均值	标准差
个体与家庭特征	性别	离散变量	男性为50%,女性为50%			
	年龄	连续变量	18~29岁为17.13%,30~39岁为22.22%,50~59岁为2.69%		岁为49.40%,40~49岁为8.56%,60岁以上	
	职业	离散变量	白领为46.99%,私营业主为23.78%,蓝领为24.56%,退休人员和无业人员为4.39%			
	受教育程度	连续变量	高学历为62.49%,中学历为16.56%,低学历为20.95%			
	家庭人均月收入（元）	连续变量	中低收入为2.41%,中高收入为59.94%,高收入为37.65%			
	家庭规模（人）	连续变量	9	1	3.36	1.37
	是否有学龄前儿童	离散变量			是为26.96%,否为73.04%	
	是否有学龄儿童	离散变量			是为28.73%,否为71.27%	

续表

类别	变量名称（简写）	变量性质	最大值	最小值	均值	标准差
区位与土地利用特征	到CBD距离（米）	连续变量	22 336.65	1 046.85	7 133.61	4 583.23
	路网密度（千米/平方千米）	连续变量	15.28	2.02	7.15	3.47
	土地利用多样性指数	连续变量	0.98	0.36	0.79	0.15
	人口与就业岗位数密度（千人/平方千米）	连续变量	116 094.60	1 162.39	35 075.66	37 526.05
	通勤距离（米）	连续变量	80	0.1	7.95	6.31
	工作地停车费用（元）	连续变量	4	1	2.04	0.42
公共交通可达性	公交可达站点数量（个）	连续变量	14.00	1.00	6.03	2.63
	到最近公交站点距离（米）	连续变量	573.83	13.01	98.17	181.57
	公交线路密度（千米/平方千米）	连续变量	102.94	0.06	33.11	26.44
	公交最短可达时间（小时）	连续变量	10 666.87	5 547.38	6 646.32	1 009.52

续表

类别	变量名称(简写)	变量性质	最大值	最小值	均值	标准差
	出行交通方式	离散变量	出行的主要交通方式是小汽车为58.1%；否为41.9%。			
	年均行驶里程(公里/年)	连续变量	<5 000公里为48.27%，5 000~10 000公里为19.46%，10 000~15 000公里为12.95%，15 000~20 000公里为10.62%，20 000~30 000公里为6.94%，30 000~50 000公里为1.56%，>50 000km为0.21%			
小汽车使用	周小汽车出行天数(天)	连续变量	7	0	3	2
	工作日小汽车出行频率(次)	连续变量	4	0	1	1

注释：使用用的是有小汽车的790个家庭，共1 413份个体样本数据。

测变量:到 CBD 距离、路网密度、土地利用多样性指数、人口与就业岗位数密度、通勤距离、工作地停车费用。公共交通可达性潜变量选取了公交站点数量、到最近公交站点的距离、公交线路密度和公交最短可达时间 4 个观测变量来表征。

第二节 方法和模型

结构方程模型(SEM,Structural Equation Model)自 20 世纪 80 年代迅速发展以来,已经成为交通与行为研究的一种使用且流行的分析多遍了复杂关系的建模工具(Lu,1998;Golob,2003)。SEM 是基于变量的协方差矩阵来分析变量之间关系(包括外生变量对内生变量的作用和内生变量之间的关系)的一种统计方法,综合了路径分析、因子分析和回归分析等多元统计分析。结构方程模型能同时考虑和处理多个因变量,允许自变量和因变量项含有测量误差,能同时估计因子结构与因子关系,可处理一个指标从属于多个因子的复杂关系模型,并估计整个模型的拟合程度。

由于影响小汽车使用的因素繁多,作用路径复杂,本研究选择能分析复杂路径的结构方程模型来分析各因素对小汽车使用的作用机理。

一、一般方程模型

结构方程模型由测量模型和结构模型组成,从理论上说,一般结构方程由 3 个方程式组成:

$$\eta = B\eta + \Gamma\xi + \zeta \quad \text{(式 7-1)}$$

$$y = \Lambda_y \eta + \varepsilon \quad \text{(式 7-2)}$$

$$x = \Lambda_x \xi + \delta \quad \text{(式 7-3)}$$

式中 η 为内生潜变量构成的向量，B 为内生潜变量系数矩阵，Γ 为外生潜变量系数矩阵，ξ 为外生潜变量构成的向量，ζ 为结构方程残差向量，y 为内生变量构成的向量，Λ_y 为内生变量 y 在内生潜变量 η 上的因子负荷矩阵，ε 为内生变量测量误差向量，x 为外生变量构成的向量，Λ_x 为外生变量 x 在外生潜变量 ξ 上的因子负荷矩阵，δ 为外生变量测量误差向量。

其中，方程 7-1 为结构模型，分析潜变量之间的相互关系；方程 7-2 和 7-3 为测量模型，表征潜变量与观测变量之间的关系。方程 7-2 将内生潜变量 η 连接到内生标识，即所观测到的 y 变量，方程 7-3 将内生潜变量 ξ 连接到所观测到的 x 变量。

SEM 的分析步骤一般包括模型设定、模型识别、模型估计、模型评价、模型修正。

二、模型计算

1. 模型构建

根据前文所构建的概念模型，本研究确定了 24 个观测变量与 3 个潜变量，使用 Amos7.0 导入数据库，分组引入变量构建递归模型（图 7-3）。参考相关研究假设外生变量对内生变量都是单向传导，内生变量增加误差项设定 $e_i(i=1,2,3,\cdots,18)$。

2. 验证性因素分析

由图 7-3 可知，构建小汽车使用影响机理研究的结构方程初始模型包括了 3 个测量模型和 1 个结构模型。测量模型的基本目的是描述观察标识变量是否适合作为潜变量或因子的测量手段。测量模型由验证性因子分析来完成和评估。测量模型或者 CFA 建立观察标识变量与其所测量的潜变量之间的关系，并用数据检验是否存在假设的因子结构。

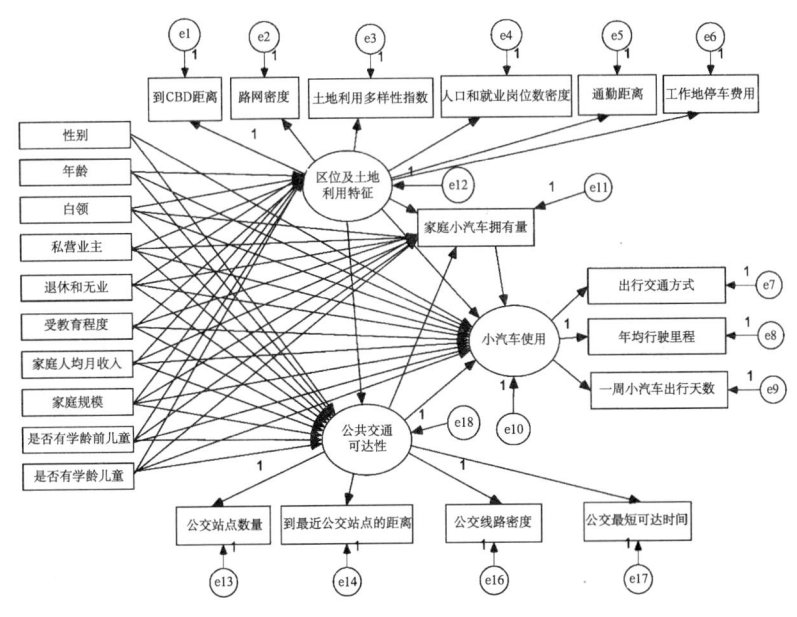

图 7-3 小汽车使用影响机理研究的结构方程初始模型

使用 CFA 模型分析三个测量模型,确定收集的数据是否符合指定的结构变量指标,并评估数据的拟合情况,然后根据 Amos7.0 提供的修正参数,结合理论分析对测量模型进行修正。修正后的测量模型拟合度较好。

首先,选择了到 CBD 距离、路网密度、土地利用多样性指数、人口与就业岗位数密度、通勤距离、工作地停车费用 6 个观测变量来观测潜变量区位与土地利用特征,构建的测量模型见图 7-4。通过对初始模型进行实验和修正,得到最终测量模型整体的卡方值(Chi-square)和自由度(df)分别是 10.386 和 3,P 值为 0.016 。可以发现卡方检验结果为显著,但考虑到本研究中使用的数据样本量大

(2 063个样本数),当样本数较大时,卡方值相对的会变大,显著性概率值 P 会变小,容易出现假设模型被拒绝的情况。因此,一般在大样本的情况下,判断假设模型与样本数据是否适配,除参考 CMIN 值外,更多地应该参考其他适配度统计量。修正后的区位与土地利用特征测量模型,拟合指数 RMSEA(Root Mean Square Error of Approximation)值为 0.042 小于 0.1;调整拟合优度指数 AGFI 值为 0.983,拟合优度指数 GFI 值为 0.998,比较拟合指数 CFI(Comparative Fit Index)值为 0.996 均大于 0.9,表示模型拟合良好。从修正后的测量模型可以看出,到 CBD 的距离和路网密度、土地利用多样性指数和工作地停车费用之间,路网密度和土地利用多样性指数与人口和就业岗位数密度之间,土地利用多样性指数与工作地停车费用之间均有共变关系。

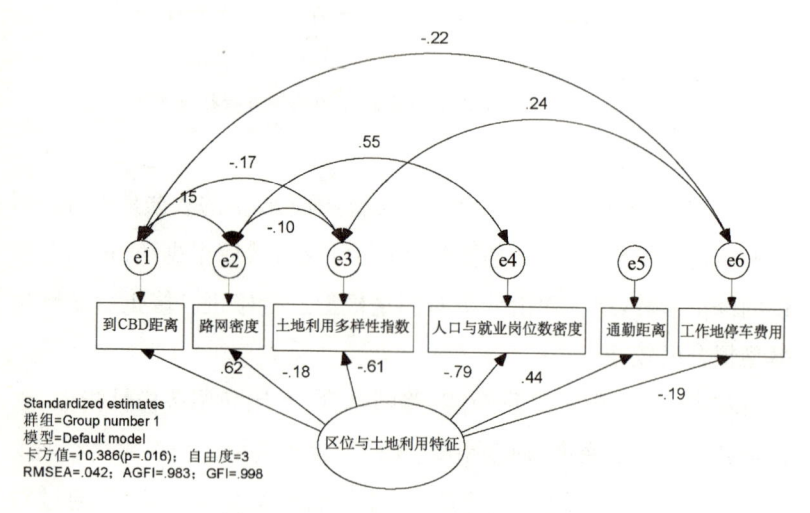

图 7-4　区域土地利用特征测量模型

公共交通可达性潜变量主要由测量模型 500 米范围内公交站点数量、到最近公交站点的距离、公交线路密度和公交最短可达时间 4 个观测变量来表征。修正后的公交可达性模型 RMSEA 值为 0.07 小于 0.1;调整拟合优度指数 AGFI 值为 0.983,拟合优度指数 GFI 值为 0.999,比较拟合指数 CFI 值为 0.996 均大于 0.9,表示模型拟合良好。其中,公交最短可达时间变量和公交线路密度到最近公交站点的距离的变量间,以及公交线路密度与地铁邻近度之间有共变关系。公交站点数量、公交线路密度的标准化估计值符号为正;到最近公交站点的距离、公交最短可达时间的标准化估计值符号为负,表明潜变量公交可达性指标为正向指标,即值越大,公交可达性越好。

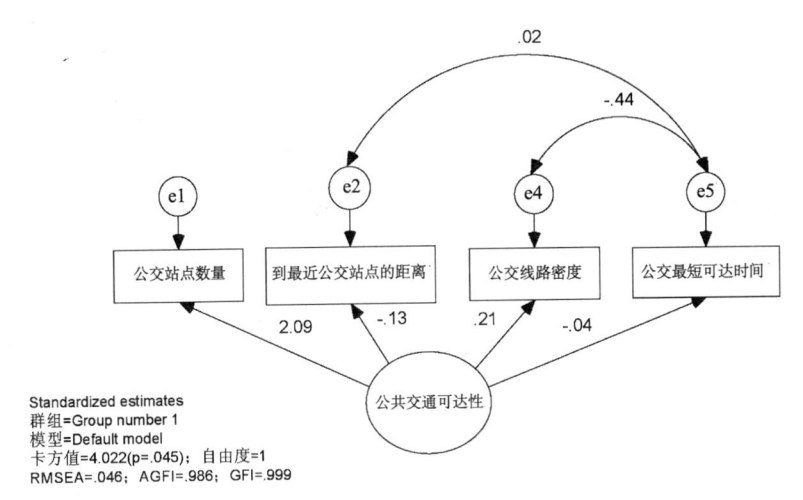

图 7-5 公共交通可达性测量模型

小汽车使用潜变量主要由出行交通方式、年均行驶里程、一周小汽车出行天数、工作日小汽车出行频率 4 个观测变量来表征,修正后的模型图见 7-5。其中,RMSEA 值为 0.032 小于 0.1;调整拟合优度指数 AGFI 值为 0.991,拟合优度指数 GFI 值为 0.999,比较拟合指数 CFI 值为 1,表示模型拟合好。

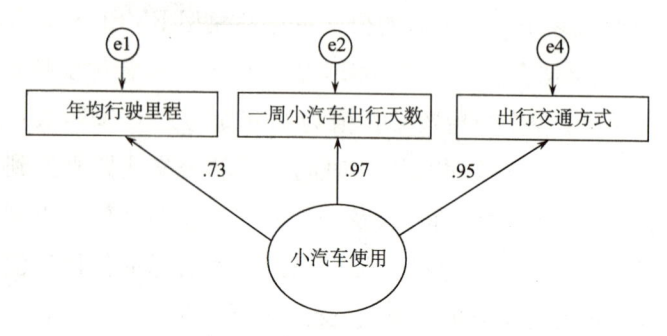

图 7-6　小汽车使用测量模型

3. 结构模型的计算和修正

SEM 模型最常采用的模型估计方法为最大似然法(Maximum Likelihood;ML),但使用 ML 法时必须满足样本是多变量正态总体,且是以简单随机抽样来获取的这一基本条件(黄芳铭,2004)。通过对数据的偏度、峰度进行检验,样本不符合联合正态分布,故本研究中选择 GLS 法来进行模型估计(图 7-6)。已有研究表明:数据为大样本,但观察数据不符合多变量正态性假定,最好采用 GLS 估计法(周子敬,2006)。若数据违反多变量正态性假定,GLS 法在使用上也有其强韧性(吴明隆,2010)。

由于本研究中使用的数据样本量大,卡方值相对的会变大,显著性概率值 P 会变小,容易出现假设模型被拒绝的情况。所以修正后模型的卡方值显著性概率值仍然显著,卡方值与自由度的比值 4.93,但模型的其他适配度指标都能满足要求,相关的适配度指标值见表 7-2,结合模型的适配度值情况,综合认为模型的拟合较好。

表 7-2 模型适配度指标值

统计检验量	适配的标准或临界值	模型修正后值	适配判断
绝对适配度指数			
X^2(df)	p>0.05	605.339(164) p=0.000	否
RMR 值	<0.05	0.000	是
RMSEA 值	<0.08(若<0.05 优良; <0.08 良好)	0.044	是
GFI 值	>0.90 以上	0.964	是
AGFI 值	>0.90 以上	0.935	是
增值适配度指标			
NFI 值	>0.90 以上	0.946	是
RFI 值	>0.90 以上	0.911	是
IFI 值	>0.90 以上	0.916	是
CFI 值	>0.90 以上	0.914	是
简约适配度指标			
PGFI 值	>0.50 以上	0.527	是
PNFI 值	>0.50 以上	0.528	是
PCFI 值	>0.50 以上	0.543	是
CN 值	>200	455(在0.05显著水平), 488(在0.01显著水平)	是
X^2自由度比	<3	3.691	是

模型修正后,路径的标准化后的估计参数见图 7-7。

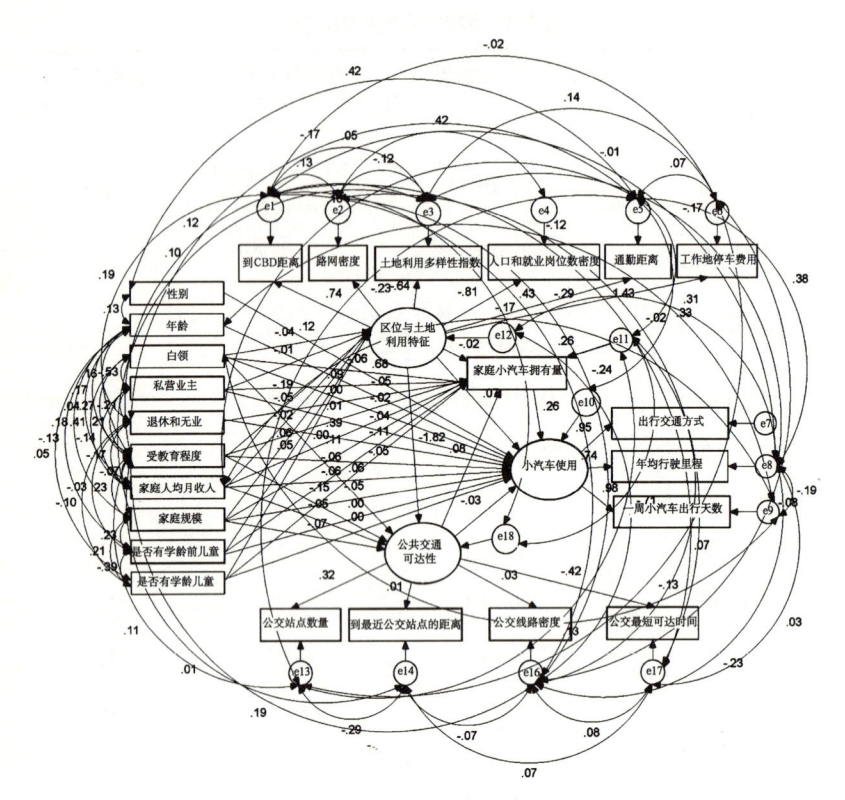

图 7-7 修正后的小汽车使用结构方程模型

第三节 结果分析

一、公交可达性潜变量对小汽车使用的影响

SEM 模型估计出的效应可分为直接效应、间接效应和总体效应。直接效应指由原因变量(可以是外生变量或内生变量)到结果变量(内生变量)的直接影响,用原因变量到结果变量的路径系数

来衡量直接效应。间接效应则指原因变量通过影响一个或者多个其他中介变量,进而对结果变量所产生的间接影响。总体效应则是指由原因变量到结果变量总的影响,它是直接效应与间接效应之和。

本研究中使用 Amos7.0 软件,计算出修正后的结构模型的直接效应、间接效应和总体效应值,结果见表 7-3。

表 7-3 外生变量和内生变量对小汽车使用的直接效应、间接效应和总体效应

变量属性	变量名称	小汽车使用		
		总体效应	直接效应	间接效应
外生变量	性别	0.684***	0.684***	0.000
	年龄	−0.052***	−0.052***	0.000
	白领	−0.037	−0.017	−0.021
	私营业主	−0.015	−0.038	0.023
	退休和无业	−0.106***	−0.106***	0.001
	受教育程度	−0.057**	−0.045**	−0.012**
	家庭人均月收入	0.160***	0.062***	0.098***
	家庭规模	−0.025***	−0.053***	0.028***
	是否有学龄儿童	−0.014	−0.003	−0.011
	是否有学龄前儿童	−0.011	−0.001	−0.010
内生变量	区位和土地利用特征	0.088***	0.075***	0.013***
	家庭小汽车拥有量	0.262***	0.262***	0.000***
	公共交通可达性	−0.011***	−0.032***	0.021***

注释:*** 表示在 1% 水平下显著,** 表示在 5% 水平下显著,* 表示在 10% 水平下显著。

由结果可知,10 个外生变量中,有 7 个变量对小汽车使用产生显著影响,分别是性别、年龄、私营业主、受教育程度、家庭人均月收

入和家庭规模。区位与土地利用特征、公共交通可达性和家庭小汽车拥有量3个内生变量均对小汽车使用产生显著影响。

1. 个人和家庭属性外生变量对小汽车使用的影响

男性小汽车使用的强度显著高于女性。模型结果表明当其他条件不变时,当性别变量从0到1增加1个单位,小汽车使用的概率增加0.684个单位。

年龄对小汽车使用产生显著负效应。18岁以上的成人中,年轻人小汽车使用的概率与强度更高,年龄对小汽车使用的标准化路径系数为-0.052。

由于职业是类别变量,本研究中将职业变量进行拆分,并以蓝领为参照,将白领、私营业主、退休和无业人员纳入模型。模型结果表明,相对于蓝领来说,白领小汽车使用的概率和强度无显著差异。但退休和无业人员的小汽车使用概率和强度显著低于蓝领。

受教育程度对小汽车使用产生显著影响。本研究的数据中,数字越小代表学历越高,因此模型结果中,受教育程度对小汽车使用的估计参数-0.057,表明受教育程度越高,使用小汽车的概率和强度越高。

家庭人均月收入越高,越可能使用小汽车。模型结果表明家庭人均月收入对小汽车使用产生显著影响,总体效应值0.160。收入越高,小汽车使用的概率和强度越大。

家庭规模越大,小汽车使用概率和强度越低。家庭规模对小汽车使用产生显著负效应,估计参数为-0.025。

家庭是否有学龄前儿童或学龄儿童均对小汽车使用没有显著影响。

2. 公共交通可达性对小汽车使用的影响

从公交可达性各指标对公交可达性的解释能力来看,公交最短可达时间、公交线路密度、公交站点数量3个观察指标显著,到最近公交站点的距离变量不显著。其中,公交最短可达时间对于公共交通可达性潜变量的估计参数为-0.418,符号为负;公交线路密度及公交站点数量对于公共交通可达性潜变量的估计参数为0.030和0.316,符号为正。表明公交可达性潜变量指标为正指标,值越大,公交可达性越好。

表7-4　公交可达性各指标的路径系数

	公交可达性		
	总体效应	直接效应	间接效应
公交最短可达时间	-0.418***	-0.418***	0.000
公交线路密度	0.030***	0.030***	0.000
公交站点数量	0.316***	0.316***	0.000
到最近公交站点的距离	0.014	0.014	0.000

注释:*** 表示在1%水平下显著;** 表示在5%水平下显著;* 表示在10%水平下显著。

从表7-4的模型结果可知,公交可达性潜变量指标对于小汽车使用的总效应为-0.011,表明当其他条件不变时,当公交可达性潜变量增加1个单位,小汽车使用的概率减小0.011个单位。这一实证结果,为提高公共交通可达性可以在一定程度上减小小汽车使用的概率提供了证据。

二、公交可达性观测变量对小汽车使用的影响

为了进一步深入分析公共交通可达性对小汽车使用的影响,同时考虑既避免多重共线性对模型的影响,又能把所有的公共交通可达性观察变量进行提炼,避免变量信息的损失,使用主成分的分析方

法对公共交通可达性的 5 个观察变量:公交最短可达时间、公交线路密度、公交站点数量、到最近公交站点的距离、到最近地铁站点的距离。

使用 SPSS16.0 计算得到 KMO 值为 0.550,符合统计学家 Kaiser 给出的适宜做因子分析的标准。同时,采用球形检验法检验相伴概率为 0.000,小于显著性水平 0.05,因此拒绝零假设,认为所选数据适合做因子分析。

按照特征根>1 的主因子选择原则,选入 2 个主因子,累计方差贡献率达到 70.59%,能解释公共交通可达性水平(表 7-5)。由主成分载荷矩阵可看出,第一主成分与公交最短可达时间、地铁邻近度有较大的正相关,说明第一主成分在一定程度上集中反映了区域层面的公共交通可达性特征;第二主成分在 500 米步行范围内公交站点数量、到最近公交站点的距离、500 米步行范围内公交线路密度上具有较大的载荷,说明第二主成分在一定程度上代表着社区层面的公共交通可达性特征。

使用结构方程模型进一步分析社区层面的公共交通可达性和区域层面的公共交通可达性对小汽车使用的影响。构建的初始模型见图 7-8。

表 7-5 公交可达性主成分载荷矩阵

	Component 1	Component 2
公交最短可达时间	0.976	−0.229
公交线路密度	−0.440	0.697
地铁邻近度	0.936	−0.083
到最近公交站点的距离	0.033	−0.578
公交站点数量	−0.049	0.867

注释:Extraction Method: Principal Component Analysis. Rotation Method: Promax with Kaiser Normalization.

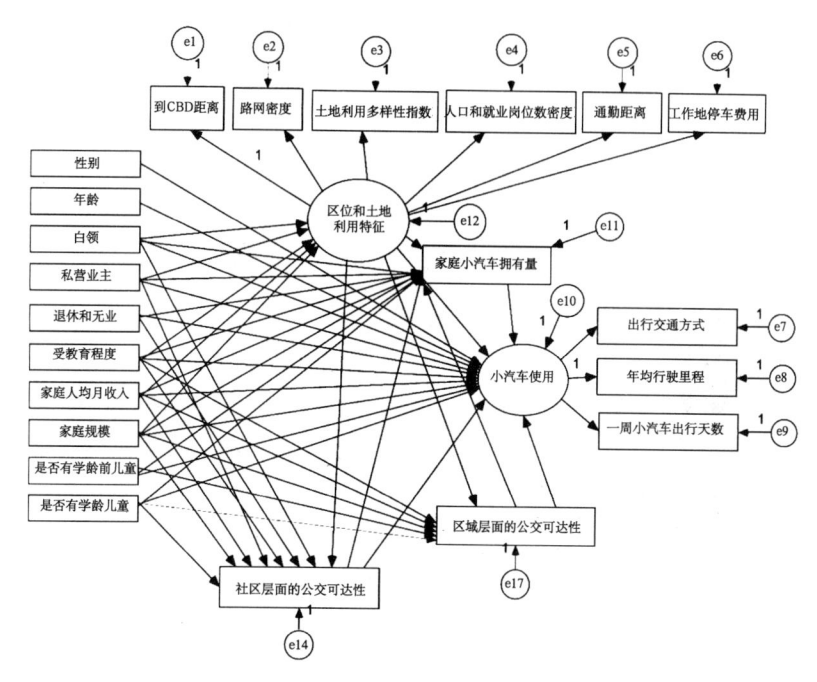

图 7-8　公交可达性观测变量对小汽车使用影响的初始模型

使用 Amos7.0 软件对初始模型进行分析,并根据分析结果不断对模型进行修正。修正后的模型结果见图 7-9。修正后的绝对适配度指数中:模型卡方值为 432.977,自由度为 115,卡方与自由度比值为 3.765;RMSEA 值为 0.044,小于 0.05,表明模型拟合优;GFI 值和 AGFI 值分别为 0.972 和 0.939,均大于 0.9,表明模型适配。增值适配度指标中 NFI 值、IFI 值和 CFI 值分别为 0.907、0.930 和 0.928,均大于 0.9,表明模型适配。简约适配度指标中在 0.05 显著水平下 CN 值为 450,在 0.01 显著水平下为 488,均大于 200。综合来看,模型适配度优。

计算出修正后结构模型的直接效应、间接效应和总效应值,结果

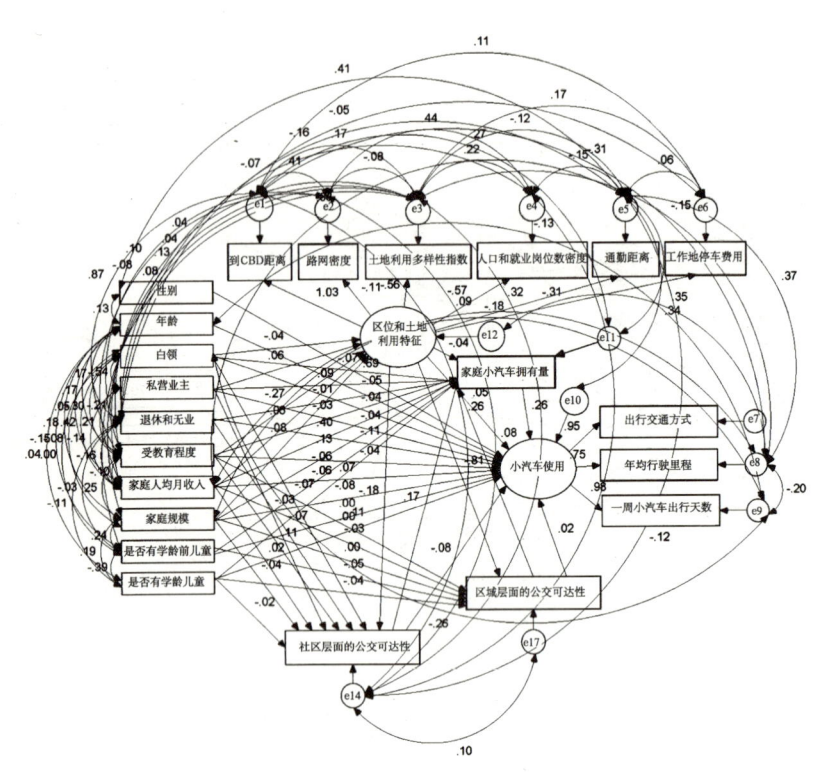

图 7-9　公交可达性观测变量对小汽车使用影响的修正模型

见表 7-6。可见,将公交可达性潜变量拆分为区域层面的公交可达性和社区层面的公交可达性两大观测变量后,模型结果中所有外生变量无论从方向、数值还是显著性上,变化均不大。但内生变量中的区位和土地利用特征、公交可达性变量有了变化。拆分前,区位和土地利用特征对小汽车使用影响的总体效应为 0.088,公交可达性为 -0.011;拆分后,区位和土地利用特征对小汽车使用影响的总体效应为 0.020,区域层面的公交可达性对小汽车使用影响不显著,社区层面的公交可达性对小汽车使用影响的总体效应为显著的 -0.031。

由此，可以总结出以下两点结论。

第一，区位和土地利用特征部分的是通过影响公交可达性这个中介变量而对小汽车使用产生影响。将公交可达性潜变量拆分为区域层面的公交可达性、社区层面的公交可达性两大观测变量后，公共交通可达性变量更多地解释了对小汽车的影响，区位和土地利用特征潜变量对小汽车的影响减小。因此，可以认为，区位和土地利用特征部分的是通过影响公交可达性这个中介变量而对小汽车使用产生影响。

第二，公共交通可达性对小汽车使用的影响主要是社区层面的公交可达性在起作用。通过对两个公交可达性潜变量拆分前后两个模型的对比，本研究发现公共交通可达性会对小汽车使用产生影响，可达性越好，小汽车使用的概率和强度越低。但这主要是由于社区层面的公共交通可达性特征（500米步行范围内公交站点数量、到最近公交站点的距离、500米步行范围内公交线路密度）在产生作用，区域层面的公共交通可达性特征（公交最短可达时间、地铁邻近度）对小汽车使用的影响不显著。

表 7-6　各变量对小汽车使用的直接效应、间接效应和总体效应

变量属性	变量名称	小汽车使用		
		总体效应	直接效应	间接效应
外生变量	性别	0.686***	0.686***	0.000
	年龄	−0.051***	−0.051***	0.000
	白领	−0.052	−0.035	−0.037
	私营业主	−0.012	−0.038	0.062
	退休和无业	−0.111***	−0.111***	0.002***
	受教育程度	−0.063**	−0.043**	−0.027**

续表

变量属性	变量名称	小汽车使用		
		总体效应	直接效应	间接效应
	家庭人均月收入	0.171***	0.067***	0.208***
	家庭规模	−0.038***	−0.076***	0.028***
	是否有学龄儿童	−0.018	−0.001	−0.041
	是否有学龄前儿童	−0.020	−0.002	−0.040
内生变量	区位和土地利用特征	0.020*	0.052*	0.000
	家庭小汽车拥有量	0.265***	0.265***	0.000
	区域层面的公交可达性	0.033	0.021	0.013
	社区层面的公交可达性	−0.031***	−0.077***	0.051***

注释：*** 表示在1%水平下显著；** 表示在5%水平下显著；* 表示在10%水平下显著。

第四节 不同类型社区的分析

一、模型结果

为了进一步分析公交可达性对不同类型社区居民小汽车使用的影响，观察影响社区居民小汽车使用的影响因素的变化，本研究中按照图 7-8 所构建的初始模型，分别以前文划分的三种不同类型的社区（划分方法见 6.5.1）为分析单元：公交可达性较差社区、公交可达性一般社区、公交可达性好的社区，使用 SEM 的方法计算各因素对小汽车使用的影响效应。对三个模型进行不断修正，修正后的模型和路径参数见图 7-10 和图 7-11。从模型的适配度来看，三个模型均能满足模型适配度要求。

第七章 公共交通可达性对小汽车使用的影响 255

模型1(公交可达性较差社区)卡方值为267.677,自由度为119,卡方值与自由度的比值为2.249,小于3,满足模型适配要求。RMR值为0.000,小于0.05,RMSEA值为0.064小于0.08。GFI值为0.921大于0.9,均说明模型拟合能满足要求。

模型2(公交可达性一般社区)卡方值为323.002,自由度为114,卡方值与自由度的比值为2.833,小于3,满足模型适配要求。RMR值为0.000,小于0.05,RMSEA值为0.056小于0.08。GFI值为0.949大于0.9,均说明模型拟合能满足要求。

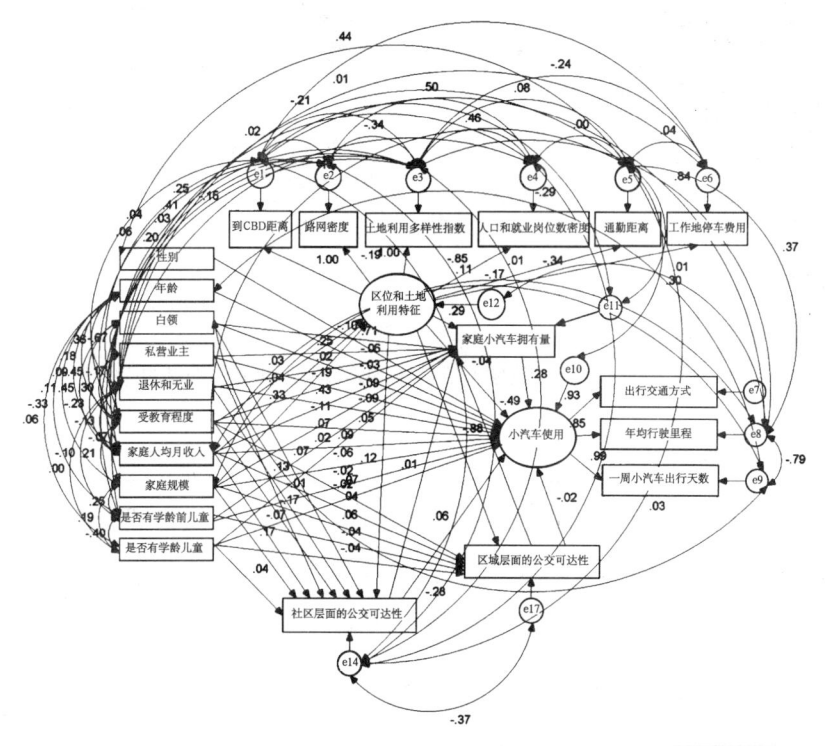

图7-10 公交可达性较差社区SEM模型(model 1)结果

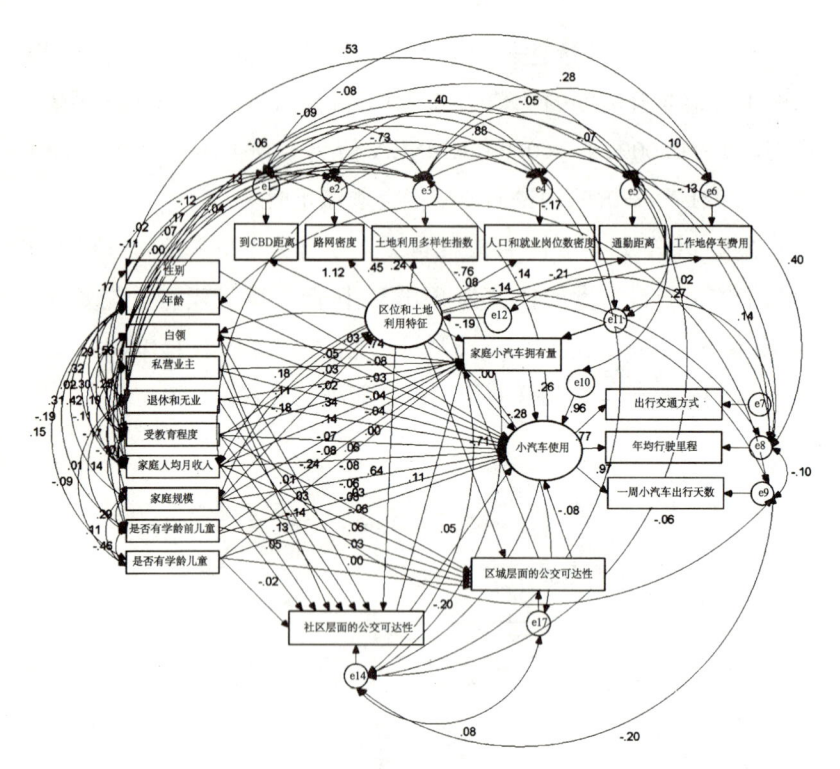

图 7-11 公交可达性一般社区 SEM 模型(model 2)结果

模型 3(公交可达性好的社区)卡方值为 210.005,自由度为 114,卡方值与自由度的比值为 1.842,小于 3,满足模型适配要求。RMR 值为 0.000,小于 0.05。RMSEA 值为 0.04 小于 0.08,说明模型拟合优。GFI 值为 0.964 大于 0.9,均说明模型适配。

二、结果分析

根据模型最终评估出的总体效应可知(表 7-7、图 7-12),外生变量对三类社区的影响差别不大,但公交可达性对社区居民小汽车使用的影响却有明显的不同,可得出如下结论。

表 7-7　各变量对不同类型社区居民小汽车使用的总体效应

	公交可达性较差的社区（model 1）	公交可达性一般的社区（model 2）	公交可达性好的社区（model 3）
性别	0.706***	0.741***	0.628***
年龄	−0.061	−0.084***	0.007
白领	−0.033	−0.026	−0.002
私营业主	−0.089	−0.037	−0.036
退休及无业	−0.086*	−0.037	−0.105***
受教育程度	0.053	−0.002	−0.018
家庭人均月收入	0.09*	0.056*	0.012
家庭规模	−0.062	−0.08**	0.016
是否有学龄儿童	−0.019	−0.027	0.004
是否有学龄前儿童	−0.023	−0.06***	0.040
区位和土地利用特征	−0.04	0.003	−0.208***
家庭小汽车拥有量	0.284***	0.264***	0.226***
区域层面的公交可达性	−0.016	−0.077**	0.206
社区层面的公交可达性	0.056	0.047	−0.101***
样本数	309	576	528

第一,公共交通可达性的改善对公交可达性较差的社区居民小汽车使用无显著影响。模型 1 的结果表明区域层面的公交可达性与社区层面的公交可达性对小汽车使用的影响均不显著。对于公交可达性较差的社区来说,影响居民小汽车使用的主要因素是居民的社

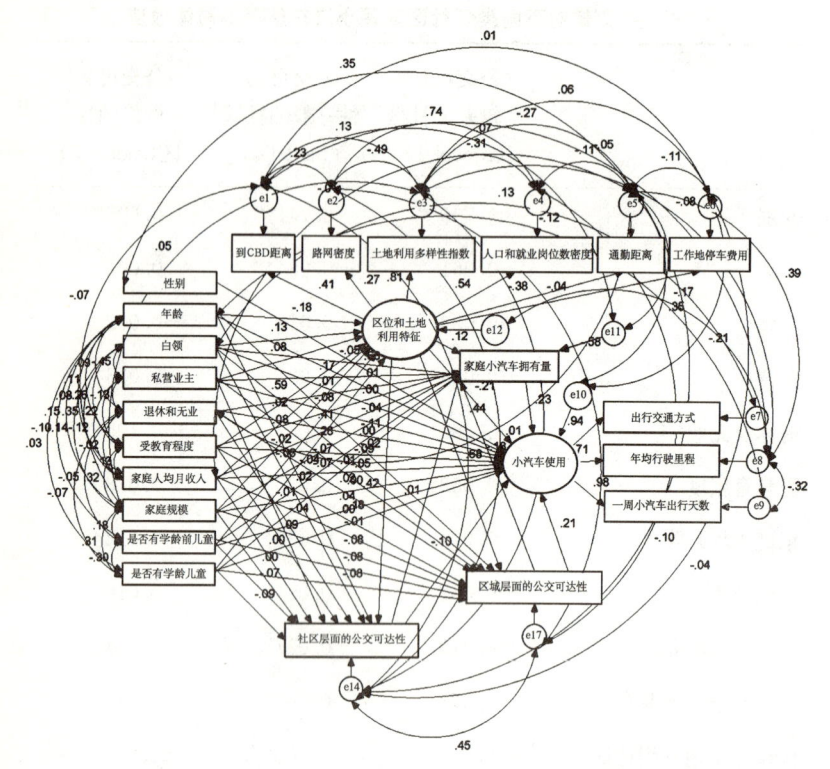

图 7-12 公交可达性好的社区 SEM 模型(model 3)结果

会经济属性特征,建成环境和可达性对居民小汽车使用不显著的影响不显著。

第二,公交可达性一般社区的公交可达性对小汽车使用有显著负效应。对于公交可达性一般社区来说,区域层面的公交可达性对小汽车使用产生显著负效应,总体效应为−0.077。但社区层面的公交可达性对小汽车使用却无显著影响。这表明对于公交可达性一般社区来说,居民使用小汽车时更多地是关注大区域层面的公共交通可达性和便捷程度。改善区域性的公共交通可达性,如乘坐地铁的方便程度和公交网络的通达程度,将直接影响到居民是否小汽车使用强度,单纯地改善家庭居住地步行范围内的公交站点数量、公交线路密度和到最近公交站点的距离不会影响到居民的小汽车使用强度。

第三,公交可达性好社区的公交可达性对小汽车使用有显著负效应。对于公交可达性好的社区来说,区域层面的公交可达性对小汽车使用无显著影响,但社区层面的公交可达性对小汽车使用却产生显著负效应,总体效应为－0.101。这表明对于公交可达性好的社区来说,区域层面的公共交通可达性和便捷程度已经较为完善,改善社区层面的公共交通可达性,如居住地步行范围内的公交站点数量、公交线路密度和到最近公交站点的距离将会减少居民小汽车使用的概率。

由以上结论可知,公共交通可达性对不同类型社区内居民小汽车的使用产生的影响不同,起作用的要素也有差异。表明应针对不同区域和群体制定差别化的政策,完善公共交通可达性才会能真正对小汽车使用的管理产生作用。

第五节 小 结

本章分析了各因素对小汽车使用的影响,可得到如下结果。

区位和土地利用特征部分是通过影响公交可达性这个中介变量而对小汽车使用产生影响。发现公共交通可达性会对小汽车使用产生影响,可达性越好,小汽车使用的概率和强度越低。但这主要是由于社区层面的公共交通可达性特征在产生作用,区域层面的公共交通可达性特征对小汽车使用的影响不显著。

对于不同类型社区居民的小汽车使用,公交可达性产生的影响差异大。公共交通可达性的改善对公交可达性较差社区居民小汽车使用无显著影响，但对于公交可达性一般的社区，区域层面的公交可达性对小汽车使用产生显著负效应；对于公交可达性好的社区，区域层面的公交可达性对小汽车使用产生显著负效应。

第八章 结论与讨论

第一节 主要研究结论

随着公交优先概念的普及和推广,中国许多城市不断加大公共交通投资,实施公交优先措施,希望通过公共交通的发展,吸引更多的居民选择公交出行,从而在一定程度上抑制私人小汽车的发展。然而,在中国小汽车短期内迅速增长的特殊背景下,公共交通的发展和可达性的提高,是否会对居民小汽车拥有和使用产生影响,从而改变居民的交通方式选择却难以从已有理论和实证研究中得到明晰的回答。西方主流关于小汽车拥有和使用的研究也主要关注于城市形态、建成环境对小汽车拥有和使用的影响,而对公共交通可达性对小汽车交通的影响关注较少。而国内研究者主要把研究视角放在小汽车快速发展对城市带来的影响和可采取的措施上,关于公共交通可达性对小汽车交通的作用研究鲜见。基于此,本研究以广州市为例,从交通地理、城市地理的视角出发对公共交通可达性特征及其对小汽车拥有和使用的影响进行了研究,并得出如下结论。

第一,广州市城市公共交通可达性有较大的空间差异性,呈现出中心—外围的圈层式结构与触角式公共交通廊道并存的特征。从广州市公共交通站点的邻近度、地铁邻近度、公交线路密度、公交最短可达时间等指标来看,均反映出广州市城市公共交通可达性具有中心—外围的圈层式结构,中心区可达性好,外围区域可达性差。除了高核心区外,在外围的番禺区中部、萝岗区南部、花都区南部等也零星出现了公共交通可达性较高的小中心。此外,以公共交通可达性高值核心区为中心,也形成了部分触角式的公共交通可达性好的廊道。

第二,公共交通可达性对家庭是否拥有小汽车有显著影响,但对有车家庭拥有更多数量的小汽车无影响。本研究结果表明,公共交通可达性对家庭从没有小汽车到拥有1辆小汽车的倾向有显著抑制作用,但对于有车家庭决策是否再购买更多小汽车却没有显著影响。这一发现与国外较多实证研究中认为"改善公共交通的服务质量能在一定程度有效减少家庭小汽车拥有量"的结论不完全相同。本研究认为应进一步细化、区分公共交通可达性对小汽车拥有的影响,公共交通可达性对家庭从没有小汽车到拥有1辆小汽车的决策倾向有显著抑制作用。但对于有车家庭来说,小汽车使用一旦超过两年,家庭对小汽车的依赖性大大加强。对于这类家庭,单纯依靠公交自身的改善很难提高吸引力,限制和引导小汽车合理使用的交通需求管理措施更为重要。

第三,区域层面的公交可达性对是否拥有小汽车有显著负效应,且在不同类型社区有差异。家庭在考虑是否拥有小汽车时更多地是关注大区域层面的公共交通可达性和便捷程度。对于家庭是否拥有小汽车产生作用的主要是区域层面的公交可达性,改善区域性的公共交通可达性,如乘坐地铁的方便程度和公交网络的通达程度,将直接影响到居民是否拥有小汽车的决策,在一定程度上可以影响到家庭的小汽车拥有量。尤其是对于公交可达性较差社区家庭影响最大,效果会更显著。社区层面的公交可达性(如家庭居住地步行范围内的公交站点数量、公交线路密度及到最近公交站点的距离)对家庭是否拥有小汽车均无显著影响。这表明单纯地改善社区层面的公交可达性不会影响到家庭决策是否拥有小汽车。

第四,区位和土地利用特征部分是通过影响公交可达性这个中介变量而对小汽车使用产生影响。发现公共交通可达性会对小汽车使用产生影响,可达性越好,小汽车使用的概率和强度越低。但这主要是由于社区层面的公共交通可达性特征在产生作用,区域层面的公共交通可达性特征对小汽车使用的影响不显著。

第五,对于不同类型社区居民的小汽车使用,公交可达性产生的影响差异大。公共交通可达性的改善对公交可达性较差社区居民小汽车使用无显著影响,但对于公交可达性一般社区,区域层面的公交可达性对小汽车使用产生显著负效应;对于公交可达性好的社区,社区层面的公交可达性对小汽车使用产生显著负效应。

第二节　主要创新点

本研究的特色和创新点主要体现在以下三个方面。

第一,本研究从公共交通可达性对小汽车拥有和使用的影响切入进行分析,更多地从公共交通与小汽车交通彼此间相互作用关系的视角展开研究,不同于以往研究更多地关注于各种交通方式的互补,且本研究不局限于对交通方式机动性的研究,更突出了交通方式与土地利用相互作用的可达性研究,为相关研究提供了新的视角。

第二,本研究从公共交通邻近度、公共交通通达度、服务容量三方面构建公共交通可达性的测度指标体系,并提出中观和微观两个层面的公共交通可达性测度方法。在研究方法上有一定程度的拓展和丰富。

第三,本研究发现了公共交通可达性对家庭是否拥有小汽车有显著影响,但对有车家庭拥有更多数量的小汽车无影响,且起作用的主要是区域层面的公交可达性;公共交通可达性对小汽车使用产生影响,但主要是社区层面的公交可达性起作用。研究结论为可以通过改善公共交通可达性诱导居民交通方式选择提供了直接证据,且结论更全面和深入。

第三节 政策建议

根据以上验证结果和研究结论,本研究提出如下政策建议。

第一,应通过改善公共交通可达性和加强交通需求管理双管齐下的方法,控制小汽车的拥有,引导居民更多地选择公共交通方式。根据本研究结论,公共交通可达性对家庭是否拥有小汽车有显著影响,但对有车家庭拥有更多数量的小汽车无影响。因此,改善公共交通可达性只会对部分群体(有能力购买小汽车,但未买小汽车家庭)产生作用,对于有车家庭来说,有极强的小汽车依赖性,其决策是否购买第2辆或更多小汽车时主要基于家庭收入、个人自由度和舒适度等考虑,公共交通可达性对其决策几乎不产生作用,因此对于这类家庭更多地应通过交通需求管理措施,如通过经济手段提高汽车使用成本来抑制小汽车的拥有。

第二,可通过改善社区层面的公共交通可达性(如家庭居住地步行范围内的公交站点数量、公交线路密度、到最近公交站点的距离等)在一定程度上抑制小汽车的使用。

第三,对于具有不同区位和建成环境特征的区域,应当采取差别化的政策措施来诱导居民更多地使用公共交通,以减少小汽车的使用。

第四节 不足与展望

由于能力和时间所限,本研究还存在一些不足和可以完善与发展之处,主要存在以下问题。

小汽车拥有和使用的影响因素是多方面的,虽然本研究中控制了居民社会经济属性和建成环境的特征来分析城市公共交通可达性对小汽车拥有和使用的影响,但诸如态度偏好、个性特征等因素无法量化,因而研究深度与广度均有待增强,内在作用机制有待进一步挖掘。

本研究虽然以广州市为例,实证分析了城市公共交通可达性对小汽车拥有和使用的影响,但这是在一个时间断面上的分析,缺少不同时间段面的比较。今后需跟踪城市环境的变化、公共交通的发展和家庭小汽车拥有与使用的变化,通过不同时间断面上的分析,进一步验证理论框架的合理性。

参考文献

[1] ADB (Asian Development Bank), 2009. Transport planning and traffic management for better air quality. Available from: http://www.adb.org/documents/guidelines/Vehicle_Emissions/Transport_Planning.pdf.
[2] Alsnih, R., D. Hensher. The mobility and accessibility expectations of seniors in an aging population[J]. Transportation Research Part A: Policy and Practice, 2003, 37(10):903-916.
[3] Bagley, M.,Mokhtarian, P. The impact of residential neighborhood type on travel behavior: A structural equations modeling approach[J]. The Annals of Regional Science, 2002, 36(2):279-297.
[4] Bhat, C. R., Guo, J. Y. A comprehensive analysis of built environment characteristics on household residential choice and auto ownership levels[J]. Transportation Research Part B: Methodological, 2007, 41(5):506-526.
[5] Ben-Akiva, M., S. Lerman. Discrete choice analysis: theory and application to travel demand[M]. 1985: The MIT Press.
[6] Ben-Akiva, M., Atherton, T. J. Methodology for short-range travel demand predictions: analysis of carpooling incentives[J]. Journal of Transport Economics and Policy. 1977,11:224-261.
[7] Boarnet, M. G., R. Crane. Travel by Design: The Influence of Urban Form on Travel[M]. New York: Oxford university press,2001.
[8] Boarnet, M., S. Sarmiento. Can land-use policy really affect travel behaviour? A study of the link between non-work travel and land-use characteristics[J]. Urban Studies, 1998, 35(7):1155-1169.
[9] Bowman J. L., M. E. Ben-Akiva. Activity-based disaggregate travel demand model system with activity schedules[J]. Transportation Research Part A,2001, 35:1-28.
[10] Brooks, R., et al. A note on forecasting car ownership[J]. Journal of the Royal Statistical Society. Series A (General), 1978:64-68.
[11] Bunch, D. S. Automobile demand and type choice[J]. Handbook of Transport Modelling, 2000:463-479.
[12] Bunch, D., et al. Demand for clean-fuel vehicles in California: a discrete-choice stated preference pilot project[J]. Transportation Research Part A: Policy and Practice, 1993. 27(3):237-253.
[13] Cao, X., S. Handy, P. Mokhtarian. The influences of the built environment and resi-

dential self-selection on pedestrian behavior: evidence from Austin, TX[J]. Transportation, 2006, 33(1):1-20.
[14] Cervero, R. Alternative approaches to modeling the travel-demand impacts of smart growth[J]. Journal of the American Planning Association, 2006, 72(3):285-295.
[15] Cervero, R. , K. Kockelman. Travel Demand and the 3Ds: Density, Diversity, and Design [J]. Transportation Research Part D, 1997, 2:199-219.
[16] Cullinane, S. The relationship between car ownership and public transport provision: a case study of Hong Kong[J]. Transport Policy, 2002, 9(1):29-39.
[17] Dargay, J., D. Gately. Income's effect on car and vehicle ownership, worldwide: 1960-2015. Transportation Research Part A: Policy and Practice, 1999, 33(2): 101-138.
[18] Dargay, J., Hanly, M. Land Use and Mobility. Paper Presented at the World Conference on Transport Research. Istanbul, Turkey, July 2004.
[19] De Jong G. A disaggregate model systemof vehicle holding duration, type choice anduse[J]. Transportation ResearchPart B, 1996, 30(4): 263-276.
[20] De Jong, G., et al. Comparison of car ownership models[J]. Transport Reviews, 2004, 24(4):379-408.
[21] Dieleman, F., M. Dijst, G. Burghouwt. Urban form and travel behaviour: micro-level household attributes and residential context[J]. Urban Studies, 2002, 39(3):507.
[22] Domencich, T. A., D. McFadden. Urban travel demand: a behavioral analysis: a Charles River Associates research study[M]. North-Holland Pub. Co. 1975.
[23] Douglas, G. B., Planning on the Fringe: The Impact of Land Use Strategies on Congestion[C]. Prepared for the Third National Conference Transportation on Solutions for Small and Medium-Sized Areas. October,1991.
[24] El-Geneidy, A. M, Tétreault. P. R, Suprenant-Legault. J. Pedestrian access to transit: identifying redundancies and gaps using a variable service area analysis. 2010.
[25] Ewing, R. , R. Cervero. Travel and the built environment: a synthesis[J]. Transportation Research Record: Journal of the Transportation Research Board, 2001, 1780(-1):87-114.
[26] Frank, L.,G. Pivo. Impacts of mixed use and density on utilization of three modes of travel: single-occupant vehicle, transit, and walking[J]. Transportation research record, 1994:44-52.
[27] Geurs, K. T. , B. van Wee. Accessibility evaluation of land-use and transport strategies: review and research directions[J]. Journal of Transport Geography, 2004, 12 (2):127-140.
[28] Giuliano, G., Dargay, J. Car ownership, travel and land use: a comparison of the US and Great Britain[J]. Transportation Research Part A, 2006, 40(2): 106-124.
[29] Giuliano, G.,D. Narayan. Another look at travel patterns and urban form: The US and Great Britain[J]. Urban Studies, 2003, 40(11):2295-2312.
[30] Gleason, J. M. Aset covering approach to bus stop location[J]. Omega 3, 605-608.
[31] Goodwin, P. Simple arithmetic[J]. Transport Policy, 1996, 3(3):79-80.

[32] Goodwin, P. B. Mobility and car dependence [M]. In: Rothengatter, T., CarbonellVaya, E. (Eds.), Traffic and Transport Psychology. Pergamon Press, Oxford, 1997.

[33] Gordon, P., A. Kumar, H. Richardson. The influence of metropolitan spatial structure on commuting time[J]. Journal of Urban Economics, 1989, 26(2):138-151.

[34] Golob, T. F. Structural equation modeling for travel behavior research. Transportation Research B, 2003, 37:1-25.

[35] Greene, D. L.,M. Wegener. Sustainable transport[J]. Journal of Transport Geography, 1997, 5(3): 177-190.

[36] Hamed, M. M, Olaywah, H. H. Travel related decisions by bus, services taxi, and private car commuters in the city of Amman, Jordan[J]. Cities, 2000, 17(1): 63-71.

[37] Hamilton, K., L. Jenkins. A gender audit for public transport: a new policy tool in the tackling of social exclusion[J]. Urban Studies, 2000, 37(10):1793-1800.

[38] Handy, S. Methodologies for exploring the link between urban form and travel behavior[J]. Transportation Research Part D: Transport and Environment, 1996, 1(2):151-165.

[39] Handy, S.,C. O. P. Librarians. How land use patterns affect travel patterns: A bibliography[M]. Council of Planning Librarians,1992.

[40] Handy, S., et al. How the built environment affects physical activity[J]. American Journal of Preventive Medicine, 2002, 23(2S):64-73.

[41] Hess, D. B. Access to public transit and its influence on ridership for olderadults in two US cities[J]. Transport Land Use, 2009,(02): 3-27.

[42] Hess, S., M. Bierlaire, J. Polak. Estimation of value of travel-time savings using mixed logit models[J]. Transportation Research Part A: Policy and Practice, 2005, 39(2-3):221-236.

[43] Hillman, R.,Pool, G. GIS-based innovations for modelling public transport accessibility[J]. Traffic Engineering and Control 38(10): 554-559.

[44] Hsiao, S., Lu, J., Sterling, J., Weatherford, M. Use of geographic information system for analysis of transit pedestrian access[J]. Transport Res. Rec, 1997,(1604): 50-59.

[45] Jones, P. M., Dix, M. C., Clarke, M. I.,Heggie, I. G. (1991) Understanding Travel Behaviour. Gower, Aldershot.

[46] Kim, H. S., Kim, E. Effects of public transit on automobile ownership and use in households of the USA. Review of Urban & Regional Development Studies,2004, 16 (3): 245-262.

[47] Kimpel, T. J., Duecker, K. J., El-Geneidy, A. M. Using GIS to measure the effects of service area and frequency on passenger boardings at bus stops[J]. URISA J, 2007,(19):5-11.

[48] Kitamura, R. A causal analysis of car ownership and transit use[J]. Transportation, 1989, 16(2):155-173.

[49] Kittelson & Associates, KFH Group, Parsons Brinkerhoff Quade and Douglas Inc., &JHunter-Zaworski, K., 2003. Transit Capacity and Quality of Service Manual, second ed. Transit Cooperative Research Program TCRP, Washington, DC.

[50] Kitamura R. A causal analysis of car ownership and transit use[J]. Transportation, 1989, 16(2): 155-173.

[51] Kitamura, R. ,S. Fujii. Two computational process models of activity-travel behavior [J]. The oretical foundations of travel choice modeling, 1998:251-279.

[52] Kockelman, K. Travel behavior as function of accessibility, land use mixing, and land use balance: evidence from San Francisco Bay Area[J]. Transportation Research Record: Journal of the Transportation Research Board, 1997, 1607(-1):116-125.

[53] Koppelman, F. ,Lyon, P. Attitudinal analysis of work/school travels[J]. Transportation Science, 1981, 15(3):233.

[54] Krizek, K. Neighborhood services, trip purpose, and tour-based travel[J]. Transportation, 2003, 30(4):387-410.

[55] Krizek, K. J. Residential relocation and changes in urban travel: Does neighbourhood-scale urban form matter? Journal of the American Planning Association, 69(3), 2003, 265-281.

[56] Kulash, W. Comparison of activity center development versus sprawl[C]. ITE Compendium of Technical Papers, 57th Annual Meeting, August,1987.

[57] Kwan, M. P. Gender and individual access to urban opportunities: A study using space-time measures. Professional Geographer, 1999, 51(2): 210-227.

[58] Kwan, M. P., Murray, A. T., O'Kelly M E et al. Recent advances in accessibility research: Representation, methodology and applications. Journal of Geographical Systems, 2003, 5(1): 129-138.

[59] Lei, T. L., Church, R. L. Mapping transit-based access: integrating GIS, routes and schedules. Int. J. Geogr. Inf. Sci. 2010,24:283-304.

[60] Levinson, H., F. Wynn. Effects of density on urban transportation requirements[J]. Highway Research Record, 1963, 2:38-64.

[61] Levinson, H. S., Roberts, K. R. System Configurations in Urban Transportation Planning[J]. Highway Research Record, 1965,(64):71-83.

[62] Limtanakool, N., M. Dijst, T. Schwanen. The influence of socioeconomic characteristics, land use and travel time considerations on mode choice for medium and longer-distance trips[J]. Journal of Transport Geography, 2006, 14(5):327-341.

[63] Lovett, A., Haynes, R., Sunnenberg, G., Gale, S. Car travel time and accessibility by bus to general practitioner services: a study using patient registers and GIS[J]. Soc. Sci. Med , 2002(55): 97-111.

[64] Lowry, I. S. A model of Metroplis. Rand Corporation. Santa Monica, California[J]. Urban Residential Location Models,1964.

[65] Lu X., Pas, E. I. Socio-demographics, activity participation and travel behavior. Transportation Research Part A, 1998, 33:1-18.

[66] Matas, A., J. Raymond, J. Roig. Car ownership and access to jobs in Spain[J].

Transportation Research Part A: Policy and Practice, 2009. 43(6):607-617.
[67] McNally, M., A. Kulkarni. Assessment of influence of land use-transportation system on travel behavior[J]. Transportation Research Record: Journal of the Transportation Research Board, 1997. 1607(-1):105-115.
[68] Meurs, H., R. Haaijer. Spatial structure and mobility[J]. Transportation Research Part D: Transport and Environment, 2001, 6(6):429-446.
[69] Messenger, T. ,R. Ewing. Transit-oriented development in the sun belt[J]. Transportation Research Record: Journal of the Transportation Research Board, 1996, 1552(-1):145-153.
[70] McFadden, D. Conditional logit analysis of qualitative choice behavior[M]. In "Frontiers in Econometrics" P. Zarembka, Ed. New York :Academic Press, 1974.
[71] Mitchell, R. B., Rapkin, C. . Urban Traffic: A Function of Land Use[M]. New York: Columbia University Press, 1954.
[72] Mogridge, M. The prediction of car ownership [J]. Journal of Transport Economics and Policy, 1967:52-74.
[73] Newbold, K., et al. Travel behavior within Canada's older population: a cohort analysis[J]. Journal of Transport Geography, 2005, 13(4):340-351.
[74] Parkin, M., et al. Foundations of microeconomics[M]. Boston: Addison Wesley, 2003,3.
[75] Polzin, S. E, Pendyala, R. M., Navari, S. Development of time-of-day-based transit accessibility analysis tool [J]. Transportation Research Record: Journal of the Transportation Research Board, 2002, 1799(1):35-41.
[76] Priemus, H., P. Nijkamp, D. Banister. Mobility and spatial dynamics: an uneasy relationship[J]. Journal of Transport Geography, 2001, 9(3):167-171.
[77] Recker, W., T. Golob. An attitudinal modal choice model [J]. Transportation Research, 1976, 10(5):299-310.
[78] Schimek, P. Household motor vehicle ownership and use: How much does residential density matter? [J]. Transportation Research Record: Journal of the Transportation Research Board, 1996, 1552(-1):120-125.
[79] Schwanen, T. Urban form and commuting behaviour: A cross-European perspective, Tijdschrift voor Economische en Sociale Geografie, 2002,93(3):336-343.
[80] Schwanen, T., M. Dijst, F. Dieleman. A microlevel analysis of residential context and traveltime[J]. Environment and Planning A, 2002, 34(8):1487-1508.
[81] Schwanen, T., M. Dijst, F. Dieleman. Policies for urban form and their impact on travel: the Netherlands experience[J]. Urban Studies, 2004, 41(3):579-603.
[82] Shindler, R. M. G. Ferreri. Auto Ownership as Affected by Transportation System Alternatives [J]. Traffic Engineering, 1967, 38:24-28.
[83] Simma, A., K. Axhausen. Within-household allocation of travel: Case of upper Austria[J]. Transportation Research Record: Journal of the Transportation Research Board, 2001, 1752(-1):69-75.
[84] Stead, D., S. Marshall. The relationships between urban form and travel patterns. An

international review and evaluation[J]. EJTIR, 2001, 1(2):113-141.
[85] Stead, D. Relationships between land use, socioeconomic factors and travel patterns in Britain, Environment and Planning B, 2001,28(4):499-528.
[86] Train, K. Discrete Choice Methods with Simulation[M]. New York:Cambridge University Press ,2003.
[87] Wang, D., Chai Y. The jobs-housing relationship and commuting in Beijing China the legacy of Danwei[J]. Journal of Transport Geography, 2009, 17:30-38.
[88] Wheeler, J. O. Trip purposes and urban activity linkages [J]. Annals of the Association of American Geographers, 1972, 62(4): 641-654.
[89] Wilson, A. G. A family of spatial interaction models and associated developments[J]. Environment and Planning , 1971,3 (1):1-32.
[90] Wootton, J. Replacing the private car [J]. Transport Review, 1999, 19(02):157-175.
[91] 曹小曙,王大鹏,李矿辉. 小汽车交通与城市空间发展[J]. 现代城市研究, 2008, (07):78-81.
[92] 柴彦威, 沈洁, 赵莹. 城市交通出行行为研究方法前沿[J]. 中国科技论文在线, 2010, 5(05): 402-409.
[93] 柴彦威. 行为地理学研究的方法论问题[J]. 地域研究与开发,2005,24(02): 1-5.
[94] 陈启新. 城市公共交通线路网的规划与评价[J]. 城市公共交通, 2000,(06): 18-19.
[95] 陈尚和,刘小明. 基于逻辑增长模型的北京市小汽车发展趋势研究[J]. 公路交通科技, 2007, 24(09):132-135.
[96] 陈翔,李强,王运静 等. 临界簇模型及其在地面公交线网可达性评价中的应用[J]. 地理学报,2009,64(06): 693-700.
[97] 陈燕萍,宋彦,张毅 等. 城市土地利用特征对居民出行方式的影响——以深圳市为例[J]. 城市交通,2011,9(05):80-85.
[98] 陈忠暖,郭敏玲,许敏琳 等. 建国以来广州居民市内出行可达空间的演变——基于常规公交视角的研究[J]. 经济地理,2010,30(11): 1797-1803.
[99] 邓毛颖,谢理. 广州市居民出行特征分析及交通发展的对策[J]. 城市规划, 2000, (11):45-49.
[100] 关宏志,严海,李洋. 考虑停车费用支付者的出行方式选择模型[J]. 土木工程学报, 2008, 41(04):91-94.
[101] 管驰明,崔功豪. 公共交通导向的中国大都市空间结构模式探析[J]. 城市规划, 2003, 24(10): 39-43.
[102] 郭雷,许晓鸣. 复杂网络[M]. 上海：上海科技教育出版社, 2006.
[103] 何保红,陈峻,王炜. 城市小汽车出行特性调查及分析——以南京市为例[J]. 城市规划学刊, 2005, 158(04):83-87.
[104] 胡继华,钟广鹏,谢海莹. 基于出租车经验路径的城市可达性计算方法[J]. 地理科学进展, 2012, 31(06): 711-716.
[105] 韩会然,焦华富,王荣荣 等. 城市居民购物消费行为研究进展与展望[J]. 地理科学进展, 2011, 30(08): 1006-1013.
[106] 韩会然. 芜湖市居民购物行为时空特征及决策过程研究[D]. 安徽师范大学硕士学

位论文,2012.
[107] 黄芳铭. 结构方程模式理论与应用[M]. 台北:五南出版社,2010.
[108] 黄建中. 1980 年代以来我国特大城市居民出行特征分析[J]. 城市规划学刊,2005,(03):71-75.
[109] 黄莎,蒙井玉,王晓艺. 中小城市公共交通评价指标体系研究[J]. 交通信息与安全,2011,29(1):32-36.
[110] 黄晓燕,曹小曙,李涛. 中国城市私人汽车发展的时空特征及影响因素[J]. 地理学报,2012,67(6):745-757.
[111] 黄晓燕,曹小曙,李涛. 海南省区域交通优势度与经济发展关系[J]. 地理研究,2011,30(06):985-999.
[112] 黄晓燕,曹小曙,李涛. 城市小汽车拥有及使用决策研究述评[J]. 地理科学进展,2012,31(12):1608-1619.
[113] 黄晓燕,曹小曙. 基于 GIS 系统的公共交通可达性与居民出行特征[J]. 华南师范大学学报,2013,1(4).
[114] 季珏,高晓路. 北京城区公共交通满意度模型与空间结构评价. 地理学报,2009,64(12):1477-1487.
[115] 金赛男,苏良军. 我国轿车保有量的预测研究[J]. 决策参考,2006,(01):59-60.
[116] 李平华,陆玉麒. 城市可达性研究的理论与方法评述[J]. 城市问题,2005,123(1):69-74.
[117] 李萌,王伊丽,陈学武. 城市居民个人属性与出行方式链相关性分析[J]. 交通与运输(学术版),2009,(01):11-14.
[118] 李雪铭,杜晶玉. 基于居民通勤行为的私家车对居住空间影响研究——以大连市为例[J]. 地理研究,2007,158(05):1033-1042.
[119] 李晓江,中国城市交通的发展呼唤理论与观念的更新[J]. 城市规划,1997,21(6):44-48.
[120] 刘俊娟,王炜,程琳. 单中心大城市土地利用对居民出行方式的影响[J]. 交通信息与安全,2010,28(2):74-78.
[121] 刘明君,郭继孚,高利平 等. 私人小汽车出行行为特征分析与建模[J]. 吉林大学学报(工学版),2009,39(S2):25-30.
[122] 刘鹏. 快速公共交通(BRT)对于不同路网结构的适应性研究[D]. 西安建筑科技大学硕士论文,2007.
[123] 刘锐. 城市公共交通网络容量研究[D]. 长安大学硕士学位论文,2004.
[124] 刘贤腾,潘海啸. 提高公共交通竞争力的措施分析[J]. 城市规划学刊,2009,180(02):44-49.
[125] 刘贤腾. 交通方式竞争:论我国城市公共交通的发展[M]. 南京:南京大学出版社,2012.
[126] 陆化普,王继峰,张永波. 城市交通规划中交通可达性模型及其应用[J]. 清华大学学报(自然科学版),2009,49(06):781-785.
[127] 吕莎. 重庆市城市交通系统与城市空间结构发展的协调性评价[D]. 重庆交通大学硕士学位论文,2011.
[128] 马小毅. 广州市小汽车发展策略研究[J]. 交通与运输(学术版),2009,(01):78-81.

[129] 马小毅. 广州市居民出行方式结构变化的启示[J]. 城市交通,2004,(02).
[130] 潘海啸 等. 街区设计特征与绿色交通的选择——以上海市康健、卢湾、中原、八佰伴四个街区为例[J]. 城市规划汇刊,2003,6(148):42-48.
[131] 彭国甫,李树丞,盛明科. 应用层次分析法确定政府绩效评估指标权重研究[J]. 中国软科学,2004,(06):136~139
[132] 祁毅. 规划支持系统与城市公共交通[M]. 南京:东南大学出版社,2010.
[133] 申悦,柴彦威. 基于GPS数据的城市居民通勤弹性研究——以北京市郊区巨型社区为例[J]. 地理学报,2012,67(06):733-744.
[134] 世界银行. 畅通的城市——世界银行城市交通战略评估报告[M]. 北京:中国财政经济出版社,2006.
[135] 孙斌栋,潘鑫. 城市空间结构对交通出行影响研究的进展——单中心与多中心的论争[J]. 城市问题,2008,150(01):19-22+28.
[136] 孙燕燕. 基于TransCAD的城市公交线网优化方法研究及应用[D].吉林大学硕士学位论文,2004.
[137] 田春红. 基于GIS的石家庄市公交线网可达性评价初探[D]. 河北师范大学硕士学位论文,2010.
[138] 万霞,陈峻,王炜. 我国私人小汽车的使用和城市经济相关性研究[J]. 城市规划,2009,33(01):74-79.
[139] 王峰. 私人小汽车的发展对城市交通的影响与对策——以广州城市交通为例[J]. 规划师,2002,(11):26-28.
[140] 王峰. 广州城市快速轨道交通的规划与实践[J]. 城市规划,2006,(07):79-84.
[141] 王少锋. 青岛开发区公交线网结构及可靠性研究[D]. 山东科技大学硕士论文,2009.
[142] 王艳天. 城市公交线网评价方法与应用研究[D]. 长沙理工大学硕士论文,2007.
[143] 卫明. 我国城市家庭小汽车的发展规模研究[J]. 同济大学学报(社会科学版),2000,(01):74-77.
[144] 吴明隆. 结构方程模型——AMOS的操作与应用[M]. 重庆:重庆大学出版社,2010.
[145] 吴威,曹有挥,梁双波. 20世纪80年代以来长三角地区综合交通可达性的时空演化[J]. 地理科学进展,2010,29(05):619-626.
[146] 解云,叶鹰. 关于全国私人汽车拥有量的分析[J]. 应用数学,2005,18(S1):206-210.
[147] 金凤君,张文尝,王姣娥 等. 中国交通地理学的成长与发展——建所70周年交通地理研究成果与展望[J]. 地理科学进展,2011,30(04):417-425.
[148] 许学强,周一星,宁越敏. 城市地理学[M]. 北京:高等教育出版社,2003;周素红,闫小培. 广州城市空间结构与交通需求关系[J]. 地理学报,2005,(01):131-142.
[149] 徐泽洲. 青岛市优先发展城市公共交通对策研究[D].西安建筑科技大学硕士学位论文,2011.
[150] 杨力. MY市快速公共交通系统分析与设计[D]. 电子科技大学硕士学位论文,2010.
[151] 殷焕焕,关宏志,秦焕美 等. 基于非集计模型的居民出行方式选择行为研究[J]. 武

[152] 张文尝,王成金,马清裕.中国城市居民出行的时空特征及影响因素研究[J].地理科学,2007,(06):737-742;朱松丽.私人汽车拥有率预测模型综述[J].中国能源,2005,27(10):37-40.
[153] 张小丽,陈峻,王炜 等.基于公交可达性的公交站距优化方法[J].东南大学学报(自然科学版),2009,39(02):384-388.
[154] 张艳,柴彦威.北京城市中低收入者日常活动时空间特征分析[J].地理科学,2011,31(09):1056-1064.
[155] 赵贝.居民出行方式特征分析与公交优先政策研究[D].吉林大学硕士学位论文,2008.
[156] 赵淑芝,匡星,张树山 等.基于TransCAD的城市公交网络可达性指标及其应用[J].交通运输系统工程与信息,2005,5(02):55-58.
[157] 赵文秀,伍速锋.基于活动的交通预测模型及模拟方法研究[J].中外公路,2009,(04):242-245.
[158] 甄峰,魏宗财,杨山 等.信息技术对城市居民出行特征的影响——以南京为例[J].地理研究,2009,28(05):1307-1317.
[159] 周钱.基于家庭决策的交通行为和需求预测研究[D].清华大学博士学位论文,2008.
[160] 周素红,闫小培.广州城市空间结构与交通需求关系[J].地理学报,2005,60(01):131-142.
[161] 周素红,刘玉兰.转型期广州城市居民居住与就业地区位选择的空间关系及其变迁[J].地理学报,2010,65(02):191-201.
[162] 周素红,闫小培.广州城市居住—就业空间及对居民出行的影响[J].城市规划,2006(05):13-18+26.
[163] 周子敬.结构方程模式(SEM)——精通LISREL.[M].台北:全华出版社,2006.
[164] 庄焰,吕杰,曾松.深圳经济特区居民小汽车拥有率与居民收入的相关关系分析[J].中国科技信息,2007,(05):207-210.